An Introduction
to Asian
Constitutional Law

稲　正樹
孝忠延夫（編著）
國分典子

アジアの憲法入門

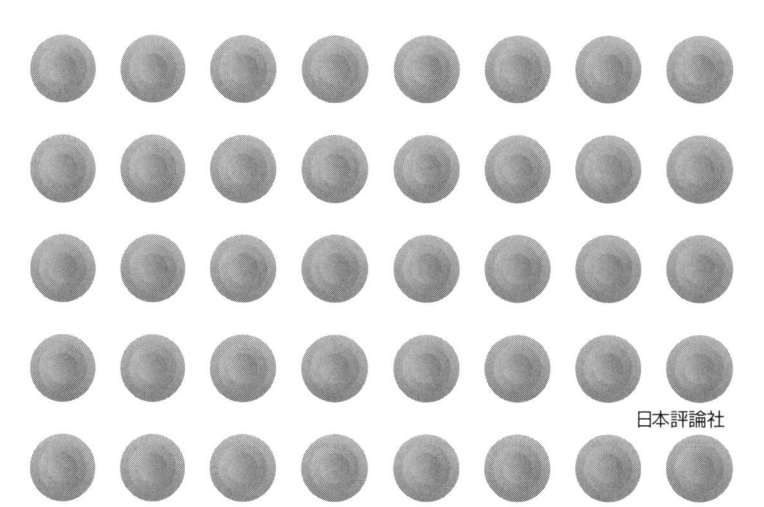

日本評論社

はじめに

　本書は、日本においてはじめて公刊されるアジア諸国の憲法の概説書である。

　これまで、アジア諸国の憲法に関する研究は、日本の学会においては比較的周辺的な位置に置かれてきた。しかし、アジアの時代といわれる21世紀を迎えて、学生や一般の市民にとっても、日本に身近なアジア諸国の憲法の基本的な特質と構造がどのようになっているかを知ることは、大切なこととなってきている。

　本書の完成には、2003年11月に発足し、現在200名近くの会員を擁するに至ったアジア法学会の中堅・若手メンバー諸氏の賛同と積極的な執筆協力をいただいた。春と秋の研究大会・研究総会の折に本書の基本構想を確認し、共同討議をへて、2008年6月の最終決定から1年半を経て、ようやくここに公刊することができた。

　本書は、全体で4編から構成されている。第1編は東アジア編（総論、韓国、中国）、第2編は東南アジア編（総論、人権、統治機構）、第3編は南アジア編（総論、人権、統治機構）、第4編は中央アジア編（人権、統治機構）の4編11章からなっている。東アジア編のみ、各論の構成は韓国憲法と中国憲法という国別編成になっているが、これは主として、東アジア地域全般にわたって基本的人権と統治機構を概説することの困難さによっている。

　また、中央アジア編のみは総論の章が欠如している。しかしこの点も、最終章の中央アジアの統治機構の論述によって、ある程度補うことができている。なお、西アジア編は今回の執筆対象から除いており、今後の検討課題としたいと考えている。

　外国においてもアジア地域の比較憲法の教科書・研究書の類はあまり例を

みない。わずかに、Graham Hassal & Cheryl Saunders, *Asia Pacific Constitutional Systems*, Cambridge University Press, 2002 や Clauspeter Hill & Jörg Menzel (eds.), *Constitutionalism in Southeast Asia, Vol. 1 & 2*, Konrad Adenauer Stiftung, 2008 を数えるのみである。

　日本においては、これまで、萩野芳夫・畑博行・畑中和夫（編）『アジア憲法集［第2版］』（明石書店、2007年）が刊行されている。ただし、同書は、憲法正文の邦訳に解説を付したものであるので、アジア諸国憲法の概説書・教科書としては、本書が最初の出版といえる。本書の執筆対象の広汎さ、そして各地域の専門研究者ならではの洞察は、読者の皆様によって実感していただけるものと考えている。

　本書がようやく出版できたのは、ひとえに日本評論社の串崎浩氏と岡博之氏のご援助とご理解によっている。ここに厚くお礼を申し上げたい。

　読者の皆様が本書を実際手にとってくださり、アジア諸国の立憲主義の動態と将来の発展方向にさらなる関心をもっていただけることを、編者・執筆者一同とも心より願っている。

2010年2月
稲　正樹
孝忠延夫
國分典子

目 次

はじめに　i

第1編　東アジア編

第1章　東アジア編　総論 ……………………………………國分典子　2
　I　はじめに──「東アジア」の概念　2
　II　東アジアの近代国家形成の始まり
　　　──中華秩序から国民国家形成への移行と挫折　3
　III　近代憲法成立過程──革命と植民地支配の混迷の歴史　5
　IV　憲法の変動と憲法改正　9
　V　東アジア地域の憲法の特殊性と国民国家形成の問題
　　　──分断　11
　VI　今日の東アジアの憲法の共通性　14
　　　1　民主化と憲法　14
　　　2　地方自治およびマイノリティの権利　20
　　　3　社会国家・社会主義国家と経済条項　22
　　　4　国際化と統合　22

第2章　東アジア編　韓国 ……………………………………岡　克彦　26
　I　はじめに──大韓民国憲法の成立とその特徴　26
　II　分断体制と憲法──北朝鮮と韓国の法的な関係　31
　III　87年憲法の基本原理　33
　IV　統治機構　34
　　　1　国会　35
　　　2　大統領　37
　　　3　憲法裁判所と法院　40

V　国民の基本権保障　43
　　　1　総説　43
　　　2　基本権の種類とその制限　44
　　　3　基本権のカタログ　47

第3章　東アジア編　中国 …………………………石塚　迅　55
　序　55
　　　1　中華人民共和国憲法史　55
　　　2　中華人民共和国憲法の特色——二つの乖離　58
　I　前文　59
　　　1　共産党の指導　60
　　　2　多党合作と政治協商制度　61
　II　総綱　63
　　　1　公有制の動揺　63
　　　2　共同富裕と生存権　65
　III　公民の基本的権利および義務　66
　　　1　人民民主主義独裁と政治的権利　68
　　　2　中国的人権観　69
　IV　国家機構　71
　　　1　民主集中制の原則　73
　　　2　二つの政治体制改革　74

第2編　東南アジア編

第4章　東南アジア編　総論 …………………………稲　正樹　82
　はじめに　82
　I　フィリピン　82
　II　タイ　86
　III　インドネシア　90
　IV　ベトナム　93
　V　ラオス　96
　VI　カンボジア　98
　VII　東ティモール　100

Ⅷ　マレーシア　103
　Ⅸ　シンガポール　105
　Ⅹ　ミャンマー（ビルマ）　107
　Ⅺ　ブルネイ　109

第5章　東南アジア編　人権 ……………………………島田　弦　112
　はじめに　112
　Ⅰ　東南アジア諸国における人権の一般的状況　115
　　1　東南アジア諸国における人権規定に関する多様な憲法体制　115
　　2　東南アジア諸国における人権の共通性　117
　Ⅱ　平等原則とその例外　118
　Ⅲ　自由権　121
　　1　政治的自由の制限　121
　　2　マスメディアの権利　122
　　3　政党の規制　123
　Ⅳ　社会権　124
　　1　各国憲法における社会権の位置づけ　124
　　2　社会権規定の内容　126
　Ⅴ　国家緊急権による人権の制限　128
　Ⅵ　国内人権委員会　131

第6章　東南アジア編　統治機構 …………………………四本健二　133
　はじめに　133
　Ⅰ　統治体制の概観　134
　Ⅱ　議会制と国民の政治参加　139
　Ⅲ　政党制　144
　Ⅳ　行政権の民主的統制　146
　Ⅴ　司法制度と司法の独立　149
　Ⅵ　地方行政と地方自治　153
　Ⅶ　憲法保障　155
　おわりに　158

第3編　南アジア編

第7章　南アジア編　総論……………………………………孝忠延夫　162
はじめに——立憲主義の受容と交渉への開かれた場としての南アジア　162
- I　憲法と国民統合
    - ——「多様性」を抱えながら「統合」への努力を続ける南アジアの国々　163
    - 1　特定の宗教を国家のあり方（基本理念）に明示する国々　164
    - 2　政教分離主義をその国是とする国・インド　167
    - 3　憲法上の「国語」および「公用語」　170
- II　基本的人権保障の特徴
    - ——「法の下の平等」とマイノリティへの
      アファーマティブ・アクションおよび留保措置　171
    - 1　言語的・宗教的マイノリティなどの権利　171
    - 2　マイノリティへのアファーマティブ・アクション（優遇措置）　172
    - 3　マイノリティへの留保措置　175
- III　統治の仕組みの特徴
    - ——人権の実効的保障のための司法積極主義と人権委員会の設置　177
    - 1　「国家政策の指導原則」の明記　177
    - 2　〈基本権を重視する最高裁〉vs.
      〈指導原則を実現するために立法する国会〉　177
    - 3　社会活動訴訟と司法積極主義　178
    - 4　国内人権委員会の設置　179
- IV　国際化と地域統合
    - ——「国民国家」の枠組みを容易には超えられない南アジア　181
    - 1　国際関係と憲法　181
    - 2　南アジア地域協力連合　182
- V　憲法変動および憲法改正——「立憲主義」の確立に向けて　183
    - 1　インド——90回を超える憲法改正　183
    - 2　インド以外の国における憲法変動および憲法改正　185

第8章　南アジア編　人権……………………………………佐藤　創　189
- I　憲法典における人権保障の特色　189
- II　人権保障の体系　191
- III　基本権　194
    - 1　包括的人権　195
    - 2　平等　196
    - 3　自由権およびその他の基本権　197

Ⅳ 「原則」に関する規定　202
　　　　1 「原則」の具体的内容　202
　　　　2 「原則」の基本権化について　204
　　Ⅴ 国家緊急権による人権の制限　205

第9章　南アジア編　統治機構……………………浅野宜之　209
　　はじめに　209
　　Ⅰ 統治機構規定をみるにあたって　210
　　　　1 議会と内閣　210
　　　　2 裁判所　211
　　Ⅱ インド　212
　　　　1 連邦制　212
　　　　2 行政　213
　　　　3 議会　214
　　　　4 州における統治　216
　　　　5 司法　217
　　　　6 地方自治　218
　　　　7 非常事態　220
　　Ⅲ パキスタン及びバングラデシュ　221
　　　　1 パキスタン　221
　　　　2 バングラデシュ　223
　　Ⅳ その他の南アジア諸国　225
　　　　1 スリランカ　225
　　　　2 ネパール　227
　　　　3 モルディブ　228
　　　　4 ブータン　229
　　まとめ　230

第4編　中央アジア編

第10章　中央アジア編　人権……………………桑原尚子　234
　　Ⅰ はじめに　234
　　Ⅱ 憲法の特徴と人権の一般的制約原理　238
　　Ⅲ 自由権　239

　　　　1　人身の自由　239
　　　　2　精神的自由　241
　　　　3　経済的自由　251
　　Ⅳ　社会権　252
　　Ⅴ　参政権的権利　253

第11章　中央アジア編　統治機構 ……………………… 樹神　成　257
　　Ⅰ　旧ソ連の一地域としての中央アジアの多層の歴史　257
　　Ⅱ　体制移行と統治原理——大統領制の導入と権力分立の特徴　260
　　Ⅲ　中央アジア諸国の統治機構　266
　　　　1　大統領、議会、政党、選挙　268
　　　　2　憲法適合性審査の導入と検察官監督の存続　277

索　引　281
執筆者紹介　286

＊各編の扉の地図の出典　http://www.freemap.jp

第1編
東アジア編

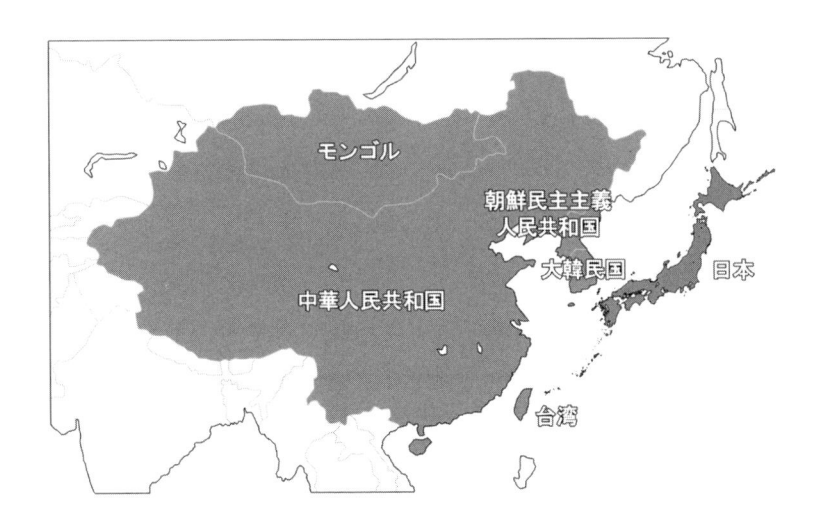

モンゴル
朝鮮民主主義人民共和国
大韓民国
日本
中華人民共和国
台湾

第1章

東アジア編　総論

國分典子

I　はじめに——「東アジア」の概念

　はじめにここで扱う「東アジア」の範囲について若干言及しておかねばならない。そもそも「東アジア」が具体的に何を指すかは確定しているわけではない。単純な地理的概念だと考えることもできず、歴史、政治、文化等のさまざまな要素が絡み合ってこの言葉の指す対象は変動する。「東アジアサミット」のように、ＡＳＥＡＮ諸国のみならずインド、オーストラリア、ニュージーランドまで入ってしまう場合すらある。本編では、「東南アジア」、「南アジア」、「中央アジア」との比較において、地理的には「東北アジア」ないし「北東アジア」と呼ばれる領域を考えるということになろう。しかし、そこに入ってくると考えられるシベリア以東のロシアについては、憲法との関連で近代以降の文化と歴史を重視すれば、「ロシア」としての属性が強いものとしてここでは外した。

　「東アジア」の憲法については、先行書として大村泰樹・小林昌之編『東アジアの憲法制度』（アジア経済研究所、1999年）がある。そこでは大韓民国（以下、「韓国」と呼ぶ）、朝鮮民主主義人民共和国（以下、「北朝鮮」と呼ぶ）、モンゴル、中華人民共和国（以下、「中国」と呼ぶ）、中華民国（以下、「台湾」

と呼ぶが、中華民国憲法については後述の特殊な性格からそのまま「中華民国憲法」と記載することとする）、さらに香港とマカオが個別に扱われているが、本書でもこれらの地域を念頭に、「東アジア」を考えることとした。但し、本書のなかで本編のみは分野別ではなく地域別に立てており、各論で扱うのは、韓国と中国に限られる。こうなったのは基本的に紙幅の制約と我々執筆者の能力に帰するものであるが、他の重要な要因として、後述の分断状況が東アジア地域をひとまとめに鳥瞰することを困難にさせているという問題、さらに日本にとって殊更に関連の深い隣接地域として、中国、韓国は個別に検討することが必要とされるという問題があった（なお、ここで個別に触れることのできない台湾、北朝鮮、モンゴルの憲法については、章末の参考文献を参照されたい）。

　なお、「東アジア」を考える場合、日本との関連性——日本が「東アジア」に属しており、「東アジア」を考える際に日本がどのように位置づけられるのかという視点が加味されることがひとつの課題となる。またこれを考えるには中華秩序の崩壊から近代国家形成への過程で果たした日本の——正負を交えた——役割も考えられねばならないであろう。ここでは日本に関し十分に言及することができないが、これらの点を視野の隅に入れつつ、東アジアの憲法成立の背景を考えるとともに、各論では取り上げられない「東アジア」地域に共通する憲法の問題を概観することとする。

II　東アジアの近代国家形成の始まり
　　　——中華秩序から国民国家形成への移行と挫折

　近代国家形成以前の東アジアは中華秩序の下でかなり同質性の高い地域であった。東アジアの近代憲法の歴史は中華秩序が崩れることによって始まる。中華帝国の天子は理念的には「天下」すなわち全世界の支配を任されていたのであり、またその支配に服することは、儒教的徳や礼を受け入れることを意味した。道徳観と政治的支配が一体になった中華を頂点とするこの地域の秩序に、西洋列強は明確な領域高権を念頭においた近代的主権国家概念を基礎とする国際法体系を持ち込んだ。この国際法の受容は西洋の生んだ近代主

権国家概念の受容をも迫るものとなったのである。

　こうして東アジアの国々は、いわゆる「近代化」の一環として近代国家形成、すなわち国民国家形成を模索することとなった。この国家形成の主たる原動力となったのは、自強意識であるといってよいであろう。当時世界的に注目されていた進化思想の影響もあり、列強に抗して国際秩序のなかで生き残ることのできる国家がかれらの国家形成の目標となった。但し、そのための対応には国によって時差があった。清および「小中華」を名乗った朝鮮では旧来の価値秩序を変革するのには大きな抵抗があった。守旧派が改革の壁となり、また諸外国の複雑な影響の下で改革モデルを確定するのにも手間取った。これに対し、日本はそもそもすでに江戸時代にも朝貢は行っておらず、中華思想の影響は比較的薄かった。明治維新以降の日本は、急速に西洋的近代国家形成を進める。その法的帰結が憲法典の制定であるが、19世紀中に制定にまで辿り着いたのは東アジアの中で唯一日本だけであった。そして「西洋的近代化」に伴い、1876年の日朝修好条規（江華島条約）、1894-95年の日清戦争を経て、日本は自ら中国、朝鮮に圧力をかける立場に回るとともに、東アジアにおける西洋的近代化のモデルを提示する存在となってゆくのである。この時期、中国では1898年に戊戌の変法が日本に範をとった上からの改革を目指し、朝鮮でも同様に、1894-96年、親日開化派を中心とした甲午・乙未改革が起こっている。これらはいずれも成功はしなかったが、こうした改革や日本からの圧力を背景に、日本の近代化──より正確にいえば日本を通じて西洋近代──を学び、母国の近代化の推進力となるために、中国、朝鮮からはこの時期、多くの留学生が日本に送られ、日本を通じて西洋の国家や法についての思想・制度が学ばれた。

　一方、国内で改革の動きが起こるにつれ、清の朝廷も朝鮮王朝も体制変革を考えざるを得なくなる。清では戊戌の変法が失敗したのち、朝廷が憲政の準備を始め、君主の地位および大権や国民の権利義務についての条項を含んだ「憲法大綱」が上奏されて、1908年8月1日には、9年後に憲法を発布し国会を召集することを宣言した「憲政九年準備の上諭」が出された。朝鮮では、日清戦争直後の1897年に「大韓帝国」と国号を変えて朝貢体制からの脱却を表明し、1899年に「大韓国国制」という国家の基本法を制定している

(但し、全9条しかなく「専制君主制」を明示したもので、前述の国際法の枠組みに則った主権国家を表明したものであるとは言えても近代的憲法と言えるものではなかった）。しかしこれらの改革はいずれも成就しなかった。清では革命運動が起こり、朝鮮半島では日本による植民地化が始まり、上からの改革は頓挫することになったのである。

III　近代憲法成立過程
　　──革命と植民地支配の混迷の歴史

　清朝が改革に手間取る間に、中国では、1911年10月に武昌で起こった暴動が全国に広がり、15の省が清朝からの独立を宣言し、中華民国が成立した。モンゴル帝国の継承国家（北元）が衰退した後、1755年にはその全域が清朝支配下に入っていたモンゴルも、この時期に清の総督を追放し、活仏ジュプツンダムバ・ホトクト8世を擁立して独立を宣言する（但し、その後開かれた蒙・中・露のキャフタ会議で認められたのは中華民国の宗主権下での自治権のみであった）。朝鮮半島では、1910年に日本が大韓帝国を併合し、軍人総督による「武断統治」が行われることとなった。政治的境遇は違うものの、中国でも朝鮮半島でもモンゴルでもこの時期に初めて近代的憲法典が成立する。以下、中国の動きを中心に東アジアの近代憲法制定過程を略述する。

　中国では、前述の1911年の各省の独立宣言に対応すべく、朝廷が責任内閣制や国会の憲法修正権を盛り込んだ「憲法信条」十九条（1911年11月3日）を宣布し、これに基づいて袁世凱を総理大臣として内閣を組織した。一方、独立を宣言する省はその間にも増え、11月30日には各省代表による第一次代表会議が開かれて12月1日「臨時政府組織大綱」が公布されるとともに、南京に臨時政府をおくことが決定された。「武昌の約束（ウーチャン・コンパクト）」、「中国のマグナ・カルタ」とも称されるこの大綱では、大総統の下に五つの行政部をおく、大総統の行う行政上の重要な職務について議会の同意を要するものとする、大総統選挙は各省代表が一票ずつの投票権を行使する、立法部は暫く一院制とする、等の内容が盛り込まれ、アメリカの制度をモデルとしたものであるといわれている（但し、人権条項はなかった）。これに基

づいて1912年1月には孫文が大総統に選出され、各省代表30人からなる立法部、参議院が開会された。また臨時政府と朝廷の間には講和が成立し、清室を優待するとの条件を付した上で朝廷側は2月12日、退位の上諭を発した。

この後、3月11日には孫文に代わって臨時大総統となっていた袁世凱の下で「中華民国臨時約法」が公布された。この「臨時約法」は、①先の「臨時政府組織大綱」の規定した期日内に国会召集が困難であること、②同「大綱」が人権に言及していないこと、から参議院によって制定の必要が主張され、約法起草会議で作られたものであり、国民の権利義務規定と責任内閣制の導入という点で新たな特徴をもつものであった。この時期、首都も南京から北京へと移される。1913年4月8日には国会が開院し、国会で制定するものと定められていた憲法起草にいよいよ着手されることとなった。国会の衆議院参議院が各30名ずつ選出した委員から成る憲法起草委員会による草案は委員会のおかれた場所にちなんで「天壇憲法草案」と呼ばれている。

一方、1913年10月、民国の正式大総統に選出された袁世凱は、憲法研究会を設置し、憲法起草委員会に対抗する「憲法大綱」を発表させ、さらにまた大総統権限を強化する「臨時約法」の修正案を提出した。しかし、国会がこれに応じなかったために袁世凱は11月4日、国民党解散の命令を出して議会の定足数が足りないようにすることで憲法草案の審議を不可能にし、また約法会議を通じて1914年、「中華民国増修臨時約法」を制定した。この結果、統治制度は責任内閣制から総統制に戻り、大総統には立法、軍事面で強大な独裁的権限が与えられることとなった。さらに袁世凱は清室の推戴をも受けて1916年元旦には皇帝（洪憲皇帝）を名乗るが、国内外からの批判を浴びて同年4月、政府組織令に基づき再び大総統・責任内閣制に戻っている。1916年6月に袁世凱は急死し、大総統に就任した黎元洪は、西南各省や上海海軍が旧約法復活を強く主張したのを受けて旧約法および大総統選挙法の復活を宣言した。この結果、国会が復活し、衆参両院による憲法会議でかつての天壇憲法草案を基礎に憲法制定事業が進められることとなった。しかし1917年5月になって対独宣戦問題を巡って宣戦を主張する段祺瑞内閣と国民党の間で衝突が起き、黎大総統に解任された段祺瑞の一派は独立を宣言するに到った。さらに大総統から調停役を求められた長江巡閲使張勲が国会解散の圧力

をかけたために、憲法草案審議は再び中断されることとなってしまったのである。

　張勲は7月1日には清室を復活し（＝「復辟」と呼ばれる）、宣統帝溥儀の国務奉還に関する上諭及び立憲君主政体の採用を盛り込んだ施政方針九条が発布されて、旧制度が復活した。これに対し黎元洪は副総統馮国璋を大総統代理として、段祺瑞を国務総理に復活させ、張勲討伐に動き、「復辟」は13日で失敗して、以降は馮国璋大総統、段責任内閣の時代となった。

　一方、西南各省は旧国会の復活を要求するとともに、孫文を中心に軍政府を作り、新国会を開設しようとする北方軍閥派政府との間で南北の対立を深めてゆく。同じ頃、ロシア革命でロシア勢力が退潮するとモンゴルには軍閥安福派の徐樹錚が入り、これを占領している（1919年10月）。モンゴルはその後、シベリア内戦に敗れたロシア白軍がこれを占領し自治を復活させロシア革命に抵抗する拠点としようとしたが、モンゴル人の独立運動組織がソ連の支援を受けて中国軍、ついでロシア白軍を破り、臨時人民政府を樹立した。人民政府は、ソ連の傘下で1924年11月にモンゴル人民共和国樹立を宣言し、「モンゴル人民共和国憲法」を制定する。既にこれ以前、モンゴル内では西洋的な近代立憲主義に則った憲法草案を準備していたが、24年憲法は独立を維持するためにコミンテルンの憲法案を受け入れたソビエト型のものであった。

　中国では、南北の政府がそれぞれ制憲事業を試みるが、いずれも制定にまではこぎ着かず、結局旧国会の復活によって、1923年10月中華民国最初の憲法が制定された（憲法制定の直前に大総統に選出された曹錕の名をとって「曹錕憲法」とも、制定過程での軍閥の対立の中で議員の買収工作が行われたことから「賄選憲法」とも呼ばれる）。しかし、憲法制定後も軍閥間の争いは続き、近代国家形成は進まなかった。

　こうした間に、第一次大戦後の民族主義の高まり、五四運動を機に、1919年10月に孫文はそれまでの中華革命党を国民党に改組し、また22年にはこれまでの軍閥による革命の手法を誤りだとして「以党治国」の原則の下に当時すでに頭角を現していた中国共産党およびソ連と提携した民衆を基盤とする革命を進めるに至っていた。1924年4月12日かれは「国民政府建国大綱二十

五条」で、軍政・訓政・憲政の三段階を経た国家建設、三民主義五権憲法（民族主義、民主主義、民生主義の理念と行政、立法、司法、考試、監察の五権分立の統治構造）に基づく国政を謳い、これが今日に至るまでの中華民国建国の基本理念となった。6月30日には「中華民国国民政府」設立が宣言され、「国民政府組織法」が公布される。その後、孫文が死去し、蒋介石と共産党の間の溝が深まるが、国民党は北伐を完成して軍政から訓政時期に移行したとし、先の建国大綱の考えに従って1928年10月、「訓政綱領」と新たな「国民政府組織法」を公布し、行政院、立法院、司法院、考試院、監察院の五権から成る「五院制国民政府」を組織した。この間、蒋介石の独裁体制を批判する反蒋介石派は訓政時期および憲政開始時期の基本法として、1930年10月27日「中華民国約法」を起草するが、これも国民会議が招集されなかったために制定には至らず、1931年6月に蒋介石主導の国民会議で「訓政時期約法」が制定・公布された。こののち「三民主義五権憲法」を理念に制憲活動が試みられ、1936年5月5日には「五五憲法草案」ができるが、盧溝橋事件が勃発して頓挫し、この草案を土台に「中華民国憲法」が公布されるのは、太平洋戦争後の1947年のことであった。

　一方、国民党と袂を分かった共産党はこの間に1931年11月7日に「中華ソヴィエト共和国憲法」という初めての憲法を制定している。1947年の中華民国憲法制定時には国民党と共産党の間の内戦が始まっていた。その後、共産党は中国本土を制圧して1949年10月1日に中華人民共和国が成立した。そして1954年9月20日に第一期全国人民代表大会第一次会議で中華人民共和国憲法が採択・公布されたのであった。

　孫文が国民党を結成した1919年は韓国にとっても重要な年であった。3・1独立運動が起こり、韓国内やロシア、中国に臨時政府が設立され、それらがまとまって最終的に上海に大韓民国臨時政府が設立された。また4月11日には「大韓民国臨時憲章」が作られてその第1条で「民主共和制」を採ることが初めて謳われ、9月11日には「大韓民国臨時憲法」が韓国の初めての近代的憲法として生まれたのである。同憲法は1912年の中華民国臨時約法等、当時の中国の憲法関連文書をモデルにしたものと言われている。臨時憲法はこれ以降、1944年の「大韓民国臨時憲章」まで四度改正され、現在の韓国憲

法でもその「法統」を継承することが表明されている。朝鮮半島では植民地からの解放後の1948年、大韓民国と朝鮮民主主義人民共和国がそれぞれの憲法を制定した。1946年の日本国憲法がＧＨＱ草案を基に作られたのに対し、同じ米軍占領下で作られた1948年韓国憲法は韓国人の手によって作られ、ドイツを中心とするヨーロッパ諸国の憲法や中華民国憲法からの影響が散見される。

Ⅳ　憲法の変動と憲法改正

　上述の歴史を通して、現在の東アジアは多様な国家体制を現出している。中国、韓国の建国後の憲法史については各論で触れるので、ここではそれ以外の地域について付言しておく。

　台湾では先に言及した1947年の中華民国憲法が今日でも妥当している。但し、国共内戦の激化により1948年には総統に非常大権を与える臨時条項が追加され、その後「史上最長」といわれる38年に亘る戒厳令（「共産党の反乱を鎮圧する」という名目で作られた「反乱鎮定動員時期臨時条項」に基づく）下で総統に独裁的権力が認められてきた。しかし1987年の戒厳令体制の解除とともに国民党の一党支配も崩れ始め、民主化・台湾化の流れに沿って、李登輝総統時代に6回、陳水扁総統時代に1回、増補修正条文（以下、増修条文という）が追加されて今日に至っている。第1次改正（91年）では反乱鎮定動員時期臨時条項が廃止され人権条項が実効性をもつようになるとともに、総統の緊急命令権を規定するなど、総統権限を強化した大統領制的統治構造の基礎が確立された。続く第2次（92年）では司法院・考試院・監察院の規定を整備、また民選による台湾省省長をおくことを規定した（増修条文第17条）。第3次（94年）では総統直接選挙制を導入したほか、総統の人事任命権に対する行政院長の副署制度が廃された。第4次（97年）では総統の首相任命権、立法院解散権、中小企業支援条項を整備、また実質的に中華民国の支配地域と重複し形骸化している台湾省が廃された。第5次（99年）では立法委員任期の延長等が図られたが、この改正については、2000年3月に司法院大法官会議が採決手続不備を理由に無効と宣言している。第6次（2000年）で司法

権の独立規定導入、第7次（2005年）で総統・副総統の弾劾手続、憲法改正の際の国民投票手続の導入、立法委員の定数・任期・選出方法の変更等を規定し、また独特の制度であった国民大会が廃止されている。これらの改正では「台湾式半大統領制」といわれる統治体制が確立されるとともに、中華民国憲法の実質的台湾化が図られてきている。

　北朝鮮では、「反帝反封建民主主義革命」と「統一」を課題に掲げた1948年の憲法制定後、72年、92年、98年、2009年の4回、憲法改正が行われている。72年憲法では領袖を中心に据えて領袖・党・人民大衆が一体となって団結する「朝鮮式社会主義」を打ち出し、領袖制を統治機構に組み込んだ国家主席制度を導入するとともに、「マルクス・レーニン主義をわが国の現実に創造的に適用した朝鮮労働党のチュチェ思想」を「指導指針」とすること（第4条）が謳われた。92年憲法では、チュチェ思想と朝鮮労働党の指導をより明確にするとともに、ソ連・東欧社会主義の崩壊に伴って「マルクス・レーニン主義」、「プロレタリア国際主義」の語を削除している。また経済条項においては企業合併の奨励（第37条）等、経済発展戦略のための規定が盛り込まれた。98年改正では、前文で故金日成主席を「共和国の永遠の主席」、憲法を「偉大な領袖金日成同志の主体的な国家建設思想と国家建設業績を法制化した金日成憲法」と位置づけている。これに伴って「国家主席」制度が廃止され、金正日総書記の「国防委員会委員長」の地位が実質的に国家の最高職責となった。また経済についても、企業の独立採算制の確立（第33条第2項）、特許権（第74条第3項）などが追加され、自然災害による飢餓を防ぐことを目的として、居住・旅行の自由（第75条）が公民の権利に新設された。2009年の改正では、金正日党総書記が務める国防委員会委員長についての節を新たに設け、その地位を「最高指導者」と明記し（第100条）、指導理念としてチュチェ思想のほか「先軍（＝軍事優先）思想」を追加し（第3条）、国防委員会委員長の権限を強化した。

　モンゴルでは、前述の1924年にモンゴル人民共和国憲法が承認されたあと、1940年、60年に改正が行われた。24年憲法が住民代表や軍の代表からなる国家大会議を最高機関とし、「レーニン憲法」と称されたのに対し、40年憲法は、スターリンの影響の下にチョイバルサンが右派を粛清して独裁権力を手

中にした後に作られ、36年のいわゆるスターリン憲法を範としたものであった。24年憲法の地方自治条項にみられた若干のモンゴル的特色も払拭されている。その後の60年憲法は、農牧業の協同組合化が一応、完了し、社会主義建設がある程度の成果を上げたことを踏まえて作られたもので、マルクス・レーニン主義理論を活動指針としてモンゴル人民革命党の指導による社会主義建設の完成と将来の共産主義社会建設を掲げていた。しかし、ソ連型社会主義体制と遊牧中心の文化・伝統との溝を埋めることはできず、1989年の東欧革命の影響の下、モンゴルでも民主化運動が起こった。1990年5月の人民代表大会で一党独裁条項の廃止、複数政党制導入の憲法改正が行われ、さらに1992年には、国名を「モンゴル国」と改めて同年、大統領制、市場経済体制に則った憲法を新たに公布している。

V 東アジア地域の憲法の特殊性と国民国家形成の問題——分断

　先に述べた歴史は、今日の東アジア諸地域の体制のなかに共通の特殊性をもたらした。それは日本を除く東アジア地域が、今日でもいずれも分断の問題を抱えているという点である。中国と台湾、韓国と北朝鮮、そしてモンゴルも中国とロシアの間に挟まれ、外モンゴル（＝モンゴル国）と中国内の内モンゴル自治区とに分かれている。

　憲法上、こうした問題を示す最たるものともいえるのが中華民国憲法である。現在も中華民国の「固有の領域」（第4条）として大陸を含む領土を想定し、それに基づいた支配構造を構築しているため、実質的な領域支配の及ぶ台湾島および付属島嶼は法制上、「台湾省」、「福建省」と位置付けられている（この実質的支配地域は後述する増修条文では「自由地区」と呼ばれている）。これによって台湾では、中央政府とは別に「台湾省長」が置かれるといった名目的な省と中央の二重統治体制が敷かれてきた（但し、1996年に福建省の、1998年には台湾省の機能が凍結されて、法制も現状に合致したものへと整備が進められてきている）。

　一方、「中華人民共和国が1947年の中華民国崩壊後の正統政府である」と

する中国は、一貫して「一つの中国」を主張してきた。1979年1月1日、中国全国人民代表大会常務委員会が「台湾同胞に告げる書簡」を発表し、同年9月30日には全人代常務委員会委員長葉剣英の名で台湾の平和統一に関する「九項目提案」が出されて、台湾政策の原則を武力解放から平和統一へ転換して今日に至っている。

　中華民国憲法が現実と矛盾する内容をもちつつ、改正を重ねながらも今日まで続いている背景には、台湾内部には政治化した省籍矛盾、すなわち本省人（日本の植民地支配終了以前からの台湾住民）の一部と外省人（日本の植民地支配終了後台湾に移住してきた住民、大部分は大陸から逃れてきた国民党系の住民）の一部の対立や統一・独立論争といった火種を抱えているために新憲法制定問題に正面から取り組みにくいという問題があるほか、新たに台湾のみを射程とする憲法を制定すれば、中国からも独立の宣言と看做され、両岸関係（＝中国と台湾の関係）が危機に瀕する恐れがあるという理由がある。中華民国憲法の修正が増修条文を加えるという形式で行われてきたのも、憲法本文の修正によって生じる政治的問題を回避するため、本文を変えることなく、実態に合わない部分は増修條文の追加・変更で処理をしたという事情があった。しかしこのため、増修條文は憲法本文の最後尾に追加された条文であるにもかかわらず、本文のいくつかの条文の規定を受けないと明記することとなっており、本文と増修条文が矛盾を来たしたままになっていること、増修条文が本文より優先的効力をもっていること、統治の基本的な条項が増修條文にあることは、憲法の一貫性および国の最高法規としての憲法の権威を損なう危険を有していると指摘されている。

　類似した問題は朝鮮半島も抱える。1991年9月に国連同時加盟を果たしたものの、南北は国際法上未だ「休戦状態」に過ぎず、それぞれが正統政府を名乗っている。韓国憲法は、領土を「韓半島およびその付属島嶼とする」とする（第3条）一方で、平和的統一政策を推進することを規定する（第4条）という矛盾を内包しており（この点の詳細は第2章参照）、このことは韓国憲法学界でもたびたび議論されてきた。憲法改正による是正の必要を唱える意見もあるが、いまだ改正には至っていない。北朝鮮の憲法も、48年憲法はソウルを首都と規定していた（第103条）。韓国のような領土条項や統一条項は

ないが、今日の憲法は故金日成主席を称える「序文」のなかで「国の統一」を「民族至上の課題」としており、金日成が「全民族の団結した力で祖国統一偉業を成就するための道を開」いたと述べている。

　モンゴルについては、台湾問題や朝鮮半島問題のような法と現実の矛盾はない。しかし、外在的な要因が主になっているという点で、政治的にはより複雑な様相を呈するのがモンゴル国と中国領土内の内モンゴル自治区との関係である。モンゴルでは地理的分断以前の段階で、清朝によるモンゴル支配、日本による植民地支配によってこの地域の歴史が分断されており、それがその後の地理的分断と政治体制形成に直接間接の影響を与えた。そもそも「外モンゴル」、「内モンゴル」という表現自体、清朝が付けたものであったが、ロシアと清朝の権益関係のなかでモンゴルの独立は外モンゴル側についてのみしか認められなかった。さらに内モンゴルについては、日中戦争時に日本と提携し内モンゴル統合と自治を獲得しようという動きがあったが、結果的には日本軍が「蒙古連盟自治政府」を39年に華北の漢人傀儡政権と合体して「蒙古連合自治政府」とし、漢人が多数派でかつ政治の実権を日本が握る体制の中に組み入れてしまうという状況が起こった。1947年、モンゴル族の独立運動家たちが中心となって「内蒙古人民政府」を樹立したが、これは1949年に中国共産党の主導により「内蒙古自治区人民政府」と改称された。各自治区の独立を恐れる中国が「自治」の在り方に過敏なのは周知のとおりである。外モンゴル、すなわちモンゴル国の民主化以降、モンゴル民族の再統合を唱える「大モンゴル主義」の動きもあるが、今も中国とロシアに挟まれた現状では実現は困難であり、モンゴルの民族的アイデンティティに影を投げかけている。

　東アジア地域では、近代初頭の立憲化に失敗し国家そのものが解体したことと、民族的・文化的アイデンティティの基礎を失ったことは、その後の国家形成においても独裁的政権が生まれやすく民主化・立憲化がさらに遅れるという問題を生ぜしめた。朝鮮半島では植民地支配と冷戦を要因として、北には金日成体制が、南では李承晩政権に始まる一連の権威主義体制が生まれた。日本における占領政策が民主主義の導入に成功したのに比し、韓国では冷戦構造のなかで、むしろ米国が韓国の独裁体制を支える結果となった。米

ソ対立が分断を固定化するのみならず民主主義・立憲主義の発展をも阻んだのであった。近代化過程で生まれ、植民地時代の独立運動で醸成された朝鮮半島のナショナリズムは国民国家形成には結実せず、南北それぞれの体制を支えるのに利用されることとなった。

　台湾も、ナショナリズムが国民国家形成の土台になるには困難があった。大陸に対して唯一の正統政府を主張する国民党の一党独裁政権は本来、中国ナショナリズムを掲げて統一を訴えてもよかったはずである。しかし前述の省籍矛盾が、こうしたナショナリズムを表だって唱えることを阻んだ。ナショナリズムを持ち出せば中国人としてのアイデンティティではなく台湾アイデンティティ、ひいては台湾独立運動を呼び起こしてしまう危険性があった。そのために、国民党は国民国家形成の問題には触れないまま権威主義体制によって政権を維持したのであった。他方、大陸でも多様な民族を抱えて中国共産党の一党独裁体制はこの種のナショナリズムを危険な火種として封じ込めてきた。

　この結果、これらの地域では非民主的体制が続くことで、外からの侵略によってのみならず、内部的にも国民国家形成や人権思想の展開には大きな間隙がみられたのである。

　以上のように、歴史的に形成されたアイデンティティと国家の現状に矛盾をきたし、その意味でいまだ国民国家形成が貫徹していないままであるともいえるのが東アジアの現状である。なお、国民国家形成の基礎となる「国民」確定の問題については、いわゆる「在日」と呼ばれる日本の特別永住者の問題も関連していることを付言しておく。

VI　今日の東アジアの憲法の共通性

1　民主化と憲法

　今日の東アジアの憲法を考えるとき、おそらく最も重要な論点となるのは、民主化の問題であろう。民主主義と立憲主義は必ずしも相互に完全に調和する理念とはいえないが、独裁を経験した国にとって民主化は立憲主義定着のためには不可欠の基盤である。韓国、モンゴル、台湾および日本を見るなら

ば、民主化以降、それ以前の歴史の反省を踏まえて人権保障が強化されたし、司法の独立や後述する違憲審査制度も確立された。韓国、モンゴルには国家人権委員会も設置されている。中国にとっては経済の自由化が民主化にどのように作用するかが今後の立憲主義の発展を占う鍵となるであろう。

(1) 人権

人権に関しては、近代化過程で既に19世紀後半から西洋の人権思想が民主主義思想等とともに東アジアに流入した。しかし国家の近代化を急務とした当時の東アジアでは、人権はともすれば近代化のために必要なもの、すなわち外圧に対する国力の強化の一環として捉えられ、人権における国家と個人の対立図式よりも国権と人権が相携えて近代化を促進するものと捉えられる傾向があった。東アジア地域の憲法がいずれも人権カタログを具備しているものの、国家緊急権による強権体制を容易に認めやすい状況が生まれた背景にはこうした傾向が分断による政治的緊張とともに作用しているのではないかとも思われる。これに対し、独裁体制下の経験は国民に国家と対立する個人の人権を改めて強く意識させ、韓国・台湾・モンゴルでは民主化要求とともに憲法の人権カタログに基づく個々の人権保障の徹底をも要求させる結果となった。非常事態についても、民主化以降の韓国（第76条第3項：大統領の緊急処分・命令に対する国会の同意、第77条第5項：国会在籍議員過半数による戒厳の解除）、台湾（増修条文第2条第3項：総統の緊急命令に対する立法院の同意、同第5項：戒厳または緊急命令有効期間中の立法院解散は不可）、モンゴル（第33条第1項(12)：大統領の非常事態・戦争状態宣言には国家大会議の可決が必要、第19条：非常事態・戦争状態における人権制限は法律による）各憲法は議会による統制を重視している。

(2) 統治構造

統治機構に関連しては、憲法史でも言及したように、この地域では日本以外、1910年代に共和制を表明し、今日に至っている（但し、実質的に世襲制を採る北朝鮮を共和制と呼べるかには問題が残る）。民主化を達成した韓国、台湾、モンゴルを見ると、いずれも国民の直選選挙による大統領と一院制議会

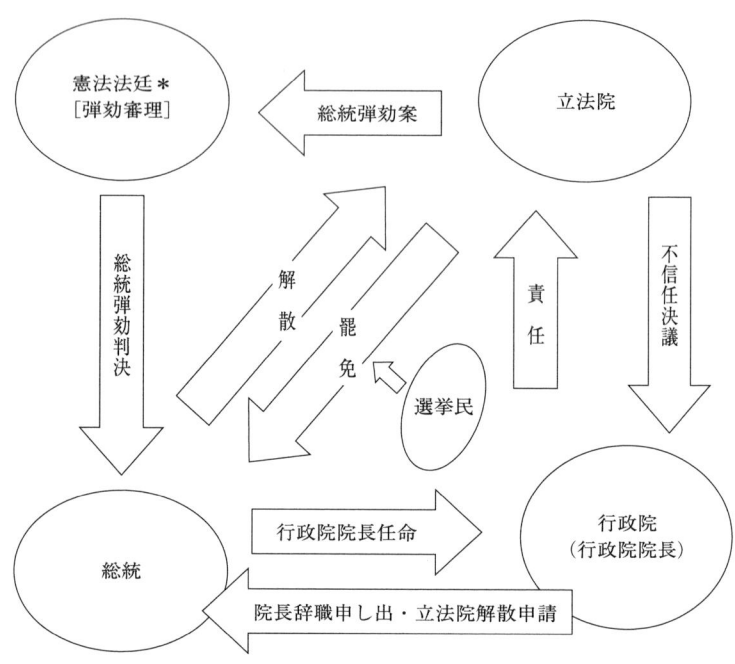

台湾における総統・立法府・行政府の相互関係

　行政院院長は総統により任命される。行政院は立法院に対し責任を負い、立法院が行政院院長に不信任決議を行った場合、行政院院長は10日以内に辞職を申し出なければならないが、同時に総統に立法院の解散を申請することができる（増修第3条）。総統は行政院院長不信任案が立法院で通過したのち10日以内に立法院院長の諮問を経て立法院の解散を宣告することができる（増修第2条第5項）。総統は立法委員総数の4分の1の提案、立法委員総数の3分の2の同意で提出され、自由地区選挙民総数の過半数の投票、有効投票数の過半数の同意により罷免される（増修第2条第9項）。また総統の弾劾案は立法院総数の2分の1以上の提議、立法委員総数の3分の2以上の決議を経て憲法法廷の判決により解任される（増修第2条第10項、増修第4条第7項）。罷免は政治的責任を、弾劾は法的責任を追及するものと捉えられている。

　＊憲法法廷：総統・副総統の弾劾、政党解散の審理を行う憲法法廷の構成員は司法院の中の大法官である。

　なお、図は上記説明をもとに大まかな相互関係性を示したものにすぎない。台湾の統治機構の特徴である五権分立の五権のうち司法院（憲法法廷のみ図示）、考試院、監察院はここには載せていない。

モンゴルにおける大統領・立法府・行政府の相互関係

[図：憲法裁判所―国家大会議―大統領―内閣の相互関係を示す。国家大会議から憲法裁判所へ「任命」、憲法裁判所から大統領へ「事実認定」「解任」、大統領から国家大会議へ「解散提議」、内閣から国家大会議へ「責任」、国家大会議から内閣へ「任命・不信任決議」、大統領から内閣へ「指針」]

　内閣は首相と閣僚により構成され、首相は国家大会議が任命し、閣僚は首相の提議により国家大会議により任命される（第39、40条）。大統領は国家大会議の過半数を占める政党（過半数を占める政党がない場合には議席を有する複数の政党）と合意し推薦した者を首相に任命する案または内閣を辞職させる案を国家大会議に提議する（第33条第1項(2)）。全議員の3分の2以上の議員が、国家大会議がその権能を行使することができないとみなしたとき、または同様の理由で大統領が国家大会議長との合意の上解散の提議を行ったとき、国家大会議は自ら解散決定をすることができる（第22条第2項）。国家大会議は、内閣の辞職について自らの発議および大統領の提議、または首相の上申があったとき（第43条第3項）、国家大会議議員の4分の1以上が内閣不信任決議案を提出したとき（第43条第4項）、内閣が自らの信任、不信任の表明を求めて国家大会議に議案を上程したとき（第44条）、信任か不信任かを決議する。大統領が憲法または大統領の権能に反した場合、憲法裁判所の事実認定に基づき、国家大会議出席議員の3分の2の賛成により解任される（第35条第2項）。大統領には国家大会議の可決した法律・決定の拒否権があるが、国家大会議の再審議で出席議員の3分の2が了承しなければ当該法律・決定は依然有効とされる（第33条第1項(1)）。一方、大統領令が法律に適合しない場合は、大統領が自らあるいは国会大会議がこれを無効とする（第34条第2項）。

　なお、図は上記説明をもとに大まかな相互関係性を示したものにすぎない。最高裁判所を頂点とする通常の司法機関は載せていない。憲法裁判所の他の機能については次項で述べる。

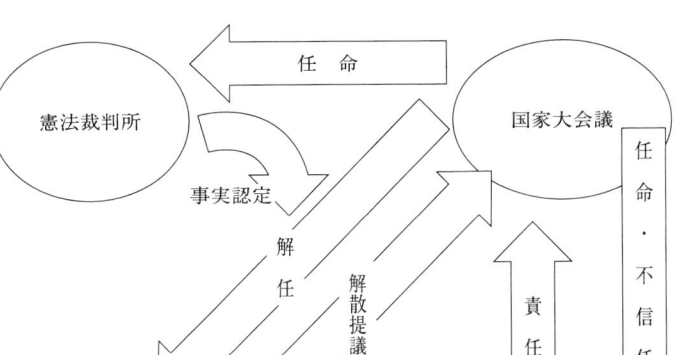

を有している。大統領が単独で行政府を構成するアメリカ式大統領制とは異なり、韓国が大統領、国務総理、国務委員（＝大臣にあたる）からなる国務会議を有し（第88条第2項）、モンゴルが最高行政機関として内閣（第38条第1項）、台湾が最高行政機関として行政院を有する（第53条）点で、三者は似ている。但し、モンゴルの内閣や台湾の行政院が立法府との間に議院内閣制的性格を有するのに対し、韓国では国務総理、国務委員は議会に対して個別的責任を負うものの、大統領と議会の間には解散・解任といった制度がない。このため、大統領と議会の対立が生じた場合に政治は混迷を深めることになる。一方、議院内閣制的といわれるモンゴルでも大統領が法律拒否権（第33条第1項(1)）をもつことが議会との摩擦を生む可能性をもち、台湾でも立法院の解散権を総統が行使できるのは立法院が行政院院長を不信任としたときに限られるので総統が解散権を多数与党形成のために使うことは困難であるという問題が指摘されている。

(3) 憲法裁判制度

東アジアで民主化が行われた韓国、台湾、モンゴルでは相次いでドイツ的な憲法裁判制度が導入されている。

韓国、モンゴルが独立した憲法機関として憲法裁判所を設けているのに対し、台湾では司法院の一部として憲法裁判機関が設けられているという特色がある。司法院は通常の裁判所にあたる法院（地方法院・高等法院・最高法院・高等行政法院・最高行政法院がある）とは別個の機関であり、かつ、法院の上位にある「最高司法機関」である。「憲法を解釈し、且つ法律及び命令を統一解釈する」司法院の権限に基づき（第78条）、合議体により憲法裁判機能を果たす大法官のほかに、秘書処・大法官書記処・民事庁・刑事庁・行政訴訟および懲戒庁・司法行政庁・資産管理処・政風処という司法行政機構を有し（司法院組織法）、憲法裁判所と通常裁判所の事務総局を併せ持ったような組織となっている。なお、増修条文第5条第4項により、政党解散および弾劾の審理を行う大法官の組織は憲法法廷と呼ばれている。現行のシステムはドイツ型に近いが、現在台湾では司法改革の論議が進んでおり、将来アメリカ型付随的違憲審査制に近づく可能性も示唆されている。

憲法裁判機関比較表

		韓国（憲法裁判所）	台湾（司法院大法官）	モンゴル（憲法裁判所）
権限			抽象的規範統制	抽象的規範統制
		具体的規範統制（法律についてのみ）	具体的規範統制	具体的規範統制
		大統領・国務総理・国務委員・憲法裁判所裁判官・法官その他の弾劾審判	総統・副総統の弾劾審理（憲法法廷）	大統領、国家大会議議長、首相の解任、国家大会議議員の罷免の根拠の有無の審査
		国家機関相互間、国家機関と地方自治団体間、地方自治団体相互間の権限争議審判	法令の統一的解釈 中央又は地方機関の職権行使に関わる憲法解釈	大統領、国家大会議議長、国家大会議議員、首相、閣僚、最高裁長官、検事総長の行為の違憲性審査
		政党の解散審判	政党の解散審理（憲法法廷）	国民投票、国家大会議議員選挙、大統領選挙についての中央選挙管理機関の決定の憲法適合性審査
		憲法訴願審判	憲法訴願審判	憲法訴願審判
構成員選出方法		大統領・国会・大法院が3名ずつを指名し、大統領が任命	15人を総統が指名し、立法院の同意を経た後、総統が任命	大統領・国家大会議・最高裁が3名ずつを指名し、国家大会議が任命
構成員資格		判事、検事、弁護士、弁護士資格をもち国家機関、国・公営企業体、政府投資機関、その他の法人で法律事務に従事した者、または弁護士資格を有し公認された大学の法律学助教授以上の職にあった者（15年以上これらの職にあり、40歳以上であること、但し、他の法令で公務員として任用することができない者、禁錮以上の刑の宣告を受けたことがある者、弾劾により罷免された後5年を経過しない者を除く）	①最高裁判所裁判官職歴を10年以上有し、勤務成績優秀である者 ②立法委員9年以上の職歴を有し、特別な貢献をした者 ③大学における法律の主要科目教授の職歴を10年以上有し、専門学術書の著作がある者 ④国際裁判所裁判官の職歴を有する者、または公法学或いは比較法学の権威的著作者 ⑤法学を研究すると共に、政治経験も豊かで、名声卓越なる者（①～⑤のどれかの資格を有する大法官の人数は、大法官定員総数の3分の1を越えてはならない）	法律、政治に関する高い専門性をもち、刑事処罰を受けたことのない、40歳以上のモンゴル国民

＊韓国の憲法裁判所について、詳細は第2章参照。

一方、中国においても憲法上、司法審査の規定はないものの、1980年代以降、学者たちが諸外国の違憲審査制度に注目し、研究してきている。現行の1982年憲法では、全国人民代表大会および全国人民代表大会常務委員会に憲法実施の監督権限が、また同常務委員会に憲法の解釈権限がある（第62条第2号、第67条第1号）とされており、2000年には立法法（各機関が立法する際に遵守しなくてはならないルールを定めた法律）で憲法解釈について若干の規定が設けられた。立法権を有する全国人民代表大会およびその常務委員会が違憲審査にあたる権限をもつことの是非には議論があり、実際にも違憲審査が機能しているとは言い難い状況ではあるが、「法治」の強化の動きとともに中国の憲法論の現代的傾向を示すものと考えられる。

2　地方自治およびマイノリティの権利

　統治体制との関連でもうひとつ触れておきたいのは、中央と地方との関係である。中華民国の建国過程をみると、当初、連邦制的制度が考えられていた時期があった。そもそも辛亥革命は各省の蜂起から起こったものであったが、1920年には「廃督裁兵論」に関連して「連省自治運動」が起こった。この運動は、軍閥の政権争いによる政治的混迷を改善するために、まずは各省がそれぞれ省憲法を制定し省の自治を行い、その後に各省が代表を派遣して連省会議を組織し連省憲法を制定して連邦国家を作ろうという考えに基づいたものであった（この運動は軍閥がこれに参加することによって内部崩壊した）。最初の中国憲法である「曹錕憲法」も「連邦」とは明示しないものの、スイスの連邦制を参照して作られたとされ、連邦制類似の統治構造を規定している。

　しかし国民党政府成立以降、共産党政権樹立後の中国も、台湾も一貫して中央集権体制を採ってきているし、他の東アジアの国および地域も、日本を含め、それぞれ強い中央主導の体制をとってきた。いずれも連邦制は採っていない。

　韓国では1949年に地方自治法が制定されたが、1961年の朴正熙による軍事クーデター後、「地方自治に関する臨時措置法」に基づき、そのほとんどの部分が効力を停止されていた。民主化に伴い、1988年4月に全面改正された

地方自治法が公布され、5月1日から施行され、その後、金大中政権下で「中央行政権限の地方委譲推進等に関する法律」が、盧武鉉大統領下で地方分権特別法が制定され、中央から地方へ権限移譲が進められてきている。中国や北朝鮮でも地方分権が規定されているものの、実際上自治権は極めて限られてきたが、グローバル化の波により経済的な観点からの特別地域が認められるようになってきている。さらに中国では香港、マカオに関する一国二制度が認められて自治についての大きな変革が現れている。

　自治の問題は、民族問題との関連ではマイノリティの権利保障問題でもある。中国は独立運動の火種になる危険を孕むことから、チベットやウィグルに顕著にみられるように民族自治には敏感である。一方、台湾にとってもこの問題は複雑である。何故ならば、民族自治の重視は台湾自体の中国からの独立問題に結びつく問題であるからである。しかし台湾では80年代後半から台湾原住民族運動が展開され、民進党は台湾ナショナリズムの理念から先住民族問題を重視する政策をとってきている。台湾化とともに先住民族の権利についても増修条文で言及されるようになっており、今日の増修条文第10条第11項は「国家は、多元的文化を肯定し、かつ積極的に先住民族の言語と文化の発展を擁護する」とし、同第12項は「国家は、民族の意思に依拠し、先住民族の地位および政治参加を保障し、その教育、文化、交通、水利、衛生、医療、経済、土地および社会福祉政策に保障扶助を与え、かつその発展を促進しなければならない。その弁法は法律をもって別に定める。澎湖、金門および馬祖地域の人民についても同様である」としている。なお、今日、政府内には先住民族専管機関「原民会」がおかれ、2005年には米国の先住民法をモデルとする原住民族基本法が成立し、いまだ自治権が認められるまでには至らないものの、先住民の権利保護に力を入れている。

　モンゴルでも「地方自治」（第57～63条）は謳われるものの、長は中央から任命され集権的性格が強いが、カザフ族の多いバヤンウルギーでは憲法上の言語の自由（第14条第2項）、「信仰の自由」（第16条第15項）等に基づき、事実上のカザフ自治権が認められている。

3　社会国家・社会主義国家と経済条項

　この地域の現在の憲法はいずれも第二次世界大戦後に起草され、社会国家的性格をもったものとなっているという共通性がある。中国、北朝鮮においてはそもそも社会主義を標榜しているのであるから他と同列に考えることはできないが、韓国、台湾、モンゴルはそれぞれ社会権条項を有している。

　さらにこの三者は日本とは異なり、経済条項を有する点でも共通している。経済条項の背景には、台湾では民生主義の踏襲や中華民国憲法制定当初の共産党の影響、韓国では独立運動時代における三民主義等の中国の思想的影響や建国当時の世界的社会民主主義思想の潮流の影響、モンゴルでは社会主義からの離脱後の経済システムを明らかにするという意味合いや遊牧民族特有の土地や家畜所有の問題があったと考えられる。

　こうした経済条項は経済への国家の介入の余地を広げるものであり、韓国や台湾の分断後の歴史のなかでは権威主義体制下で政治と財界の癒着を生み、憲法の予定した富の公平な分配には結果的には寄与しなかった（そしてこの点ではイデオロギー的には反対の立場にあるはずの中国、北朝鮮も同様の問題を有した）。しかし「反共」を謳った韓国・台湾が、それぞれ「社会的市場経済秩序」・「民生主義」の下に経済の国家的コントロールを憲法で規定していたことはこの地域の対立構造をイデオロギー対立として位置づけることの困難さをも吐露している。

　反面、今日では、この地域の社会主義がそれぞれ市場経済の導入へ転換してきたという側面もある。社会主義を放棄したモンゴル、「社会主義市場経済」の名の下に物権法制定に踏み切った中国は言を待たず、北朝鮮も1991年12月に自由経済貿易地帯を設けて自由経済貿易地帯法（1993年）を制定しており、現在の憲法第37条でも「国家は、わが国の機関、企業所、団体と外国の法人または個人との企業合併と合作、特殊経済地帯における各種企業の創設、運営を奨励する」として外資の導入による経済基盤の確保を模索している。

4　国際化と統合

　経済面では、グローバリゼーションの下で広域の東アジア共同体構想が生

まれている。特にアジア通貨危機を契機に、97年12月にＡＳＥＡＮに日中韓を加えたＡＳＥＡＮ＋3首脳会議が行われ、この枠組みが定着してゆくこととなった。1999年11月の同会議では「東アジアにおける協力に関する共同声明」が採択され、経済・社会・政治・安全保障までを含む包括的な内容が示され、その下でＥＶＡＧ（東アジア・ビジョン・グループ）やＥＡＳＧ（東アジア・スタディグループ）といった共同体形成に向けての有識者による研究グループが作られた。さらに2005年12月にはＡＳＥＡＮ＋3にオーストラリア・ニュージーランド・インドを加えた東アジアサミットが開かれて、東アジア共同体構築に向けた取り組みが行われている。

しかし、こうした過程では日中韓がそれぞれ個別にＡＳＥＡＮとＦＴＡ交渉を進め、三つのＡＳＥＡＮ＋1が並列するという形態になっており、また共同体構想においてもイニシアティヴ争いがみられることは、日中韓相互の協力関係の不十分さを示してもいた。

ＡＳＥＡＮ（東南アジア諸国連合）と比べ、この地域には先に述べた分断が共同体形成にも影を落としている。韓国・北朝鮮、中国と台湾の間の対立のみならず、日中、日韓、中韓の間でも、竹島や尖閣列島を巡る領土問題や南京大虐殺、韓国併合・強制連行、従軍慰安婦、高句麗史などに関する歴史認識問題がある。安全保障上も冷戦下で構築された防衛体制を軸にこの地域には深い亀裂があり、韓国・北朝鮮・台湾・モンゴルは現在も徴兵制を採っている（但し、台湾は2014年に廃止予定）。近年の六カ国協議でも、協調より対立が目につく状況を解消できていない。そんな中、世界金融危機を契機に2008年12月、ＡＳＥＡＮとは別に初めての日中韓首脳会議が開かれた。経済のみならず防災、環境、文化等多方面での未来志向の行動計画が話し合われ、今後も定期会合が予定されている。

参考文献
（日本語文献）
鮎京正訓（編）『アジア法ガイドブック』名古屋大学出版会、2009年。
猪口孝（編）『東アジアの国家と社会　全6巻』東京大学出版会、1992-1993年。
大沢秀介、小山剛（編）『東アジアにおけるアメリカ憲法――憲法裁判の影響を中

心に』慶應義塾大学出版会、2006年。
大村泰樹、小林昌之(編)『東アジアの憲法制度』アジア経済研究所、1999年。
萩野芳夫、畑博行、畑中和夫(編)『アジア憲法集　第2版』明石書店、2007年。
山室信一『思想課題としてのアジア——基軸・連鎖・投企』岩波書店、2001年。
大内憲昭『朝鮮社会主義法の研究——チュチェの国家と法の理論』八千代出版、1994年。
同『法律からみた北朝鮮の社会—朝鮮民主主義人民共和国基本法令集付—』明石書店、1995年。
金圭昇『朝鮮民主主義人民共和国の法と司法制度』日本評論社、1985年。
同『南・北朝鮮の法制定史』社会評論社、1990年。
石川忠雄『中国憲法史』慶應通信、1952年。
及川恒忠『支那政治組織の研究』啓成社、1933年。
胡錦光、韓大元『中国憲法の理論と実際』成文堂、1996年。
竹花光範『中国憲法論序説　補訂第2版』成文堂、2004年。
土屋英雄(編)『現代中国の人権—研究と資料—』信山社、1996年。
土屋英雄(編)『中国の人権と法——歴史、現在そして展望』明石書店、1998年。
宮沢俊義、田中二郎『立憲主義と三民主義・五権憲法の原理』中央大学出版局、1937年。
若林正丈『台湾の政治——中華民国台湾化の戦後史』東京大学出版会、2008年。
岡克彦「在外韓国人の法的地位とその政策——韓国・『在外同胞の出入国及び法的地位に関する法律』の制定と憲法裁判所の違憲判決をめぐって」法学研究(北海学園大学)38巻2号、2002年、249-281頁。
同「大韓民国の建国過程における国民確定の問題」アジア法学会(編)『アジア法研究の新たな地平』成文堂、2006年、386-421頁。
張君三「朝鮮民主主義人民共和国　憲法五〇年」同志社法学53巻7号、2002年、111-239頁。
三村光弘「朝鮮民主主義人民共和国の新経済戦略と一九九八年憲法改正」阪大法学49巻1号、1999年、219-243頁。
諸橋邦彦「台湾第7次憲法改正と憲政改革」レファレンス55巻8号、2005年、90-98頁。

(外国語文献)

Tom Ginsburg, *Judicial Review in New Democracies*：*Constitutional Courts in Asian Cases*, Cambridge University Press, 2003.

憲法裁判については、下記の韓国・台湾・モンゴルの各機関ホームページに英文の説明がある：

韓国　http://english.ccourt.go.kr/

台湾　http://www.judicial.gov.tw/constitutionalcourt/en/p01_03.asp

モンゴル　http://www.conscourt.gov.mn/Default.aspx

　なお、本稿執筆にあたって、台湾については松平徳仁氏（一橋大学大学院法学研究科日本法国際研究教育センター研究員）、モンゴルについては中村真咲氏（名古屋大学法政国際教育協力センター特任講師）から助言を頂いた。但し、本稿の内容に関する責任は筆者に帰するものである。

第2章
東アジア編　韓国

岡　克彦

I　はじめに──　大韓民国憲法の成立とその特徴

　「大韓民国憲法」は、48年7月12日に制定され、同年7月17日に公布・施行されて以来、2008年で憲法制定60周年を迎える。この憲法は、今まで9次にわたって改正された**(表参照)**。現行の87年憲法も、成文憲法として、前文、第1章総綱、第2章国民の権利及び義務、第3章国会、第4章政府、第5章法院、第6章憲法裁判所、第7章選挙管理、第8章地方自治、第9章経済、第10章憲法改正の130ヶ条の本文および附則6ヶ条から構成されている。
　この憲法は、従来の改正された憲法とは一線を画する。韓国では、憲法上、政府形態として大統領制を骨子とする民主共和制を採っている（第1条第1項）。しかし、実態は、建国から長らく権威主義体制が続いた。憲法規範と現実との乖離が著しかったようである。87年の民主化抗争を契機として、ようやく権威主義体制から脱却できる可能性が開かれた。そのシンボルが87年憲法の成立である。今までの改正憲法は、その効力の持続期間が2年から7年ぐらいであった（水島ほか2004：173参照）。ところが、87年憲法は、改正されてから20年が経過する。規範の持続性が従来のそれとは比較にならないぐらい長期に渡っている。過去の憲法改正は、権力者側の政権維持のために、

表　大韓民国憲法の制定・改正史

憲法制定・改正（略称）	公布日	原因	改正の程度	主要内容
大韓民国憲法の制定（制憲憲法・48年憲法）	1948.7.17.	政府の樹立		大統領中心制（国会で選任、任期4年、再任可能）・一院制の国会（議員任期4年）・憲法委員会
第一次憲法改正（抜粋改憲）	1952.7.7.	李承晩の再選	部分改正	大統領直接選挙制・二院制の国会（民議院議員任期4年、参議院議員任期6年）
第二次憲法改正（四捨五入改憲）	1954.11.29.	李承晩の三選	部分改正	大統領再任制限規定の緩和、国務総理制および国務委員連帯責任制の廃止
第三次憲法改正（60年憲法）	1960.6.15.	4・19民主革命、李承晩退陣	全面改正	議院内閣制・憲法裁判所・地方自治体長選挙制
第四次憲法改正	1960.11.29.	李政権に対する世論の批判に配慮	部分改正	不正選挙関連者処罰・反民主行為者処罰・不正蓄財者処罰のための遡及立法の根拠規定創設
第五次憲法改正（62年憲法）	1962.12.26.	5・16軍事クーデター	全面改正	大統領中心制（任期4年、再任可能）・一院制の国会（議員任期4年、比例代表制）・付随的違憲審査制
第六次憲法改正（三選改憲）	1969.10.21.	朴正煕の三選	部分改正	大統領再任制限規定の緩和
第七次憲法改正（72年憲法・維新憲法）	1972.12.27.	朴正煕の終身執権、維新体制の構築	全面改正	大統領中心制の強化（統一主体国民会議による間接選挙、任期6年再任無制限、大統領権限の拡大）・憲法委員会の新設・地方議会選挙実施の停止
第八次憲法改正（80年憲法）	1980.10.27.	朴正煕暗殺、全斗煥政権の発足	全面改正	大統領中心制（任期7年再任不可、大統領選挙人団による間接選挙）・国会議員の一部を比例代表制で選出・基本権保障の強化
第九次憲法改正（87年憲法）	1987.10.29.	6月民主抗争、6・29民主化宣言	全面改正	大統領直選制（任期5年、再任不可）・国会の権限強化・基本権保障の拡大・憲法裁判所の創設

〔出典〕岡克彦「大韓民国・解説」初宿正典ほか編『新解説世界憲法集』（三省堂、2006）350-351頁。

人権規定の見直しよりも大統領の選出方法、再任制限規定および任期の変更に重きが置かれた。これに対して、87年憲法は、民衆を中心とした民主化運動により成立したもので、国民からの信頼度が比較的に高い。その上、憲法裁判所の成立で、憲法訴訟を通して公権力に対する規範統制が実効性を帯びるようになった。憲法保障機能がその効果を上げているのである。

　韓国における政府形態として大統領制が採られたのは、以下の事情による。当初、48年憲法（制憲憲法）の草案では、二院制による議会（国会）と内閣で構成された議院内閣制を採り、一般法院で違憲審査を行う付随的違憲審査制などを導入する予定であった。ところが、制憲国会の審議過程で急に大統領制、一院制の国会およびフランス型の憲法委員会による違憲審査制を採用したのである。当時、国会の議長であり、初代大統領になる予定であった李承晩の意向が強く反映した結果であったといわれている（이영록2006：142이하）。48年憲法で国家の主要な機関や権限を大統領一人によって統制することができる「大統領中心制」が確立した。それ以降、大統領制は、権威主義体制あるいは大統領による独裁政治を生み出す制度的な温床となった。

　特に、61年5月の軍事クーデターによる軍事政権の出現は、大統領制を基盤とした権威主義体制を先鋭化させた。国会の機能を停止させ、非常立法機関（国家再建最高会議、国家保衛立法会議など）を通して、憲法改正の作業や法令の制定を断行し、かつ、大統領の選出をその選挙人団（統一主体国民会議など）による間接選挙にもとづかせたことは、主権者たる国民の意思との距離をさらに引き離した。72年憲法（維新憲法）は、ある意味で「大統領中心制」の集大成だといわれる。すなわち、大統領に国会の解散権および緊急措置権を付与し、その権限を強化する一方で、国政監査権などを廃止して国会の権限を縮小し、政権運営で最も支障をきたす違憲審査制の機能を停止させるために、付随的違憲審査制に代えて憲法委員会を導入し、それを休眠機関へと追いやったのである。

　他方で、軍事政権は、この体制に対する正統性の脆弱さを補うために、国民の経済的な貧困を克服する方策として、国家経済の発展を第一の政策目標に掲げ、その進展の指標を通して政権の正統性を高める戦略を採った（開発独裁）。その結果、人権保障について、ある種の倒錯現象が起こった。当時、

基本権の保障とは、そのほとんどが経済的自由を意味しており、この自由がほかの基本権よりも相対的に「優越的な地位」に置かれた。政治的自由などの精神的自由は、経済発展や現体制の維持に障害になると見なされた。とりわけ、労働運動や民主化運動を締め出す必要性から、これらの自由が極度に規制されたのである（逆説的な「二重の基準論」）。とはいっても、経済的自由を実質的に享受しえたのは、財閥家族など、一部の富裕層に過ぎず、この自由は国民の間に「経済格差」を生み出す温床でもあった。

　建国期から軍事政権期における韓国の「人権保障」は、ほかの発展途上の国家の多くがそうであったように、単に立憲主義による「憲法」が存在するだけではその実効性を図ることができなかった。むしろ、それを担保できる一定の政治・社会構造の存在とその構造を支える経済基盤の確立が前提になるといわれている（國分2003：45）。憲法を支える社会基盤の「脆弱さ」——特に、経済的な貧困——が、開発途上国の人権問題の核心であるとまで指摘される。したがって、韓国の開発独裁体制は、形だけの「基本権保障」よりも、その保障を実質的に機能させるための経済基盤を形成したことを評価する見解もある（アジア的価値と人権論）。しかし、この論理は、体制側による人権侵害を正当化させる危険性を内包している。経済成長で開発独裁体制を正統化するには、あまりにも暴力的な圧制で国民への基本権侵害が顕著であったとの批判も根強い。

　また、韓国における人権保障のもうひとつの特徴は、絶対多数の国民を権威主義的な権力の抑圧から解放し、そこから救済することであると指摘する論者もいる。権威主義体制の下では、国家権力による国民の基本権侵害を監視し、抑制するよりも、まずはその前提として国家権力そのものを、軍人や権威主義者など、一部の為政者から「民衆」や「国民」に取り戻すことに思想や運動の力点が置かれた（4・19市民革命、5・18光州事件、87年民主化抗争など）。「民主主義」や「民主化」の強調がそれである。それゆえ一方では、「民主化」の名の下に女性をはじめとしたマイノリティの人権保障がないがしろにされてきたことも否定できない。韓国では、共産主義の対抗理念として自由主義が論じられることが多い。体制側は、反共政策を自由主義にもとづいて語る傾向にあることから、反体制側は、あえてこの理念を論じよと

しなかった。むしろ、民主主義を語ることの方が多かった。韓国では、自由主義の理念を国家やマジョリティの価値よりも、マイノリティを含めた個人の人格的な自律性を尊重しようとする意味で捉えられてこなかったのである。この点は、日本の憲法学で民主主義よりも自由主義が強調されることとは対照をなす。ただし、現在では、「人間としての尊厳および価値」と「幸福追求権」（第10条前段）を根拠に社会的弱者や外国人などの少数者に対する人権保障にも重点が置かれ始めている。

韓国で民主主義を重視する背景には、権力に対する次のような特徴がある。この国では、国民や個人の人権を保護するためには、中央や地方の公権力を忌避したり、対抗しようとするよりも、まずはその力を自身に取り込もうとする傾向が強い。人々の多くは、公権力を積極的に利用したり、自らその担い手になるように心血を注ぐ（「濫訴」といわれるぐらいの訴訟の多さ、試験至上主義の社会だと評されるほどに、司法試験による法曹や高位職公務員への志望が多い）。憲法学では、自由主義の背後にある権力に対する不信や懐疑がよく論じられ、国家権力に対する悲観性が強調される。ところが、韓国では、こうした感覚が希薄で、国家権力を楽観的に捉える志向が強い。その典型が今日の市民運動である。この運動は、主に専門家や常勤活動家で担われ、中央への権力志向が強い中央集権的な性格をもった「市民のいない市民運動」であるといわれるほどである（尹健次2000：293）。

このようにみると、権威主義体制とは、現代立憲主義と政治的現実との隔たりを縮めていく民主化過程での過渡期的な現象だったと捉えることができよう。最近、韓国は、民主主義への移行、脱冷戦そしてグローバリゼーションで、ポスト権威主義体制として発足した金泳三政権（「文民政府」）以降、政府や国家が急速に弱体化している（97年アジア通貨危機など）。国家主導で経済発展をもたらした国内市場は、国際経済のグローバル化に伴い海外市場への編入が余儀なくされた（財閥の再編など、構造調整による外資の導入）。政府や国家は、国内市場そのものをコントロールすることが難しくなっている。もちろん、その原因は、時の政府による統治能力や政権運営に問題があるからである。

しかし、それだけではない。こうした国家の弱体化は、国家の統制力を本

質とした大統領中心の一元的な統治機構に内包した構造的な限界（権威主義体制の残滓）に起因していると指摘される。強いリーダーシップを求めて「朴正煕」の再来を期待された「実用政府」たる李明博政権ではあった（朴正煕シンドローム）。ところが、発足当初から経済政策に決定打を打ち出せず、さらに08年世界同時不況の影響で大統領の機能が低下し始めている。国の統治構造は、国家権力の動員と上からの統制力ではなく、下からの合意を基盤にした多元的な政治体制を要求するようになったといわれる（丁海亀2003：41参照）。

なお、近年、国会では、憲法の改正論議が高まっている。09年8月31日に国会議長の諮問機関である「憲法研究諮問委員会」は、国会に憲法改正に関する最終報告書を提出した（以下、「憲法改正報告書」という）。そのポイントは、以下で述べるように大統領制をはじめとした統治構造の見直しである。ただし、野党側は、今回の改憲の動きが李明博政権の延命（2期目の再任）を図っていると捉えている。政治力学として改憲が具体化するのかはなお流動的である。今後の動向が注目される。

II　分断体制と憲法——北朝鮮と韓国の法的な関係

朝鮮半島は、戦後、統一国家樹立への道が閉ざされ、48年に韓国と北朝鮮がそれぞれ分離・独立した。いわゆる、「分断国家体制」の成立である。大韓民国憲法は、この体制を法的にどのように認識し、規定づけているのであろうか。特に、韓国において「北朝鮮」との関係を、憲法上、どのように位置づけているのかが問題となる。

領土主権の及ぶ範囲について、現憲法は「大韓民国の領土は、韓半島（朝鮮半島——注）及びその附属島嶼とする」と定めた（第3条）。この領土条項は、48年憲法以来、一度も修正されることなく堅持されてきた規定である。北緯38度線の近くにある軍事境界線の南側の地域だけでなく、北朝鮮を含めた朝鮮半島全域を大韓民国の領土として、その排他的な支配を宣言する。これと対照的なのは、同じく分断体制を経験した旧西ドイツ当時の「基本法」第23条で、その適用範囲を西ドイツ地域に限定していたことである。これと

同時に、東ドイツとの統一に備えて、統一憲法の制定後には、この基本法の失効を定めていた（同法第146条）。統一憲法の制定には至らなかったが、ドイツの統一は、常に韓国で関心が持たれている。

韓国では、この第3条を根拠に大韓民国こそが朝鮮半島の唯一の合法政府であり、朝鮮時代以降の歴史的な国家領域を正統に受け継いでいると認識されている。北緯38度以北の地域は、北が不法に占拠しており、未だ取り戻されていない「未収復地域」であるとする。したがって、従来の判例や学説は、北朝鮮を反国家団体と規定し、国家性そのものを強く否認してきた（大判61年9月28日、4294행상48など）。憲法でも、北との対峙を意識しながら、自由民主主義秩序に反する政党の存立を認めていない（西ドイツ流の「戦う民主主義」・第8条第4項）。また、建国直後、北朝鮮に関わる行為を処罰する「国家保安法」（48年12月1日、法律10号）が制定されたのもその現れであった。

しかし一方で、今日、南北朝鮮の状況は、従来のように互いの国家性を否認する「対立」や「対峙」の関係から、両者の主権を相互に認め合う「共存」の関係へと移行し始めている。72年7月に南北間で平和共存の原則を確認する「7・4南北共同声明」が発表された後、72年憲法で「平和的な統一政策」の樹立が明文化された（前文、第35条など）。さらに、現行憲法は、前文で「祖国の平和的統一」を使命とし、「同胞愛で民族の団結」を決意することを定め、朝鮮半島がふたつの国家に分断されていることを前提としている。統一政策の主導的な役割を大統領に担わせ（第66条第3項）、その諮問機関として「民主平和統一諮問会議」を通してこの政策を推進するように規定した（第92条第1項）。また、「平和的」統一を強調するために「侵略的戦争を否認する」（第5条第1項）として、朝鮮戦争などの武力による統一を否定している（權寧星2005：184-185）。

米ソ冷戦構造が終結した後、91年9月に南北朝鮮が国連に同時加盟し、同じ年に相互不可侵および双方の体制を承認し、尊重する「南北合意書」が採択された。そして、2000年に戦後はじめて両国の首脳が、直接に会談を行い、南北の経済発展と平和的統一の実現に向けての「6・15南北共同宣言」を発表した（閔炳老2003：70）。ただし、南北関係は、それほど楽観的ではなく、流動的なものになっている。核兵器やミサイルの開発など、最近の北朝鮮問

題は、朝鮮半島だけでなく、北東アジア全体の安全保障に大きな脅威となっているからである（六カ国協議の動き）。

このように、現憲法には、北朝鮮の国家主権を認めない領土条項と南北分断という現実を前提としつつ、両者の平和的統一を目指す第4条といった論理的に相矛盾する原則が併存している。したがって、法理上、両者の原則を整合的にどのように解釈するべきかが問題となる。学説は、多岐に分かれる。ただし、近時、有力な説は、南北の平和的な共存を尊重する立場から、前文や第4条が領土条項（第3条）よりも優越的な効力を有すると解釈する。今まで北朝鮮の地域は、韓国の統治権が実効的に行使されたことがなく、第3条の領土条項は単なる宣言的な規定に止まることがその主たる論拠となっている。

一方、大法院は、いまだに領土条項を根拠に北朝鮮の国家性を否定する立場を採っている（大判96年11月12日、96누1221など）。なぜなら、北朝鮮を「反国家団体」と規定し、この団体に関わる行為を処罰する「国家保安法」（80年12月31日全面改正、法律3318号）が、今なお廃止されることなく、その実効性を有しているからである。この法律の廃止論が活発に論議される要因でもある。憲法裁判所は、学説にも配慮しつつ「現段階において北朝鮮は、祖国の平和的統一のための対話と協力の同伴者であると同時に、……自由民主主義体制の転覆を図る反国家団体の性格も共に有する」との折衷的な立場を取っている（憲決97年1月16日、92헌바6）。

III　87年憲法の基本原理

現行の87年憲法の基本原理としては、近現代立憲主義を表明する他国の立法例でも明らかなように、まず基本権の尊重、国民主権の原理、自由民主主義の原理、福祉国家具現の原理（社会国家原理）、法治主義および権力分立の原則などが規定されている。

そのほかに、韓国憲法の特徴は、前述したように祖国の平和的な統一の実現を掲げていることである。もうひとつは、経済の基本原則を定めていることである。経済は「個人および企業の経済上の自由ならびに創意を尊重す

る」(第119条第1項)一方で、「国家は、均衡ある国民経済……適正な所得の分配を維持し、……経済の民主化のために、経済に関する規制および調整をすることができる」と規定する(同条第2項)。

　韓国の場合、今まで自由市場原理を建前にしつつも、国家によって国民経済を強く統制し(官治経済)、主に財閥企業体による寡占化された市場経済を形成した。その背後で、民主化運動や労働運動など、民衆の活動は、経済発展を阻害すると見なされ、国家から抑圧されてきた(市場権威主義論)。歪曲化された経済秩序を民主化させるために、ふたつのことが要請された。第一は、「官」主導の経済運営から「民」主導の経済活動への転換である。第二は、国民の福祉を実現させる目的から、国家が市場をコントロールすることである(社会国家原理の構築)。しかし、相矛盾するふたつの要請は、今日、ポスト権威主義体制の下で様々な難題に逢着した。国民への福祉サービスの向上は、国家に行政権限の肥大化と過大な財政負担を強いることになる。一方、国際経済の急激なグローバル化に伴い、民間は自律的な経済活動が妨げられると共に、国家による国内市場への統制が次第に不能に陥っている(97年アジア通貨危機、08年世界同時不況など)。政府は、新たな経済的な対応に迫られている。

IV　統治機構

　大韓民国は、すでに見たように、合法的で民主的な手続にもとづいて政権が成立するよりも、むしろ、政治的な実力(軍事力など)で国家権力を掌握し、これに正統性を付与するために憲法の改正が繰り返されてきた。「政権ごとに固有の憲法典がある」と評されるほどである(신우철2002：138)。そこで主導的な役割を果たしたのが「大統領」である。今までこの機関に国家の権限が集中し、ほかの機関よりも優越的な地位に置かれていた(大統領中心制)。

　したがって、韓国憲法の課題のひとつは、強大な大統領の権限をどのようにして抑制し、かつ、民主的なコントロールをいかにして強めていくかにあった。87年憲法の改正は、この点に主眼が置かれた。第一は、本来の主権者

である国民に大統領を直接に選挙する権利を付与することである。第二は、国民の代表機関である国会の大統領に対する統制権限を拡充することで、両者の牽制機能を高めようとしたことである。さらに、重要なところは、新たに憲法裁判所を設置して、政治過程にある大統領と国会などの公権力を司法統制することができるドイツ型の抽象的違憲審査制が導入されたことである。現行の憲法に至って、ようやく現代立憲主義の統治構造を具現することができたとされる。以下では、統治機構における各国家機関の特質を見ていくことにする（次頁の図参照）。

1　国　会

　国会は、第一次憲法改正のときから60年憲法まで民議院と参議院で構成された二院制が導入された。その時期以外は、すべて一院制を採っている。国会議員は、主権者たる国民による直接かつ普通選挙によって選出される（第41条第1項）。定数は、200名以上と定められ（同条第2項）、任期は4年である（第42条）。「公職選挙法」（09年2月12日改正、法律9466号）によると、2009年現在、地域区選出の議員が243名（小選挙区制）、比例代表区選出の議員が56名で、総計299名である（同法第21条第1項参照）。国会の権限は、立法権（第40条）以外に主なものとして予算の審議・決定権（第54条第1項）および条約批准に対する同意権（第60条第1項）などがある。特に、行政府に対するコントロール機能としては、後述するように国務総理の任命同意権（第86条第1項）、国務総理および国務委員の解任建議権（第63条第1項）、大統領などの高位職公務員に対する弾劾訴追権（第65条第1項）を有している。一方、行政府側も立法府を牽制することができる権限を有している。大統領は、国会で成立した法律案の「拒否権」を有する（第53条第2項）。政府の予算案が国会を通過しない場合、政府は前年度の予算に準じて経費を執行することができる（第54条第3項本文）。

　そのほか、韓国特有の制度としては、国会に国政調査権に加えて国政監査権が存在していることである（第61条第1項）。前者は、特定の国政事案について、個別的に実施される調査である。これは、国会の議会活動に必要な情報を収集するための権限である。後者は、国政全般について、毎年、定期国

図　韓国の統治機構

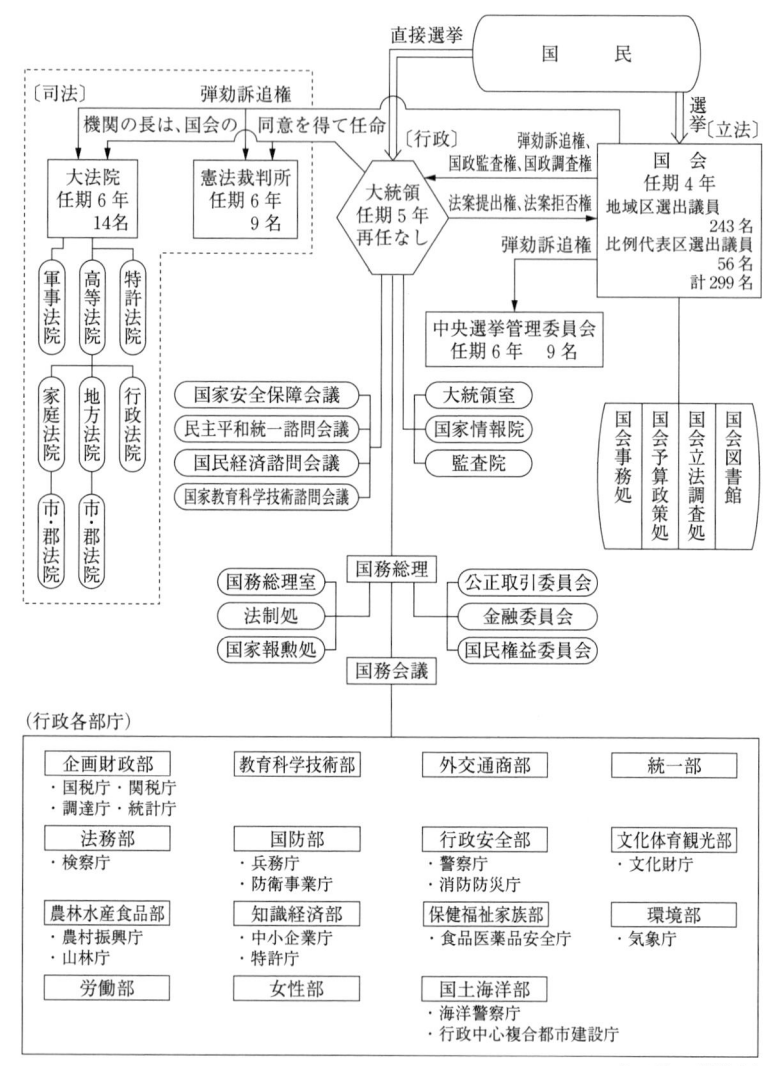

〔司法〕

- 大法院　任期6年　14名
  - 軍事法院
  - 高等法院
  - 特許法院
  - 家庭法院
  - 地方法院
  - 行政法院
  - 市・郡法院
  - 市・郡法院
- 憲法裁判所　任期6年　9名

機関の長は、国会の同意を得て任命

弾劾訴追権

〔行政〕

- 大統領　任期5年　再任なし
  - 中央選挙管理委員会　任期6年　9名
  - 国家安全保障会議
  - 民主平和統一諮問会議
  - 国民経済諮問会議
  - 国家教育科学技術諮問会議
  - 大統領室
  - 国家情報院
  - 監査院

国民 — 直接選挙 → 大統領
国民 — 選挙 → 国会

〔立法〕

- 国会　任期4年
  - 地域区選出議員　243名
  - 比例代表区選出議員　56名
  - 計299名
  - 国会事務処
  - 国会予算政策処
  - 国会立法調査処
  - 国会図書館

国会 → 大統領：弾劾訴追権、国政監査権、国政調査権
大統領 → 国会：法案提出権、法案拒否権
国会 ← 弾劾訴追権

国務総理
- 国務総理室
- 法制処
- 国家報勲処
- 国務会議
- 公正取引委員会
- 金融委員会
- 国民権益委員会

（行政各部庁）

企画財政部	教育科学技術部	外交通商部	統一部
・国税庁・関税庁 ・調達庁・統計庁			
法務部	国防部	行政安全部	文化体育観光部
・検察庁	・兵務庁 ・防衛事業庁	・警察庁 ・消防防災庁	・文化財庁
農林水産食品部	知識経済部	保健福祉家族部	環境部
・農村振興庁 ・山林庁	・中小企業庁 ・特許庁	・食品医薬品安全庁	・気象庁
労働部	女性部	国土海洋部	
		・海洋警察庁 ・行政中心複合都市建設庁	

（2009年12月現在）

〔典拠〕本図は、次の資料にもとづいて作成した。청와대「정부 조직도」(http://www.president.go.kr)、대법원「조직도・법원종류」(http://www.scourt.go.kr/)、대한민국 국회「국회의 구성・조직도」(http://www.assembly.go.kr/) (09年12月6日確認)。

※本図を作成するに当たっては、金榮浹「韓国の中央政治機構」阿部齊ほか編『現代政治学小辞典（新版）』（有斐閣、1999）476頁も参照した。

会（日本の通常国会に相当）時の9月に約20日間に渡って包括的に実施される監査制度である。行政のみならず、司法機関までも監査の対象になっている（司法権の独立に配慮して、予算運営など司法行政がその対象）。具体的には、「国政監査及調査に関する法律」（88年8月5日、法律4011号）にもとづいて実施される。各機関は、監査報告書を国会に提出し、その関係者が国会に出頭して、議員との質疑応答を通してその監査を受ける仕組みになっている（同法第10条第1項）。国会は、各国家機関に対して監査結果による是正を要求し、これに対応する義務を負わせている（同法第16条第2項）。国政調査および国政監査の権限は、国政運営に対して民主的な統制を行うと共に、国民の知る権利にも奉仕するものだとされる。

なお、憲法改正の方向性として「憲法改正報告書」では、国会で二院制を導入することが唱えられている。従来から行政府と立法府の極端な対立状況が指摘され、両者を調整する役割として議会における上院の存在が注目されているからである。

2　大統領

韓国の政府形態は、大統領制を採っている。48年憲法の制定以来、60年憲法で議院内閣制が導入されたわずかな期間を除いて、今日まで維持されてきた制度である。主な組織としては、大統領を頂点として、国務総理、国務委員、行政各部（日本の「省」に相当）および監査院などで構成される（第66条ないし第100条）。そのほかに、国政に関する主要な政策を審議する機関として国務会議が設置され（第88条以下）、大統領の諮問に応じて各種の諮問会議（国家安全保障会議、国民経済諮問会議など）が設けられている（第90条以下）。その特徴は、行政に関する実質権限が大統領1人に集中しており、国務総理、国務委員および監査院の院長などは単に大統領を補佐する補佐機関に過ぎないところである（第86条第2項、第87条第2項など）（權寧星2005：1009）。また、国会との関係においては、アメリカのように立法府から完全に独立した機関ではなく、立法府との協働関係を有した議院内閣制の要素も含まれた構造を採っている。

まず、一般的な大統領制の性質は、以下のとおりである。大統領は、対外

的には国家の元首であり、対内的には行政府の首班として行政権を統括する（第66条第1項、第4項）。その選任は、国民による直接選挙で行われ、任期は5年で、再任されない単任制を採っている（第67条、第70条）。国会は大統領に対して不信任決議権がなく、大統領は、違法行為で国会から弾劾されない限り、議会に対して政治責任を問われない（第65条第1項）。大統領は、国会に対して法案の拒否権があるが、解散権はない（第53条第2項）。

　一方、議院内閣制的な要素は、次のとおりである。大統領は、補佐機関として国務総理を選任する（第86条第1項）。国務総理は、中央行政機関である各「部」の長官を構成メンバー（国務委員）とする「国務会議」を統轄し、ここで国家の重要政策を審議する（第88条）。ただし、国務会議は、あくまでも審議機関であって、決定権限はない。こうした国務総理と国務会議は、国会に対して「内閣」的な役割を果たす。国務総理の選任は、国会の同意を必要とし、かつ、行政府に対して政治責任を追及できるように、国会に国務総理と国務委員の解任を大統領に建議する権限を認めている（第86条第1項、第63条第1項）。国務総理と国務委員は、国会議員を兼職することができる（国会法第29条第1項）。大統領を中心とする政府は、国会への法案提出権があり、国務総理と国務委員は、国会での出席と発言権がある一方で、国会から要求があれば出席し、答弁をしなければならない（第52条、第62条）。韓国では、このような混合的な政府形態を「変形的な大統領制」や「折衷型大統領制」などといわれている（權寧星2005：942, 許營2009：732）。

　しかし他方で、大統領は、立法府および司法府から直接に影響を受けず、独自に国政を運営することができる行政権限を有している。国家の重要政策を国民投票に付す権限（第72条）、軍隊の統帥権（第74条第1項）および国家の緊急時に適切な措置が取れるように、法律と同一の効力を有する緊急命令権と戒厳宣布権などがそれである（第76条、第77条）。ただし、各権限の行使について国務会議の審議、さらに緊急命令権や戒厳宣布権に対しては事後的に国会での承認・通告などの手続を経る必要がある（第89条、第76条第3項、第77条第4項）。また、大統領府に「第二の内閣」といわれる大統領室があり、大統領直属として国家情報院（旧国家安全企画部）および監査院などがある。もちろん、国務総理を中心とした国務会議における通常の行政運営は、立法

府との連繋を保たなければならない。しかし、大統領は、国会に対し、国務総理と国務会議を通して間接的な政治責任を負っているに過ぎない。「内閣改編」と称して、国務総理や国務委員のメンバーの「入れ替え」でその責任を果たすことが可能になる。大統領本人には政治責任が及ばない仕組みになっている。したがって、行政府と立法府との連繋がうまくいかない場合、大統領は両者の関係を断ち切って、大統領室などの直属機関を通して独自に行政権を行使することができる可能性がある。権威主義時代の大統領制の痕跡が残っている部分だといわれる。

　軍事政権が退いた後に成立した「文民政府」たる金泳三政権と「国民の政府」たる金大中政権は、大統領を頂点として立法府と司法府がそれに従属する権威主義体制の統治構造を改革するために、ある程度の成果を上げた。しかし、政権運営においては、しばしば国家情報院、検察、警察および軍部など、旧来の政治支配の手段に依存していた（この体質は、現在の李明博政権でも顕著である）。その結果、政権末期は、いずれの政権も腐敗と権力乱用の渦中で迷走し、レイムダックに陥った（金鍾鐵2005a：104）。「参与政府」たる盧武鉉政権にとっても、その例外ではなかった。

　国会の勢力図で与党の議席数が少なく、野党のそれが多い逆転現象の場合（「与小野大」の現象）、しばしば大統領側の政策遂行に支障をきたしたことがある。たとえば、金大中政権や盧武鉉政権は、当初、政府の立ち上げで国会から国務総理選任の同意が得られず、その不在により国務会議が機能しなかったことがあった。特に、盧武鉉政権は、国会の多数派である反盧武鉉勢力により、大統領の権限行使に対して国会の承認が得られず、さらに、側近の政治資金の不正問題で大統領が国会から弾劾訴追され、一時、その権限が停止された事態にまで発展した（第65条第3項）。国政に空白をもたらし、事実上、大統領の無力化に陥ったのである。

　こうした原因は、大統領の統治能力や政治運営に問題があったからである。しかし、それだけではない。現行の87年憲法が定める大統領制自体に構造的な限界があるからだといわれている。最近、改憲論議が起こっている要因でもある。まず、政府形態として議院内閣制への変更が論じられる。大統領など、行政府の独善的な政策運営や突然の機能不全を防ぎ、立法府との協働関

係を図りつつ、政局を安定させる。しかし、多くの論者は、大統領制を維持しつつ、その制度の欠陥を改善することを主張する。第一は、国会議員の任期と大統領の任期が4年と5年になっており、両者に1年のズレがあることから、後者のそれを4年に変更するということである（第42条、第70条）。もちろん、このズレは、現政権に対する中間評価としての性格を帯びる効果はある。が、ときどきの偶然により、両者の選挙機能や意味合いが変動する（大統領就任直後に国会の選挙があったり、20年に一度は同時選挙となる）。かえって、行政府と国会の連繋がうまくいかず、国政運営に混乱をもたらすとの批判にもとづいている。

　第二は、アメリカのように、大統領に一回の再任のチャンスを与えるべきであるとの主張がある。任期が5年では、安定的な職務遂行が困難であり、4年に一度、その継続か否かを国民に判断させて（「中間評価」）、再任ならば8年の在任期間を認める。よく起こりがちなレイムダック現象もある程度、解消できるとのメリットも挙げられる(신우철2002：179)。「憲法改正報告書」では、アメリカ型の大統領制を示唆する一方で、行政権限を大統領と国務総理に分有させる二元政府制の導入も提言している。現行の大統領制と議院内閣制的要素とがうまくかみあっていない状況を改善するためである。

3　憲法裁判所と法院

　韓国では、建国以来、憲法を改正する度に違憲審査制度そのものも変化していった。憲法委員会（48年憲法）、憲法裁判所（60年憲法、但し、制度化には至らなかった）、米国式の付随的違憲審査制（62年憲法）、憲法委員会（72年憲法および80年憲法）という変遷をたどった(鄭宗燮1999：230)。72年憲法と80年憲法の場合、憲法委員会は1件の違憲審査も行わない休眠機関となった。権威主義体制期において違憲審査制は、大統領主導の国政運営に直接の障害になるとして、政治の圧力でほとんど機能しなかった。この点が憲法規範と政治的現実を乖離させる要因のひとつであった。立憲主義を機能させるためには、この制度の整備が急務であった。違憲審査制が本格的に稼動し始めたのは、87年憲法のときからである。60年憲法で頓挫していたドイツ型の憲法裁判所制度が導入された。すなわち、通常の司法府から独立して、憲法の規

範統制を独自に行う特別の裁判所を設けたのである（抽象的違憲審査制・第111条以下）。韓国国民は、今まで法院に対する不信があり、新しい機関として自らの基本権を最終的に保護し、憲法の秩序を堅持してくれる国家機関の新設を願っていたといわれる。

　憲法裁判所の活動状況は、発足当時の88年９月から2009年１月現在まで事件の受理件数が16,941件であり、そのうち、違憲決定を下したのが516件に及ぶ（限定違憲や憲法不合致などの変形決定の件数も含む）。創設されて約20年が経過するが、民主化された韓国社会に定着し、「第四権力」たる憲法の守護者としての役割を十分に果たしていると評価されている。質的にも、次のような意義を有する。単に公権力を憲法規範の観点から統制するだけでない。国民自らが、公権力の侵害に対して権利救済を直接、憲法裁判所に求める道を開いたことである。いわゆる、「憲法訴願制度」の新設であった。

　憲法裁判所の裁判官は、９名で構成される（第111条第２項）。このうち、３名は大法院長が指名し、ほかの３名は国会で選任し、残りの３名は大統領が選任して、大統領が裁判官すべてを任命する仕組みになっている（同条第２、３項）。これは、党派性や政治的価値観が偏ることなく（政治的中立性）、多様な専門性を確保するためである。一般的な権限としては、(i)通常の法院が担当する事件で法律の違憲性が裁判の前提となっている場合に、同法院がその違憲審査を憲法裁判所に付託する「違憲法律審判権」（第111条第１項１号）、(ii)国会で弾劾訴追された大統領などの高位職公務員を弾劾決定する「弾劾審判権」（２号）、(iii)自由民主的基本秩序に反する政党を解散させる「政党解散審判権」（３号）、(iv)国家機関や地方自治団体相互間における権限の存否、範囲およびその限界を確定する「機関権限争議審判権」（４号）、および(v)前述した「憲法訴願審判権」（５号）である。09年１月現在、事件の処理状況を見ると、一番多いのが憲法訴願審判事件（15,190件）で、次に違憲法律審判事件（453件）である。このふたつの審判が憲法裁判所の決定のほとんどを占めている。それ以外は、機関権限争議事件がわずか34件であり、弾劾審判事件は、最近トピックになった大統領弾劾審判事件の１件のみで、政党解散審判は１件もない。

　憲法裁判所の制度で現在、問題になっているのは、大法院を頂点とする既

存の司法権との権限争いである。韓国の裁判制度は、大法院と各級法院（高等法院、地方法院、市・郡法院、特殊法院として行政法院、特許法院、家庭法院および軍事法院など）で組織されている（第101条第2項）。基本的に三審制を採っており、あらゆる訴訟の最終的な裁判権は、最高法院たる大法院に帰属することになっている（同条第1項）。憲法裁判所が新たに設置されると、既存の司法府の上に事実上、第四審の裁判機関が生じることになる。これは、一般法院の下した判決や決定の確定効を損なうことになり、法的安定性と裁判に対する国民の信頼を失墜させるおそれがあった。しがって、大法院側は、発足当初から自らの既得権限を固守する意図も含めて、通常の司法権を侵さない範囲内で憲法裁判所の権限を限定しようとした。

まず、法律の違憲審判権の行使は、具体的な事件性を要件として憲法判断を行い、その手続の開始を、一般法院の付託にもとづかせた（第107条第1項）。ドイツのような抽象的規範統制の機能はなく、具体的規範統制に限られた。また、法院の裁判行為は、憲法訴願審判の対象から除外した（事実上の四審制の排除・憲法裁判所法第68条第1項本文）。法院の判決や決定による基本権の侵害は、憲法裁判所に訴える道が塞がれている。さらに、法律、命令、規則あるいは処分の違憲性が通常の裁判の前提となっている場合、法律に対する違憲審判権は、憲法裁判所に帰属させ、それ以外の命令、規則および処分に対する違憲審判権は、大法院に帰属させる、という違憲審査権の二元化をもたらした（第111条第1項1号、第107条第2項）。この二元化は、憲法裁判所と大法院の間で権限争いを引き起こす要因になっていると指摘される。憲法裁判所は、その決定で大法院規則も憲法訴願審判の対象となるとし（憲決90年10月15日、89헌마178）、さらに、すでに憲法裁判所で違憲決定した法律を法院が裁判で適用した場合、その裁判行為は憲法訴願審判の対象になると判示した（憲決97年12月24日、96헌마172・173병합）。これらの決定に対して、大法院は強く反発する。

最近、憲法改正の論議のなかで、改正すべき事項のひとつとして憲法裁判所に違憲審査権を一元化することが挙げられている。ただし、「憲法改正報告書」では、現行どおり憲法裁判所と大法院に違憲審判権を並存させる二元的な違憲審査制度の維持を主張する。行政権に対する違憲審判権と行政裁判

権を同一の司法機関で行う必要性を強調する。一方、立法に対する憲法の規範力を高めるために、政府または国会の付託によって法律違憲審判権が行えるように抽象的規範統制の機能を憲法裁判所にもたせることを提唱する。

V　国民の基本権保障

1　総　説

　大韓民国の憲法典は、制定当初「国民の権利及び義務」と「自由と権利」という用語だけが使用された。日本国憲法のような「人権」や「基本的人権」ということばは存在しなかったのである。その後、62年憲法（第5次憲法改正）では、一部の規定に「国民の基本的人権」の用語が挿入された（第8条）。現行の憲法（87年憲法）は、本文第2章に「国民の権利及び義務」のタイトルが付され、以下、第10条から第37条まで国民の権利と自由が個別的に規定されている。いわゆる、「権利カタログ」である。僅か10条に「個人の有する不可侵の基本的人権」という語句が記されているだけである。

　このように、権利用語が一様ではないことから、憲法に規定された「自由」と「権利」の法的性格について争いがある（鄭宗燮2007：7-8）。48年憲法などは、権利カタログのそれぞれに法律の留保が付されていた（個別的法律留保条項）。また、現行憲法は、第37条に一般的な法律の留保条項を規定していることから、これらの法概念は、憲法や法律に規定されてはじめて権利としての効力を有するとして、実定的な権利と理解する学説があった。朴正熙の維新体制（72年憲法）のときには、国家の側で国民の権利を容易に制限することができるよう、一部の学説で後国家的な権利性が唱えられたこともあった。

　しかし、今日では、各権利カタログを含めて「国民の権利及び自由」は、原則として「人間としての尊厳および価値」（第10条前段）にもとづき、生来的に生じる自然権的な権利（前国家的権利）であると理解するのが一般的である。こうした自然権的な権利を、韓国では「人権」や「基本的人権」というよりも、ドイツ憲法学に倣って「基本権」（Grundrechte）という用語を使用する場合が多い（以下では、この用語を使うことにする）。韓国の憲法学は、

ドイツ憲法学から大きな影響を受けており、87年憲法で憲法裁判所制度を導入するに際しても、主にドイツのそれを模範にしたといわれる。「憲法裁判所法」(08年3月14日一部改正、法律8893号)では、この「権利」および「自由」を「憲法上、保障する基本権」と規定している(同法第68条第1項)。

　憲法上の権利に対する理解の違いは、憲法で列挙された権利カタログ以外にも、自然権的な権利として保護に値する利益や地位がある場合、これを「基本権」と認めることができるのか、という問題に現れる。現憲法では、「国民の自由および権利は、憲法に列挙されていないという理由で軽視されることはない」(第37条第1項)と明記しており、権利カタログ以外の新しい基本権(自己決定権、名誉、肖像などの人格権および平和的生存権など)については、判例や学説で「人間としての尊厳および価値」に依拠する「幸福追求権」にもとづいて認められている(第10条)。これは、憲法の基本権体系のなかで包括的基本権として位置づけられている。判例も「憲法第10条で規定した人間の尊厳および価値は、憲法理念の核心であり、国家は憲法に規定された個別的な基本権をはじめ、憲法に列挙されない自由と権利までもこれを保障しなければならない、……という憲法の基本原理を宣言した」と判示し(憲決2000年6月1日、98헌마216)、今日、韓国社会の急速な変化に伴って、新しいタイプの基本権(消費者の消費に対する自己決定、姓名権、自らの血統を知る権利など)を導き出している。

2　基本権の種類とその制限

　87年憲法における基本権の種類は、以下のとおりである。(i)包括的基本権としての幸福追求権、(ii)平等権、(iii)生命および人身の自由(生命権、身体の自由など)、(iv)精神的自由権(思想・良心の自由、言論・出版の自由など)、(v)経済的自由権(財産権、職業選択の自由など)、(vi)社会権(生存権、労働基本権、教育を受ける権利など)、(vii)参政権(選挙権、公職就任権など)、(viii)請求権的基本権(裁判を受ける権利、国家賠償請求権など)である。そのほかに、私生活の秘密および自由(第17条)、環境権(第35条第1項)などが権利カタログとして列挙されている。また、国民の義務(納税の義務、国防の義務、勤労の義務など)も定められている。憲法に明記されていないが、基本権として「抵

抗権」が判例や学説で認められている。ただし、権威主義体制の下で抵抗権だといわれる民衆の行為が、同時に時の政権によって「国家の秩序」を脅かす国事犯として処罰されてきた。とてもアイロニカルな基本権である。憲法上、抵抗権を認めたとしても、その実効性が疑問視されている。

　基本権は、絶対的で不可侵の権利だとしても（第10条）、個人に無制限な権利と自由まで保障するものではない。基本権も、人間の共同社会を前提としていることから、他人の基本権を侵さない限りにおいてそれが保護される。それぞれの基本権を相互に調整するという観点から、それが制限されるのである（基本権の内在的制約）。問題の核心は、その保障の限界がいかなる基準と法的根拠にもとづいて行われるのか、という点である。88年9月に憲法裁判所が発足して20年が経過するが、そこでは基本権保障の限界となる具体的な基準と根拠を示した数多くの判例が集積されている。最近、韓国でも、その限界を解明するために、憲法判例研究が憲法学で重要な位置を占めるようになっている。

　87年憲法は、基本権を制限する根拠として、第37条第2項で一般的な法律留保条項を規定する。そのほかにも、政党の活動、財産権、国家賠償請求権および労働基本権など、一部の基本権に対しては、個別に法律の留保を付している（第8条第3項、第23条第1項、第29条第1項、第33条第3項など）。韓国の憲法では、基本権の制限について、内在的な制約だけでなく、「国家安全保障、秩序維持または公共の福利」といった外在的な事由でそれを規制することができる法的根拠がある（第37条第2項）。いまだに朝鮮半島は、北朝鮮との軍事的な対峙状況にあり、北の核保有問題など、常に紛争が起こりうる緊張状態に置かれている。また、9・11の同時多発テロがアメリカで発生して以来、北東アジアでも国際的なテロという「新たな脅威」への対応が求められている。

　一方、国家は、「国家安全保障」や「秩序維持」という名目の下に、必要とあればいつでも国民の基本権を制限することができる。過去、反共政策による社会統制の目的で数多くの国民の基本権を侵害した事件があった。民主化した今日でも、「国家保安法」で当局による民衆の人権を抑圧する事件は跡を絶たない。「分断国家体制」における人権保障のディレンマがそこにあ

る。したがって、最近、学説は、法律の留保で基本権を制限する契機よりも、基本権の保障を第一次的な原理と捉え、公権力による基本権の制約をできる限り抑制するという観点から第37条第2項を解釈しようとする。具体的には、以下のような法的基準を提示する。

　憲法は、国家に対してふたつの準則を義務づけている。ひとつは、基本権の制限が「必要な場合に限り」、「法律」にもとづいて可能であるということである（同条第2項前段）。もうひとつは、基本権を制限する場合、その権利の「本質的な内容を侵すことはできない」ということである（同項後段）。前者は、「過剰禁止の原則」または「比例性の原則」といわれるものである。この具体的な基準は、憲法裁判所によって蓄積された判例のなかから抽出されている。すなわち、憲法上、公権力によって基本権の制限が許容されるのは、主に以下の4つの基準をクリアーした場合である。(i)目的の正当性、(ii)方法の適正性、(iii)被害の最小性および(iv)法益の均衡性である（憲決92年12月24日、92헌가8など）。たとえば、「風俗営業の規制に関する法律」第3条5号などでカラオケ店に18歳未満の未成年者が出入りするのを禁止したことについて、憲法裁判所は「職業行使（営業）の自由を制限することにはなるが、……その規制は、目的の正当性と方法の適正性が認められるだけではなく、被害の最小性および法益の均衡性にも反しないことから、過剰禁止の原則に違反しない」と判示した（憲決96年2月29日、94헌마13）。

　次は、後者の準則についてである。これは、基本権の価値原理である「人間としての尊厳および価値」（第10条前段）から基本権の本質的な属性から導かれる。たとえば、内心の自由（思想・良心の自由、宗教の自由など）は、軍事政権時代だけでなく、今も国家は、個人の内面の心情や思想そのものまでもコントロールしようとする傾向がある。この基本権は、内心の領域に止まっている限り、法律によっても制限することができない絶対的基本権だとされる（沈黙の自由）。判例によると、基本権の本質的な内容が侵害された場合とは、国家の侵害行為により基本権が有名無実化され、その権利が形骸化されて、憲法が保障する基本権の目的を達成することができなくなるに至ったときである（憲決90年9月3日、89헌가95）。各個別の基本権における「本質的な内容」の中身は、憲法裁判所の判例により明らかにされつつある。

3　基本権のカタログ

(1)　包括的基本権と平等権

　包括的基本権は、すでにふれたのでここでは省略する。平等権について、韓国の憲法でも単に「法の前に平等」（第11条第1項前段）と規定していることから、法文上、主観的な権利までも定めたのか、また、立法者を拘束するものかについて解釈の余地がある。通説・判例は、客観的な法原則を規定しただけでなく、主観的な権利としての性格を含めて解している。かつ、この規定は、司法や行政のみならず、立法者に対してもその規範的効力が及ぶとされる（立法者拘束説）。過去、国会の立法権限が停止され、その権限を委譲した非常立法機関で国民の基本権を抑圧する法律が乱発された経緯があることから、立法府に対する憲法の規範統制がとりわけ重要である。憲法も、平等権を含めて基本権尊重の原則があらゆる国家権力を拘束すると定める（第10条後段）。

　「平等」の意味については、各人の性別、能力や職業など、人々の事実上の差異を前提として、その区別が不合理な取り扱いとなっている恣意的な「差別」を禁止するものであると一般に理解されている（相対的平等）。問題は、社会のなかで起こる様々な区別が、「合理的」であるか否かの判断基準である。平等権を規制する法律の違憲審査は、原則として法律による差別的な取扱いに合理的な根拠が明白に存在しない場合に限って、違憲と判断される（恣意禁止の原則・憲決89年5月24日、89헌가37）。というのは、憲法にいう「平等」の内容は、国民生活全体の価値や利益に影響を及ぼすので、その具体的な内容の決定については憲法の許容する範囲内で国民の代表機関である国会に広汎な立法形成権（立法裁量）が認められているからである。

　ただし、憲法上「性別、宗教または社会的身分」による差別あるいは「社会的特殊階級の制度」の創設など、差別を特に禁止している場合（第11条第1項、第2項）、または差別的な取扱いによって関連する基本権に対して重大な侵害をもたらす場合は、その立法形成権は制約され、厳格な審査基準が妥当する。具体的には、規制立法の立法目的とその規制手段の間に厳格な比例関係が存在するのか否かを審査する比例性の原則によるのである（憲決99年12月23日、98헌마363）。

(2) 人身の自由

　87年憲法における基本権の形式的な体系では、「人身の自由」が精神的自由よりも最初に規定されている（第12条以下）。これは、憲法には明記されていないが、人間の精神的および身体的な基礎である「生命権」にもとづいて根拠づけられているからであるとされる（この基本権の明文化が改憲論で浮上している）。韓国でも死刑制度、安楽死および人工生殖技術などの是非が議論されている。「人身の自由」の特徴は、捜査や刑事手続に対する「適正性」（デュープロセス）を担保するために、詳細な規定が置かれていることである（拷問や不当な逮捕・拘束の禁止、自白の証拠能力の制限、黙秘権および弁護人の扶助を受ける権利の保障など・第12条、第13条）。権威主義体制の下で民衆に対する人権侵害のうち、最も顕著な事例が人身の自由に対するものであった。警察や検察といった通常の捜査機関だけでなく、大統領直属の国家安全企画部、中央情報部（KCIA）、軍の国軍保安司令部などの特殊捜査機関の捜査では、刑事手続によらずに過剰な捜査が行われてきた（韓寅燮2003：145）。87年憲法では、こうした公権力の濫用を防止するために、刑事手続における「適正性」が強く求められたのである。

(3) 精神的自由と経済的自由

　精神的自由の領域には、思想・良心の自由、宗教の自由、学問・芸術の自由、そして言論・出版の自由などがある（第18条ないし第22条）。一方、経済的自由の分野では、財産権（第23条）、職業選択の自由（営業の自由・第15条）および消費者の権利（第124条）などがある。

　まず思想良心の自由について、これは内面の精神活動の核心をなしており、各自の良心や思想が外部世界に表出した場合、宗教、学問、芸術などの各精神的自由に区分されることから、精神的自由に関する規定の一般法とでもいうべき位置を占める。韓国では、国防の義務にもとづき徴兵制が採られている。これと関連して、思想や良心にもとづく兵役拒否が社会問題となった。判例は、一貫してこの拒否を認めていない（憲決04年8月26日、2002헌가1など）。一方、思想や良心に反する謝罪広告を命じた法院の行為に対して、憲法裁判所が違憲決定を下したことは、日本の判例と対照をなす（憲決91年4

月1日、89헌마160)。

　経済的自由との関係で最も論じられるのは、言論・出版の自由である（第21条第1項）。この自由は、単に意見や思想の表現行為だけではない。その「受け手」側の利益にも着目して、知る権利、アクセス権および反論権なども保障している。いわゆる、情報の流通過程全体をその保護の対象としている。韓国の場合、民主化がある程度、実現されてから、言論活動によって国民が政治的決定に関与する民主政の重要性が再認識された。その背景には、過去、「開発独裁」の下で経済発展や体制の維持にマイナスとみなされた政治的自由が、経済的自由よりも極度に規制されてきた、という事情がある（倒錯した基本権保障）。精神的自由は、公権力により侵されやすい「デリケート」な基本権である。したがって、前者を規制する法律に対する違憲審査は、厳格な審査基準が妥当するとされる（二重の基準論）。憲法でも、検閲や許可制など、事前抑制の禁止を明記している（第21条第2項）。近年、夜間に屋外で米国産牛肉の輸入に反対するローソク集会などを禁止した「集会及び示威に関する法律」第10条に対して、憲法裁判所はこの事前抑制の禁止に該当するとして憲法不合致という事実上の違憲決定を下した（憲決09年9月24日、2008헌가25）。また、同裁判所では、早くから二重の基準論が導入され、「国税基本法」第35条第1項3号に対して、国会の立法活動において財産権その他の経済活動の自由規制は、ほかの精神的自由の規制よりも広い立法裁量を有すると判示した（憲決90年9月3日、89헌가95）。ただし、その核心である精神的自由に対する違憲審査の中身は必ずしも明らかではない。ところが、最近では「公共の安寧秩序または醇風美俗を害する内容の通信を禁じた電気通信事業法第53条第1項は、……明確性の原則に反する」と判示する（憲決02年6月27日、99헌마480）など、厳格な基準で違憲審査を行う傾向にある。学説は、アメリカや日本の憲法学の影響を受けつつ、利益衡量論、明白かつ現在の危険の法理、「より制限的でない他に選びうる手段」（LRA）の基準などを唱えている（金哲洙2008a：970-974）。

(4) 社会権
　社会権には、生存権（第34条第1項）、教育を受ける権利（第31条第1項）、

労働基本権（第32条、第33条）および環境権（第35条）などがある。生存権の法的性格については、韓国でも諸説がある（プログラム規定説、抽象的権利説、具体的権利説）。判例は、「人間らしい生活を営む権利とは、……国家の財政的な状況など、諸般の事情を総合的に勘案し、法律を通して具体化したときにはじめて認められる法律上の権利だ」（憲決04年10月28日、2002헌마328）として、抽象的権利説に依拠する（鄭宗燮2009：582）。具体的な内容としては、主に国民が最低限度の生活を営む上で必要な公的扶助を国家に求める権利と、年金、社会福祉など、社会保障の受給権がある。前者は、「国民基礎生活保障法」（99年9月7日、法律6024号）などがあり、後者では、「国民健康保険法」（99年2月8日、法律5854号）、「国民年金法」（86年12月31日全面改正、法律3902号）、「雇用保険法」（93年12月27日、法律4644号）などの制度がある。

　教育を受ける権利については、国民の最も関心のある権利や政策のひとつが「子女の教育」である。韓国の親たちの多くは、わが子に質の高い教育を受けさせることに特別の関心を払う。大学入試制度のあり方が例年のトップニュースになり、教育行政の成否が政府に対する国民の政策評価を左右するとまでいわれる。一方、公教育以外に塾や予備校などの私教育への過熱（ダブルスクールの問題）、裏口入学などの入試不正が社会問題にまでなった。政府は、公教育が軽視され、経済的余裕のない子女の教育権を考慮して、塾などの課外教育を全面的に禁止したことがある（旧「学院（塾）の設立・運営に関する法律」〈97年12月13日改正、法律5453号〉第3条）。憲法裁判所は、高額な課外学習のおそれのないものまでも広汎に禁止するのは、教育を受ける権利の過度な侵害であるとして、この規定が違憲だと判示した（憲決2000年4月27日、98헌가16）。

　勤労の権利および労働基本権については、基本的に80年憲法の内容を受け継いでいる。ただし、新たに最低賃金制を制度的保障として明記し（第32条第1項）、勤労において女性と年少者の特別保護を分離して規定した（同条第4項、第5項）。女性の差別禁止を強調するためである。これにより、「男女雇用平等法」（87年12月4日、法律3989号）が成立した。「最低賃金法」（86年12月31日、法律3927号）はすでに86年に制定された。労働三権のうち、団体行動権（争議権）は、今まで法律の留保によって制限されていた。団結権や

団体交渉権も名目的なものに過ぎなかった。当初「労働組合法」（63年4月17日、法律1329号）では、その設立が従来の自由設立制から許可制へと変更され、政府や企業側で御用組合たる第二労組を組織して、労働者の組合活動を事実上、機能不全に陥れ、さらに労働組合の政治活動を全面禁止した（朴洪圭2003：219）。民主化後の87年憲法では、労働三権を法律の留保なしに保障する立場を採った。しかし、第37条の一般的な法律留保条項がある限り、なおその規制は可能であると指摘される。

(5) 参政権ほか

　参政権としては、選挙権（第24条）、公務就任権（第25条）および国民投票権（第72条、第130条第2項）を定めている。韓国では、大統領、国会議員、地方自治体の首長および地方議会の議員を選出する権利が国民にある。「公職選挙法」（09年2月12日改正、法律9466号）にもとづいて具体的に行われる。また、憲法改正案の国民投票（第130条第2項）、国家の重要政策に対する国民投票（第72条）は、代議制を補完するために直接民主制の要素も取り入れたものであるとされる。「国民投票法」（09年2月12日改正、法律9467号）がその実施に当たっている。被選挙権の概念は下位法令にはあるが、憲法ではそれよりも広く一般の公務員への任用をも保障するために、公務就任権（原文「公務担任権」）を定めている。これと関連して、公務員採用試験で除隊軍人の再就職のために試験点数を加点する制度があった。判例は、これについて能力にもとづかない不合理な制度で、女性や障害者などの公務就任権を侵害していると判示した（憲決99年12月23日、98헌마363）。兵役を終えた男性の多くは、これに反発する。兵役法で兵役義務を男子だけに課すのは、性差別であると新たに問題を提起する。

　なお、そのほかの基本権の領域としては、請求権的基本権がある。これには、請願権（第26条）、裁判を受ける権利（第27条）、国家賠償請求権（第29条）、損失補償請求権（第23条）、刑事補償請求権（第28条）および犯罪被害者補償請求権（第30条）などがある。

(6) 憲法上の義務

憲法では、納税の義務（第38条）、国防の義務（第39条第1項）、子女に教育を受けさせる義務（第31条第2項）、勤労の義務（第32条第2項）および環境保全の義務（第35条第1項）を定めている。最近、韓国は、北の核兵器保有などの問題で従来の太陽政策（北への包容政策）を変更せざるを得ず、軍事的な緊張が高まっている。国防義務の重要性が増している。この義務は、兵役義務だけでなく、軍隊の間接的な兵力形成や協力義務も含むものと解されている（憲決95年12月28日、91헌마80）。憲法上は、男女の区別なく国防の義務を国民に課している（国民皆兵の原則）。ところが、「兵役法」（93年12月31日全面改正、法律4685号）では、女子に対する兵役義務を免除している（同法第3条第1項）。学説には、必要があれば女性を兵役に召集することが可能であると論じる説もある。ただし、憲法上の義務を強調することは、基本権の保障という大原則が有名無実化するおそれがあり、その解釈は慎重に行うべきであるともいわれている。

〔凡　例〕

- 各条文の表記は、明示がない場合、現行の大韓民国憲法のそれである。その他の法令の場合は、カッコ書きに法令名を付してある。この憲法の原典は、「大韓民國憲法」대한민국정부 관보 제10771호（ユ２）（총무처，1987년 10월 29일자）2면 である。その邦訳としては、岡克彦訳「大韓民国憲法」初宿正典ほか編『新解説世界憲法集』（三省堂、2006年）、國分典子訳「大韓民国憲法」高橋和之編『新版・世界憲法集』（岩波文庫、2007年）、尹龍澤訳「大韓民国憲法」阿部照哉ほか編著『世界の憲法集〔第三版〕』（有信堂高文社、2005年）などがある。
- 判例の略称は、次の通りとする。〔大法院判決→大判、憲法裁判所決定→憲決〕
- 文献の引用は、以下の参考文献リストにしたがって、著者名、発行年度および該当頁数をカッコ書きで表記する。

参考文献

（日本語文献）
尹龍澤＝姜京根編〔2004〕『現代の韓国法―その理論と実態』（有信堂）。

大久保史郎＝徐勝編〔2003〕『現代韓国の民主化と法・政治構造の変動』（日本評論社）。

高翔龍〔2007〕『韓国法』（信山社）。

棚瀬孝雄編著〔2007〕『市民社会と法—変容する日本と韓国の社会』（ミネルヴァ書房）。

尹健次〔2000〕『現代韓国の思想—1980年〜1990年代』（岩波書店）。

尹龍澤〔2009〕「韓国」鮎京正訓編『アジア法ガイドブック』（名古屋大学出版会）。

―――〔2005〕「大韓民国・解説」阿部照哉＝畑博行編著『世界の憲法集〔第三版〕』（有信堂高文社）。

岡克彦〔2006〕「大韓民国・解説」初宿正典＝辻村みよ子編『新解説世界憲法集』（三省堂）。

金鍾鐵〔2005a,b〕「韓国大統領の課題と展望—盧武鉉政権における変化を中心に（1・2完）」法律時報77巻8〜9号。

國分典子〔2007〕「韓国」高橋和之編『新版・世界憲法集』（岩波文庫）。

―――〔2003〕「北東アジアにおける人権の定着と課題」法律時報75巻7号。

趙元済〔2007〕「大韓民国憲法・解説」萩野芳夫＝畑博行＝畑中和夫編『アジア憲法集〔第二版〕』（明石書店）。

丁海龜〔2003〕「1980・90年代　韓国の政治変動—民主主義の移行および民主改革問題を中心に」大久保史郎＝徐勝編・前掲書所収。

水島朝穂＝浅羽祐樹〔2004〕「韓国憲政史における自己拘束的な憲法—1948年憲法・1962年憲法・1987年憲法の比較」比較法学38巻1号（早稲田大学）。

韓寅燮〔2003〕「権威主義の体制下の司法府と刑事裁判」大久保史郎＝徐勝編・前掲書所収。

朴洪圭〔2003〕「韓国労働法の形成と展開」大久保史郎＝徐勝編・前掲書所収。

閔炳老〔2003〕「韓国の国家保安法—安保と治安のボーダレスとその克服」法律時報75巻7号。

（韓国語文献）

헌법연구자문위원회〔2009〕『결과 보고서』（헌법연구자문위원회）．

權寧星〔2005〕『憲法學原論』（法文社）．

강원택 외〔2007〕『헌법과 미래 -7학자의 헌법시평』（도서출판 인간사랑）．

기　철〔2007〕『한국 법학의 철학적 기초』(한국학술정보).
金榮秀〔2000〕『韓國憲法史』(學文社).
金哲洙〔2008a,b〕『學說·判例 憲法學 上, 下』(博英社).
徐元宇 編〔1996〕『韓國法의 理解』(斗聖社).
신우철〔2002〕『헌법과학- 새로운 방법론의 탐색』(동현출판사).
이영록〔2006〕『유진오 - 헌법사상의 형성과 전개』(한국학술정보).
장명봉〔2000〕『분단국가의 통일과 헌법 - 독일과 예멘의 통일사례와 헌법자료 (증보판)』(국민대학교 출판부).
鄭宗燮〔2009〕『第4版·憲法學原論』(博英社).
─── 〔2007〕『基本權의 槪念』(금붕어).
한상범〔1996〕『일제 잔재, 무엇이 문제인가』(법률행정연구원).
許　營〔2009〕『全訂5版·韓國憲法論』(博英社).
姜京根〔2008〕「대한민국 법제 60년과 그 헌법적 과제」법제 608호 (법제처).
김병록〔2001〕「헌법과 통일문제」統一問題硏究 17호 (朝鮮大學校 統一問題硏究所).
김철수〔2008〕「헌법 60년과 헌법 개정」國際問題 39권 8호 (松山國際問題硏究院).
김효전〔2008〕「국민이 나라의 주인임을 선언한 제헌헌법」국회보 500호 (국회사무처).
이종수〔2009〕「2008년 헌법 판례 연구」月刊 人權과 正義 391호 (大韓辯護士協會).
정종섭〔2008〕「헌법을 보면 삶이 보인다」국회보 500호 (국회사무처).
鄭宗燮〔2001〕「韓國의 民主化에 있어서 憲法裁判所와 權力統制 - 1988년부터 1998년까지」法學42권 1호 (서울대학교).
─── 〔1999〕「韓國의 民主化에 있어서 憲法裁判所와 基本權의 實現 - 1988년부터 1998년까지」法學40권 3호 (서울대학교).

第3章
東アジア編　中国

石塚　迅

序

　　帝国主義の侵略は、西側に学ぼうとする中国人の迷夢を打ち破った。不思議なことだ。どうして、先生はいつも生徒を侵略するのだろうか？中国人は西側から多くのものを学んだが、それらは通用しなかったし、理想はいつも実現できなかった。……西側のブルジョア階級的文明、ブルジョア階級的民主主義、ブルジョア階級共和国の構想は、中国人民の心の中で一斉に破産してしまった（毛沢東「論人民民主専政（1949年6月30日）」『毛沢東選集』第4巻）。

1　中華人民共和国憲法史

　毛沢東のこの言葉に象徴されるように、中華人民共和国（以下、本文では中国と表記）の憲法史は、西欧近代立憲主義の全否定からスタートした。すでに、中国共産党（以下、本文では共産党と表記）は、1949年2月に、『国民党の六法全書を廃棄し解放区の司法原則を確定することに関する指示』を発布し、中華民国法との断絶も明言していた。なお、内戦に敗れた中国国民党は台湾に逃れ、台湾では、現在に至るまで、「ブルジョア階級共和国」憲法

の流れをくむ『中華民国憲法』(1947年1月公布)が度重なる部分改正を経つつもその効力を維持し続けている。

　中華人民共和国建国(1949年10月)の当時、臨時憲法の役割を果たしたのが、『中国人民政治協商会議共同綱領』(1949年9月採択)である。『共同綱領』は、前文(序言)の他、「総綱」、「政権機関」、「軍事制度」、「経済政策」、「文化・教育政策」、「民族政策」、「外交政策」の全7章60ヵ条から構成される。社会主義の実行を明示せず、中華人民共和国を「新民主主義すなわち人民民主主義の国家」と定義し(第1条)、「公私兼顧(公営企業と私営企業の両方に配慮すること)」、「労資両利(労働者と資本家の両方に利益があるようにすること)」といった資本主義経済にも配慮する規定も設けていた(第26条)。

　その後、土地改革や反革命鎮圧運動が一段落したことを受けて、社会主義への本格的移行が提起される(「過渡期の総路線」)。1953年1月には毛沢東を長とする憲法起草委員会が設置され、1954年9月、第1期全国人民代表大会第1回会議において憲法が採択された(『1954年憲法』)。『1954年憲法』は、前文の他、「総綱」、「国家機構」、「公民の基本的権利および義務」、「国旗、国章、首都」の全4章106ヵ条から構成される。この憲法の構成・内容が、以後の憲法に対して、一つのパターンを設定した。『1954年憲法』は、ソビエト連邦の『1936年憲法』(スターリン憲法)をモデルにしたものであり、中華人民共和国を「労働者階級の指導する、労農同盟を基礎とした人民民主主義国家」と定義した(第1条)。そして、「中華人民共和国の成立から社会主義社会の建設までは、一つの過渡期である。国家の過渡期における全般的任務は、国家の社会主義的工業化を逐次実現し、農業、手工業および資本主義的商工業に対する社会主義的改造を逐次完成させることである」と明言した(前文、第4条)。

　この「社会主義的工業化」と「社会主義的改造」は、早くも1956年に基本的達成をみた。その後、一時的に、法整備・法治重視の路線が採用されるものの、まもなく、「大躍進」、「反右派闘争」、「文化大革命」といった激しい政治運動・政治闘争の中で、『1954年憲法』は機能不全に陥る。「政治挂帥(政治最優先)」、「人治は要るが法治は不要」、「政策は法律の魂である」とい

ったスローガンの下、『1954年憲法』自体が、階級闘争や大衆運動を推進するにあたっての「障害」とみなされ、攻撃の対象となった。

「文化大革命」の末期に制定された『1975年憲法』は、そうした「極左」路線の一つの到達点である。『1975年憲法』は、『1954年憲法』の章構成を踏襲しているものの、条文数はわずか30カ条ときわめて少ない。「中華人民共和国は、労働者階級の指導する、労農同盟を基礎としたプロレタリアート独裁の社会主義国家である」と明記し（第1条）、生産手段の所有制については、全人民的所有制と勤労大衆による集団的所有制の二種類しか認めていない（第4条）。また、共産党の指導性・地位・役割を憲法の随所で強調していることも、その顕著な特徴として指摘することができる（前文、第2条、第13条、第15条、第16条、第17条、第26条）。現在、中国の憲法学界において、『1975年憲法』は「文革憲法」と俗称され、その評価はきわめて低い。

1976年、毛沢東が死去し、「四人組」が逮捕され、「文化大革命」の終結が宣言された。『1978年憲法』は、その政治的混迷の中で採択された。その章構成は、これまでの憲法と同様であるが、条文数は全60カ条からなり、『1954年憲法』のいくつかの原則・規定を復活させている。農業・工業・国防・科学技術の現代化（「四つの現代化」）を国家の全般的任務として掲げる（前文）等、『1975年憲法』の路線からの決別を模索しつつも、他方で、共産党の指導性（前文、第2条、第19条、第22条、第56条）、国家の性質（第1条）、生産手段の所有制（第5等）等については、少なからず『1975年憲法』の規定を踏襲しており、「決別」はなお不十分であった。

「決別」が明言されるのは、1978年12月の共産党第11期中央委員会第3回全体会議（第11期3中全会）においてである。同会議では、「プロレタリアート独裁の下の継続革命」論が放棄され、「民主と法制」の強化の方針が打ち出された。また、共産党の工作の重点が「階級闘争」から「経済建設」に移行することを確定し、以後「改革開放」政策が強力に推進されることとなった。この路線転換の中で、新憲法の起草が進められ、1982年12月に新憲法が採択された。現行『1982年憲法』である。『1982年憲法』は、前文の他、「総綱」、「公民の基本的権利および義務」、「国家機構」、「国旗、国歌、国章、首都」の全4章138カ条から構成される。

2　中華人民共和国憲法の特色——二つの乖離

　簡単に概観した中華人民共和国憲法史から一見してわかるように、中国憲法は共産党の政策文書という色彩がきわめて濃厚である。すなわち、歴代の憲法には、それぞれ「第1章：総綱」が設けられ、前文と「総綱」に、国家の政策目標・政策規定が詳細に記述される。そして、政策が変更されれば、それを追認する形で憲法も改正されるのである。現行『1982年憲法』は、1988年4月、1993年3月、1999年3月、2004年3月の四度にわたる部分改正を経ているが、いずれもその前年または前々年に開催された共産党全国代表大会における政策方針の決定を受けてなされたものである。全面改正ではなく部分改正に止まっているのは、共産党第11期3中全会の路線（「経済建設」路線）が今日に至るまで基本的に継続していることを示している。つまり、強い政治性（政策性）・綱領性をもつことが中国憲法の最大の特色である。憲法は「政治」そのものなのである。

　これに対して、憲法を「政治」ではなく、「法」として再認識・再構成しようとする試みが、中華人民共和国建国以降、中国政府・共産党の内外から繰り返し提起されてきた。「法としての憲法」を確立するために、彼らが要求の中心に据えたのが「党政分離」の徹底であった。そして、憲法を国家権力の制限規範として位置づけるために、「公民の基本的権利」の保障の実質化が叫ばれ、その具体的措置として、人民代表大会の権限強化、複数政党制・競争選挙の実現、司法権の独立、司法審査制の導入等が主張された。政治体制改革・政治的民主化をめぐる攻防は、この「政治としての憲法」と「法としての憲法」のせめぎ合いでもあったといえるのである。両者の力関係は、依然として、「政治」が「法」を圧倒しており、1989年6月の「天安門事件（六・四事件）」以降、「急進的」な人権・民主の要求は封じ込められたままである。しかし、それでも、憲法学者たちは、人民代表大会の権限強化や司法審査制の導入等、「漸進的」な体制内政治改革の具体的提案を出し続けている。

　「政治としての憲法」と「法としての憲法」との乖離に加えて、もう一点、指摘しなければならないのは、「意図」と「現実」との乖離である。憲法が、中国政府・共産党の政策意図を確認したものであるということはすでに述べ

たが、これと現実との間にズレが目立ちはじめている。とりわけ、「改革開放」政策は、確かに、中国経済の飛躍的発展をもたらしたが、他方で、様々な副産物をも生み出した。都市と農村の格差、環境の悪化、公務員の汚職・腐敗といった負の現象は年々深刻化しており、経済のグローバル化がこれらに拍車をかけている。約五年おきになされる憲法部分改正では、とても現実の変化に対応できず、その意味において、中国憲法のあり方が問われている。

I　前文

　共産党中央は、中国が四つの現代化を実現するためには、我々が思想・政治上において四つの基本原則を堅持しなければならない、と考えている。これは四つの現代化を実現する根本的前提である。この四つとは、第一、社会主義の道を堅持すべきこと、第二、プロレタリアート独裁を堅持すべきこと、第三、共産党の指導を堅持すべきこと、第四、マルクス・レーニン主義と毛沢東思想を堅持すべきこと、である（鄧小平「堅持四項基本原則（1979年3月30日）」『鄧小平文選』第2巻）。

　「中国は、世界で最も長い歴史をもつ国の一つである。中国の各民族人民は、共同して輝かしい文化を創造し、また光栄ある革命的伝統を受け継いでいる」（第1段）で始まる憲法前文は、以下、前半部において、「光栄ある革命的伝統」が記述されている。すなわち、孫文の「辛亥革命」、中華人民共和国の成立、社会主義的改造の達成、中国人民解放軍の栄光等である。

　次に、「中国の新民主主義革命の勝利と社会主義事業の成果は、中国共産党が中国の各民族人民を指導して、……真理を堅持し、誤りを是正し、多くの困難と危険に打ち勝って獲得したものである」（第7段）として、「共産党の指導」の正統性を強調する。今後も「中国の各民族人民は、引き続き中国共産党の指導の下で」、刻苦奮闘しなければならない。

　さらに、「台湾は、中華人民共和国の神聖な領土の一部である」こと（第9段）、「中華人民共和国は、……統一した多民族国家」であり、「民族の団結を擁護する闘争」を引き続き展開すること（第11段）、「中国は、独立自主

の対外政策を堅持し、主権と領土保全の相互尊重、相互不可侵、相互内政不干渉、平等互恵、平和共存という五原則を堅持」すること（第12段）等、国家の独立性と一体性に強いこだわりをみせている。

1　共産党の指導

　しばしば、「中国は共産党一党独裁の国家である」といわれるが、現行『1982年憲法』においては、『1975年憲法』、『1978年憲法』とは異なり、憲法の具体的条項の中に「共産党」という語は登場しない。それが登場するのは、前文においてのみである。

　本章Ⅰの冒頭で掲げた鄧小平の講話は1979年3月になされた。当時、盛り上がりをみせていた民主化運動「北京の春」における魏京生ら民主活動家の言論の自由の主張に対する体制側からの事実上の反駁であった。この後、さらに、「適当な法律の形式をもってこれ（「四つの基本原則」）を確定しなければならない」（鄧小平「貫徹調整方針、保証安定団結（1980年12月25日）」『鄧小平文選』第2巻）という鄧小平の講話を受けて、「四つの基本原則」は、『1982年憲法』の前文に明記され、憲法の指導思想として位置づけられることとなった。

　憲法は、他方で、前文第13段および第5条第4項において、すべての国家機関、武装力、各政党、各社会団体、各企業・事業組織は憲法および法律を遵守しなければならない、と規定している。中国の憲法学者の多くは、この「各政党」の中には当然、共産党も含まれると解釈しており、一見、共産党は憲法体制の枠内にあるかのようである。しかしながら、憲法前文に、「四つの基本原則」が明記されているがゆえに、しかも、この原則の中核が「共産党の指導」の堅持であるがゆえに（鄧小平・前掲「貫徹調整方針、保証安定団結」）、共産党は、実質的に超憲法的存在となっているのである。

　その後、1993年の憲法部分改正で「改革開放」が、1999年の憲法部分改正で「鄧小平理論」が、2004年の憲法部分改正で「三つの代表」重要思想が、それぞれ「四つの基本原則」の内容に補充された。現在の文言は、次のようになっている。「中国の各民族人民は、引き続き中国共産党の指導の下で、マルクス・レーニン主義、毛沢東思想、鄧小平理論および『三つの代表』重

要思想に導かれて、人民民主主義独裁を堅持し、社会主義の道を堅持し、改革開放を堅持し……」(第7段)。「三つの代表」重要思想とは、共産党が、中国の①先進的生産力の発展の要求、②先進的文化の前進の方向、③最も広範な人民の根本的利益、を代表するという理論であり、2000年に当時の共産党総書記・江沢民が提起したとされる。それでは、「三つの代表」重要思想とは具体的にはどういう意味か？ マルクス・レーニン主義とは？ 毛沢東思想とは？ 鄧小平理論とは？ 中国の一般大衆はもちろんのこと、個々の共産党員でさえ、よくわからないのではないだろうか。このよくわからないものを「中国の各民族人民」は「堅持」しなければならないのである。なお、中国の憲法学界の多数説は、憲法前文の全文が憲法全体の不可分の構成部分として、憲法の具体的条項と同等の法的効力を有することを認めているため、「四つの基本原則」の堅持は個々の公民の法的な義務である。

　現在の中国においては、「四つの基本原則」が憲法に明記されていることにより、西欧的な思想の自由は憲法に規定されておらず、憲法理論上も認められていない。また、この「四つの基本原則」が言論の自由の制限根拠かつ制限基準とされている。憲法第1条第2項は、社会主義制度の破壊を厳禁し、『集会行進示威法』や『出版管理条例』といった言論・表現の自由関連立法には、「憲法に確立された基本原則に反対してはならない」という文言がみられる。これらに反した場合には、行政罰の対象となるだけでなく、国家安全危害罪（かつての反革命罪）として刑事罰を科される場合すらある。「共産党の指導」が「四つの基本原則」の中核である以上、社会主義、人民民主主義独裁、歴史的偉人たちの主義・思想・理論については、共産党が随意にそれらの内容を解釈することが可能である。人々の言動のうち、何が許されて何が許されないかは、最終的には共産党が政治的に判断することになるのである。

2　多党合作と政治協商制度

　前文第10段は、「中国人民政治協商会議は、広範な代表性を有する統一戦線の組織であり、これまで重要な歴史的役割を果たしてきた。今後も、……国家の統一と団結を擁護する闘争において、さらにその重要な役割を発揮す

るであろう。中国共産党が指導する多党合作と政治協商制度は、長期にわたって存在し発展していくであろう」と記述する。

　実は、中国には、共産党以外に民主党派と呼ばれる八つのミニ政党がある。八つの民主党派とは、中国国民党革命委員会、中国民主同盟、中国民主建国会、中国民主促進会、中国農工民主党、中国致公党、九三学社、台湾民主自治同盟であり、いずれも抗日戦争期から国共内戦期にかけて結成され、共産党の政権奪取に協力した政党である。したがって、共産党と八つの民主党派との関係は、与党と野党という関係ではなく、「執政党」と「参政党（友党）」という関係であるにすぎず、中国が複数政党制を採用しているわけではない。実際に、党員数においても、共産党が約7500万人（2008年末現在）を擁するのに対して、八つの民主党派の党員数は総計しても50万人程度にとどまっている。

　中国人民政治協商会議は、『共同綱領』においては、臨時的な国家機関と位置づけられ、全国人民代表大会の職権を代行したが、『1954年憲法』の制定以降は、その国家機関としての位置づけを失った。現行憲法においても、国家機関ではないため、「第3章：国家機構」ではなく、前文にその歴史的役割と今後の存続・発展が記述されているにすぎない。中国人民政治協商会議は、共産党が指導し、各民主党派、無党派民主人士、人民団体、少数民族、各界の愛国人士、台湾・香港・マカオの同胞、帰国華僑等が参加し、国家の大政方針、地方の重要事項、政策や法律の実施、大衆生活や統一戦線の重大問題等を討議し、建議や批判を提起して、民主的監督を行うとされる。しかし、実際には、何ら決定権や執行権を有しているわけではない。

　かつて、中国人民政治協商会議を上院にした二院制の導入等、その地位の向上や権限の強化について、しばしば、具体的な提案がなされてきたが、それらの提案はいずれも採用されなかったばかりか、「ブルジョア自由化」の反映であるとして弾圧の対象となった。現時点において、「多党合作と政治協商制度」は、対外的・対内的に共産党の一党独裁の負のイメージを緩和する隠れ蓑として存在しているにすぎない。

II 総綱

　社会主義の目的は、全国人民が共に豊かになること（共同富裕）であって、両極分化ではない。もし、我々の政策が両極分化をもたらしたとすれば、我々は失敗したことになる。もし、新たなブルジョア階級を生み出したとすれば、我々は道を踏み外したことになる。……要するに、公有制が主たる部分を占めることと共に豊かになること、これが、我々が堅持しなければならない社会主義の根本的原則なのである（鄧小平「一靠理想二靠紀律才能団結起来（1985年3月7日）」『鄧小平文選』第3巻）。

　「第1章：総綱」においては、国家の政策目標・政策規定が詳細に記述されている。政治性（政策性）・綱領性という中国憲法の特色が最も如実に表現されている章であり、現行憲法の四度の部分改正の改正条項全31カ条のうち、実に16カ条が「総綱」の条項を対象とした改正である。「総綱」は、㈠国体・政体（第1条～第5条）、㈡経済制度（第6条～第18条）、㈢経済以外の諸事業・諸政策（第19条～第32条）から構成される。

　紙幅の関係から、本章のIIでは、「社会主義」に焦点をあてたい。憲法第1条第2項は、「社会主義制度は、中華人民共和国の根本制度である。いかなる組織または個人による社会主義の破壊も、これを禁止する」と規定する。現在、「改革開放」の進展、およびこれに伴う急速な市場経済化の中で、社会主義とは何かが深刻に問われている。

1　公有制の動揺

　本章IIの冒頭で掲げたように、「改革開放の総設計士」鄧小平は、社会主義の必要条件として、「公有制」と「共同富裕」の二点を強調していた。ところが、市場経済化の潮流の中で、公有制は徐々に形骸化し、国民の生活水準は向上したものの貧富の格差は拡大する一方である。

　公有制について、『1982年憲法』は、「中華人民共和国の社会主義的経済制度の基礎は、生産手段の社会主義的公有制、すなわち全人民的所有制および

勤労大衆の集団的所有制である」と明示する（第6条第1項）。具体的条項についていえば、全人民的所有制経済は、国民経済の中で主導的地位を占め、国家はその強化と発展を保障する（第7条第1項）。土地は国家的所有または集団的所有である（第10条第1項、第2項）。社会主義の公共財産は神聖不可侵であり、国家の保護を受ける（第12条）。

ところが、経済制度について定めた第6条から第18条のうち、『1982年憲法』制定当時の条文が残っているのは、せいぜい上で挙げた程度である。他はいずれも何らかの修正が加えられているのである。

1988年の憲法部分改正は、これまで憲法で禁止していた土地使用権の譲渡を容認し（第10条）（部分改正が繰り返されている条項もあり、項は変動しているため、項は表記しない）、これまで憲法に何ら記載がなかった私営経済について、その存在を許容した（第11条）。すでに、経済特区のある沿海部の経済は急速に発展しはじめており、土地使用権の譲渡も沿海部の一部地域では公然と行われていた。憲法は、この「違憲状態」をいわば「追認」したのである。

1993年の憲法部分改正では、「社会主義の初級段階」と「社会主義市場経済」という耳慣れない表現が登場した（前文、第15条）。中国政府・共産党の説明によれば、「社会主義初級段階」論とは、中国は、1956年にすでに社会主義社会に入ったが、今なお、その社会主義は初級段階にあるという理論である。社会主義初級段階とは、生産力の立ち後れ、商品経済の未発達という条件の下で社会主義を建設するには、どうしても通らなければならない特定の段階を指す。「社会主義市場経済」体制とは、社会主義の基本制度と一つに結びついたものであり、国家のマクロ・コントロールの下で、市場に資源の配置に対して基礎的な機能を発揮させるような体制を指す。いずれも、従来の社会主義からかけ離れた観のある中国の経済体制の現状を説明するために編み出された表現であるにすぎない。これらに加えて、計画経済から市場経済への移行にあわせて、「国営経済」という文言を「国有経済」と改めた（第7条）。また、国有企業（←国営企業）については、「国家の統一的な指導に服従し国家計画を全面的に達成する」という文言を、集団的経済組織についても、「国家計画の指導を受け入れ」という文言を、それぞれ削除し、それらの経済活動における自主権を尊重した（第16条、第17条）。

1999年の憲法部分改正では、「社会主義初級段階」は「長期にわたる」ことが確認され、「鄧小平理論」が憲法に挿入された（前文）。そして、「国家は、社会主義の初級段階において、公有制を主体とし、多種の所有制経済がともに発展するという基本的経済制度を堅持」すると明記した（第6条）。当時、すでに、国有企業の株式会社・有限会社化が加速していた。加えて、「個人経営経済、私営経済等の非公有制経済は、社会主義市場経済の重要な構成部分である」とし、その地位を憲法の中で向上させた（第11条）。

2004年の憲法部分改正では、上述の「三つの代表」重要思想が憲法に挿入された（前文）。「国家は、非公有制経済の発展を奨励・支持」すると規定し、非公有制経済の憲法的地位をさらに引き上げた（第11条）。そして、ついに、「私有財産の不可侵」、「私有財産権の保護」を憲法に明記することに踏み込んだのである（第13条）。ただし、「私有財産権」を「第2章：公民の基本的権利および義務」においてではなく、「第1章：総綱」に配置した点に、中国政府・共産党の私有制に対する根強い警戒感をみてとることができる。

鄧小平がこだわった「公有制」は、彼自身が主導した「改革開放」政策の中でその姿を大きく変え、そして、それは行き着くところまできてしまったような観がある。

2　共同富裕と生存権

鄧小平は、公有制を強調しつつも、その堅持を後退させてまで、経済発展にこだわった。それは、「社会主義は貧困を消滅させる。貧困は社会主義ではなく、ましてや共産主義ではない」（鄧小平「建設有中国特色的社会主義（1984年6月30日）」『鄧小平文選』第3巻）という強い信念に支えられていた。本章Ⅲで再論するが、1991年11月に国務院報道辦公室が発表した「中国の人権状況」という白書（人権白書）でも、「一つの国家と民族にとって、人権とは何よりもまず人民の生存権である。生存権がなければ、その他の一切の人権はもう話にならない」と「生存権」の最優先が提起されている。「人権白書」のこの表現に、鄧小平の意向が強く影響していることはいうまでもない。

1978年の路線転換の後、改革はまず農村で先行した。従来の人民公社を解

体し、個々の農民が集団的所有の土地の一部について農作業を請け負い、生産高のうち契約額だけを国家に引き渡し、剰余部分については個々の農民が自由に処分することができるという農業生産請負制が導入された。それにより、農民の生産意欲は向上し、農民の生活状況はかなりの程度改善された。1993年の憲法部分改正において、「農村人民公社」の文言を削除したこと（第8条）、1999年の憲法部分改正において、「農村の集団経済組織は、家庭を単位とする請負経営を基礎として統一と分散を結合する二重経営体制を実行する」と明記したことは（第8条）、農業生産請負制に対する憲法上の保障の付与を意味している。

　ところが、その後、改革の重点対象が、沿海部・都市部へと移ると、農村は取り残されることとなった。都市と農村の格差は年々拡大し、2007年現在、都市住民と農村住民との平均収入の格差は3.3倍であり、都市住民20％上層と農村住民20％下層を比較すれば、実に21.9倍の格差である（21世紀中国総研編『中国情報ハンドブック［2008年版］』蒼蒼社、2008年）。「農民は本当に苦しんでおり、農村は本当に困窮しており、農業は本当に危険である」という「三農問題」が、中国政府・共産党の頭を悩ませている。格差の拡大は、都市と農村だけにとどまらない。都市・農村内部、地域間（沿海部と内陸部）、業種間においても、格差問題は深刻である。2004年の憲法部分改正では、土地の収用に対する国家の補償（第10条）、および社会保障制度の確立（第14条）が憲法に書き加えられたが、これらは中国政府・共産党のこの問題に対する危機感の表れであるともいえる。

　以上みてきたように、「社会主義」に関していえば、それは、経済建設至上主義の下で、何でもありになってしまった。この「何でもあり」の政策を中国政府・共産党は「中国的特色を有する社会主義」と強弁しているのである。

III　公民の基本的権利および義務

　　人権とは何か？　どのくらいの人の人権か？　少数者の人権か、それとも多数者の人権、全国人民の人権か？　西側世界のいわゆる「人権」と我々がいう人権は本質的に別のものであり、観点は異なっている（鄧

小平「同"大陸与台湾"学術研討会主席団全体成員的談話（1985年6月6日）」『鄧小平文選』第3巻）。

　人々は人権を支持するが、国権というものがあることも忘れてはならない。人格を語るのであれば、国格というものがあることも忘れてはならない。特に、我々のような第三世界の発展途上国は、民族的自尊心がなければ、民族の独立を大事にしなければ、国家が立っておれない（鄧小平「結束厳峻的中美関係要由美国採取主動（1989年10月31日）」『鄧小平文選』第3巻）。

　「第2章：公民の基本的権利および義務」の規定を概観すると以下のとおりである。
　まず、基本的権利について。①平等権（第33条第2項）、②政治的権利および自由（第34条～第35条）、③宗教信仰の自由（第36条）、④人身の自由（第37条～第40条）、⑤監督の権利および国家賠償を受ける権利（第41条）、⑥社会的・経済的権利（第42条～第45条）、⑦文化的・教育的権利および自由（第46条～第47条）、⑧女性の権利および自由（第48条）、⑨婚姻、家庭、老人、母親および児童に関する権利（第49条）、⑩華僑、帰国華僑および国内に居住する華僑家族の権利（第50条）。
　次に、基本的義務について。①国家の統一および民族の団結の擁護の義務（第52条）、②憲法と法律の遵守、国家機密の保守、公共財産の愛護、労働規律の遵守、公共秩序の遵守、社会公徳の尊重の義務（第53条）、③祖国の安全、栄誉および利益の擁護の義務（第54条）、④祖国の防衛および兵役の義務（第55条）、⑤納税の義務（第56条）、⑥その他の義務（労働の義務：第42条第1項、教育の義務：第46条、計画出産および扶養・扶助の義務：第49条第2項、第3項）。
　現行『1982年憲法』は中華人民共和国建国後の憲法において初めて「公民の基本的権利および義務」の章を「国家機構」の章に前置したり、権利に関する条項を増加する等、公民の権利を重視する姿勢を示してはいる。しかし、他方で「いかなる公民も、憲法および法律が規定する権利を享有すると同時

に、憲法および法律が規定する義務を履行しなければならない」(第33条第4項)や「中華人民共和国の公民は、自由と権利を行使するにあたり、国家・社会・集団の利益およびその他の公民の合法的な自由と権利を損なってはならない」(第51条)といった規定により、これらの権利の保障はきわめて限定的なものとなっている。

1　人民民主主義独裁と政治的権利

憲法は、第1条第1項において、「中華人民共和国は、労働者階級の指導する、労農同盟を基礎とした人民民主主義独裁の社会主義国家である」と、第2条第1項において、「中華人民共和国のすべての権力は、人民に属する」と規定する。人民民主主義独裁とは、人民(統治階級)の内部においては民主主義を行い、人民の敵(被統治階級)に対しては独裁を行うという原則である。毛沢東は中華人民共和国建国時において「人民とは何か？　中国において、現段階ではそれは労働者階級、農民階級、都市小ブルジョア階級および民族ブルジョア階級である。これらの階級が労働者階級と共産党の指導の下に団結し、自分たちの国家を構成し、帝国主義の手先すなわち地主階級と官僚ブルジョア階級およびこれらの階級を代表する国民党反動派とその共犯者に対して専政を行い、独裁を行い、これらの人々を抑圧して、彼らには神妙にすることだけを許し、勝手な言動に出ることを許さないのである。勝手な言動に出れば、直ちに取り締まり、制裁を加える。これに対し、人民の内部では民主制度を実施し、人民は言論、集会、結社等の自由権を有する。選挙権は人民にだけ与え、反動派には与えない」と論じていた(毛沢東・前掲「論人民民主専政」)。

憲法の文言上、基本的権利の享有主体は「公民」であるはずである。「公民」とは「中華人民共和国の国籍を有する者」を指し(第33条第1項)、それは外国人と対応する法律的概念である。

ところが、他方で、憲法は、人民民主主義独裁・人民主権を明記している。上述の毛沢東の論述にあるように、「人民」とは異なる歴史的時期において異なる内容を有し、それは「敵」と対応する政治的概念である。「敵」は「公民」には含まれるが、「人民」ではない。今なお、中国政府・共産党のレ

ベルでは、権利は階級性を有するとする見解がかなりの影響力を保持し続けている。また、現行刑法は、附加刑として、政治的権利の剝奪を設け、選挙権・被選挙権や国家機関の職務を担当する権利の他、言論・出版・集会・結社・行進・示威の自由をもその剝奪の対象としている（刑法第34条、第54条）。それによって、公民の基本的権利、とりわけ政治的権利は、理論的にも法的にも反体制派、すなわち「人民」の「敵」には認められないという結論が導かれる。その意味では、基本的権利の享有主体は「人民主権」の主体としての「人民」でなければならない。そして、現在、「人民」と「敵」を選別する基準となっているのが、上述した「四つの基本原則」の堅持なのである。

　こうした基本的権利の享有主体に内在する矛盾が、公民の基本的権利、とりわけ政治的権利の保障をきわめて不透明なものとしてきたのである。政治的概念としての「人民」の範囲の不明確性、範囲確定における解釈の恣意性が、「反右派闘争」や「文化大革命」期の「文字獄」と称される激しい言論弾圧に道を開いたことは確かである。

　本章Ⅲの冒頭で掲げた鄧小平の発言も、中国政府・共産党に対する政治的批判、あるいは政治的マイノリティの発言を容認しないことを再確認したものであるといえる。

2　中国的人権観

　いうまでもなく、「人権」は、「西側のブルジョア階級的文明、ブルジョア階級的民主主義」の核心とみなされ、当然に毛沢東の「破産」宣告の対象となった。実際に、中華人民共和国建国以降、中国政府・共産党は国際的場を除いて「人権」という語の使用を忌避し、憲法・法律用語においても「人権」ではなく「公民の基本的権利」という表現が一貫して使用されてきた。憲法教科書・憲法概説書のほとんどが、「人権」の「虚偽性」、「形式性」を批判し、「公民の基本的権利」の特徴として、「広範性」（人権の享有主体、内容・種類が広範であること）、「公平性」（搾取階級の消滅に伴い、人権の享有主体が平等であること）、「真実性」（憲法・法律の中で規定された権利と現実に享有される権利とが一致していること）の三点を紹介していた。

　このような中国政府・共産党および法学界の姿勢に微妙な変化が現れるの

は、1970年代後半になってからである。「文化大革命」における人権蹂躙に対する深刻な反省、および「改革開放」政策に伴う西欧思想の再流入等を誘因として、しばしば民主化運動が発生し、人権の確立や政治的民主化の実現が提起された。民主化運動自体は強権的に抑圧されたものの、中国政府・共産党は、民主活動家や民主派知識人から提起された人権・民主の要求、および民主化運動弾圧に対する西欧諸国や国際的な人権NGOの批判に対して、有効に反駁を加える必要に迫られた。この過程において、中国政府・共産党および法学界は、「人権」という語を再び使用しはじめるのである。

当初、中国政府・共産党および法学界は、「ブルジョア自由化」批判というあくまでも体制を防御・擁護する視点から「人権」という語を消極的かつ慎重に用いていたが、1989年の「天安門事件」で中国政府・共産党の人権政策に対する西欧諸国や国際的な人権NGOの批判の激しさがピークに達したのに伴い、これまでの姿勢をさらに軌道修正して、「人権」を自らのスローガンとして積極的に提示するようになった。そして、その理論的集大成ともいえるのが、本章のⅡで言及した「人権白書」であった。その中で、中国人民と政府は「人権を勝ち取ることを自らの目標」とし、「人権の十分な実現」は依然として中国人民と政府の「長期にわたる歴史的任務である」ことが明言された。

「人権」という語自体は公認されたものの、「人権白書」において描かれている「人権」の内容は、本章Ⅲの冒頭で紹介した鄧小平の「我々がいう人権」に理論武装を施したものであり、西欧的な人権観とは発想を異にする。その特徴としては以下の三点が挙げられる。

第一に、「人権問題には、国際性の一面があるにしても、主としてそれは一国の主権の範囲内の問題である」と述べ、人権に対する主権の優位を主張する。これにより、人権問題に対する国外からの批判を内政干渉であるとする。第二に、上述したように、「生存権」の最優先を提起し、さらに、「中国は発展権問題を重視」しているとも述べる。中国において、「生存権」や「発展権」の享有主体は個人ではなく集団であるとするのが憲法学界の多数説である。第三に、「中国共産党は社会主義中国の執政党であり、全中国の人民の利益の集中的代表である」と述べ、「共産党の指導」の堅持を強調す

る。中国人民が独立と解放を勝ち取ったのは「共産党の指導」のおかげであり、今後も「共産党の指導」を堅持して初めて「生存権」と「発展権」が十分に実現されるとする。

　それでも、中国政府・共産党が「人権」概念を公式に容認したことの意義は、決して小さくない。国外的には中国と西欧諸国との間に対話の道が開かれ、国内的にも正面から「人権」概念について学術的議論を可能にする基礎を創出したからである。

　中国政府は、1997年10月に『経済的、社会的及び文化的権利に関する国際規約（社会権規約）』に、1998年10月に『市民的及び政治的権利に関する国際規約（自由権規約）』にそれぞれ署名した（2001年2月に全国人民代表大会常務委員会は『社会権規約』の批准を決定）。また、2004年の憲法部分改正においては、「国家は、人権を尊重し保障する」という規定が新設された（第33条第3項）（「人権」入憲）。主権優位の原則は、今なお「中国的人権観」の不可譲の大原則であり、国際人権規約への署名もその域を脱するものではない。また、憲法における「人権」条項の新設も、中国政府・共産党が人権の「天賦性」、「前国家性」を承認したことまでは意味しない。それは、「人権」条項が、「第1章：総綱」ではなく、「第2章：公民の基本的権利および義務」の中に配置されたことからもうかがえる。このことは、中国政府・共産党が、「人権」と「公民の基本的権利」とを等号で結んでいるということ、さらにいえば、「人権」を「公民の基本的権利」の枠内に封じ込めようとしていることを示すものであるといえる。しかしながら、他方において、注意すべきは、国際人権規約への署名と憲法における「人権」条項の新設という二つの挙措が、様々な国内的要因および国際的要因の政治的妥協点でもあるということである。その意味で、今後、この二つの挙措が、いわば「トロイの木馬」として「中国的人権観」をどのように変容させていくのかが注目される。

IV　国家機構

　　　我々は、政治体制改革を推し進めなければならない。しかし、この改革では、西側のいわゆる民主、彼らの三権分立、彼らの資本主義制度を

そのまま引き写してはならない。社会主義的民主を実行しなければならない（鄧小平「改革歩子要加快（1987年6月12日）」『鄧小平文選』第3巻）。

第1節：全国人民代表大会（第57条～第78条）：全国人民代表大会は、最高国家権力機関であり、その常設機関が全国人民代表大会常務委員会である。国家の立法権を行使する他、憲法の改正、憲法の実施の監督、他の国家機関の選出および監督、国民経済・社会発展計画および国家予算の審査・承認等、幅広い権限を行使する。

第2節：中華人民共和国主席（第79条～第84条）：国家主席は、国家元首として国を代表する。その職権は形式的・儀礼的なもので、全国人民代表大会およびその常務委員会の決定に基づき、法律の公布、国務院総理等の任免、勲章の授与、宣戦の布告等を行う。

第3節：国務院（第85条～第92条）：国務院は、最高国家権力機関の執行機関であり、最高行政機関である。その職権は、きわめて広範で、行政法規の制定、全国的な行政活動の指導、国民経済・社会発展計画および国家予算の編成・執行、経済活動と都市・農村建設の指導、条約の締結等が憲法上列挙されている。

第4節：中央軍事委員会（第93条～第94条）：中央軍事委員会は、全国の武装力を指導する。憲法の条文はわずか2カ条だけで、シビリアンコントロールの点では不透明な点が多い。

第5節：地方各級人民代表大会および地方各級人民政府（第95条～第111条）：省、直轄市、県、市、市が管轄する区、郷、民族郷、鎮には、人民代表大会および人民政府が設けられている。

第6節：民族自治地方の自治機関（第112条～第122条）：民族区域自治の名の下に、民族自治地方（自治区、自治州、自治県）には、一定程度の「自治権」が与えられている。ただし、この「自治権」の行使主体は、あくまでも民族自治地方の人民代表大会および人民政府であり、少数民族の個々人ではない点に注意する必要がある。

第7節：人民法院および人民検察院（第123条～第135条）：人民法院は、国家の裁判機関として、人民検察院は、国家の法律監督機関としてそれぞれ位

置づけられている。裁判・検察の独立の問題は、人民代表大会制度との関係においても、「共産党の指導」との関係においても、きわめて微妙な問題をはらんでいる。

1　民主集中制の原則

　国家機構において、中国憲法の西欧諸国の憲法とは異なる顕著な特徴は、「民主集中制の原則」を採用している点にある。現行憲法は、第3条第1項において、「中華人民共和国の国家機構は、民主集中制の原則を実行する」と規定している。

　「民主集中制の原則」には、次の三つの内容が含まれる。第一に、人民と人民代表大会との関係である。中華人民共和国のすべての権力は、人民に属し（第2条第1項）、人民が国家権力を行使する機関は、全国人民代表大会および地方各級人民代表大会である（同第2項）。全国人民代表大会および地方各級人民代表大会は、すべて民主的な選挙により選出され、人民に対して責任を負い、人民の監督を受ける（第3条第2項）。第二に、人民代表大会とその他の国家機関との関係である。人民代表大会は、人民を代表して国家権力を行使する機関として、その他の国家機関、すなわち国家の行政機関（人民政府）、裁判機関（人民法院）、検察機関（人民検察院）を選出する。国家の行政機関、裁判機関、検察機関は、人民代表大会に対して責任を負い、その監督を受ける（同第3項）。第三に、国家機関内部の関係および中央と地方の関係である。中央と地方の国家機構の職権の区分は、中央の統一的な指導の下で、地方の自主性と積極性を十分に発揮させるという原則に従う（同第4項）。

　「民主集中制の原則」を採用しているため、中国では、憲法上、三権分立は否定される。すでにみたように、人民代表大会は、行政機関、裁判機関、検察機関を選出し、その活動を監督するという全権的な国家権力機関である。人民代表大会制度の下では、各機関相互間での業務の分業はありえても、西欧的な三権分立や「司法権の独立」を観念する余地はない。また、現行憲法は、裁判機関（人民法院）に違憲立法審査権を付与していない。現行憲法上、憲法実施の監督権限は全国人民代表大会およびその常務委員会に、憲法の解

釈権限は全国人民代表大会常務委員会にそれぞれ付与されている（第62条第2号、第67条第1号）。これもまた、「民主集中制の原則」からの当然の論理的帰結とされる。

また、「地方自治」も、憲法上、否定される。例えば、蘇州市人民政府を例にとれば、まず、蘇州市人民政府は、同級の人民代表大会である蘇州市人民代表大会の監督を受け（第104条）、それに対して責任を負い、かつ活動を報告しなければならない（第110条第1項）。加えて、地方国家行政機関として、中央の行政機関（最高国家行政機関）である国務院の統一的な指導を受け（第89条第4号、第110条第2項）、さらには、1級上の地方国家行政機関である江蘇省人民政府の指導を受け（第108条）、それに対して責任を負い、かつ活動を報告しなければならない（第110条第2項）。

2　二つの政治体制改革

現時点において、中国政府・共産党が大胆な政治体制改革に着手する兆しはみられない。本章Ⅳの冒頭で掲げた鄧小平の発言を踏襲した見解が、その後も政府・党指導者の発言や政府・党の文書の中で繰り返し提示されている。

他方において、「法としての憲法」を確立すること、すなわち、憲法を最高法規として（前文、第5条第3項、第4項）、真にその実効性を伴うものにするということは、多くの憲法学者にとって長年の悲願となっている。この点、「党政分離」の徹底、とりわけ「四つの基本原則」の堅持の超克が最大の課題となることはいうまでもない。しかしながら、彼らにとって、この点を議論することはきわめて大きなリスクを伴うのも事実である。

現在、憲法学者の提起する政治改革の方向性は、次の二つに大別される。

第一は、人民代表大会の地位の向上と権限の強化である。憲法上、全国人民代表大会は「最高国家権力機関」であり、人民代表大会およびその常務委員会は、すでにきわめて大きな権限を有している。しかしながら、実際には、これまで、人民代表大会は、憲法・法律に規定された権力・権限を十分に享有・行使することはなかった。人民代表大会は、共産党の決定を追認するだけの機関にすぎず、「ゴム印」、「三手（拍手、挙手、握手）」と揶揄されてきたのである（ちなみに、中国人民政治協商会議は「花瓶」）。人民代表大会の地

位の向上と権限の強化の試みとしては、『立法法』の制定（2003年3月）と『各級人民代表大会常務委員会監督法』の制定（2006年8月）が注目される。前者は、法律・行政法規・地方的法規等の立法権限、立法手続、解釈、および相互の抵触関係の処理等について規定し、後者は、人民代表大会による人民政府・人民法院・人民検察院（一府両院）の活動報告の聴取・審議、決算の審査・承認、国民経済・社会発展計画および予算の執行状況の聴取・審議、法律・法規の実施状況の検査、特定問題の調査等について具体的規定を設けている。

　第二は、憲法保障・憲法監督の充実である。上述したように、「民主集中制の原則」の下、憲法実施の監督権限と憲法の解釈権限は、全国人民代表大会およびその常務委員会に付与されている。しかしながら、1982年に現行憲法が制定されて以来、全国人民代表大会およびその常務委員会がこの権限を行使して公民の基本的権利の事後的救済を図った事例は一つもない。違憲審査制の導入を含む憲法保障・憲法監督の問題は、現行憲法の起草・制定当初から今日に至るまで、憲法学界において熱心に議論され、具体的な制度の構想をめぐっても多種多様な提案がなされてきた。現在、何らかの憲法監督機構を設置することが急務であるという一点においては、すでに憲法学者の間で共通認識が形成されているものの、その具体的内容については、現行の人民代表大会制度をどのように評価するかと直接に関連する問題であるだけに、その意見には分岐がみられる。憲法学界の学説は、全国人民代表大会あるいはその常務委員会の下に何らかの憲法監督委員会を設置する説、人民法院に違憲審査権を付与する説、専門の憲法法院を新設する説に三分されており、三つの学説は論者によってさらにそれぞれ細分化される。第二・第三の提案は、憲法改正を必然的に伴うため、中国政府・共産党によって採用される可能性はきわめて低く、憲法改正を伴わない第一の提案を今後中国政府・共産党が採用するかどうかが注目される。『各級人民代表大会常務委員会監督法』の制定の際にも、憲法監督委員会の設置は議論されたものの、結局それが見送られたということは、この問題が中国政府・共産党にとってきわめて「敏感」な問題であることを示している。

　以上のような政治改革の二つの方向性は、憲法学の世界でいういわゆる

「立憲主義か民主主義か」という問題である。中国においても、今後、立憲主義（人民法院）と民主主義（人民代表大会）との緊張関係が現出する可能性は指摘しうる。しかしながら、現時点において、国家権力を凌駕する「もう一つの権力」があるという状況をふまえれば、より望ましい選択は「立憲主義か民主主義か」という二者択一ではなく、「立憲主義も民主主義も」という選択、すなわち何とか両者の接合を図り「もう一つの権力」と対峙していくことなのかもしれない。

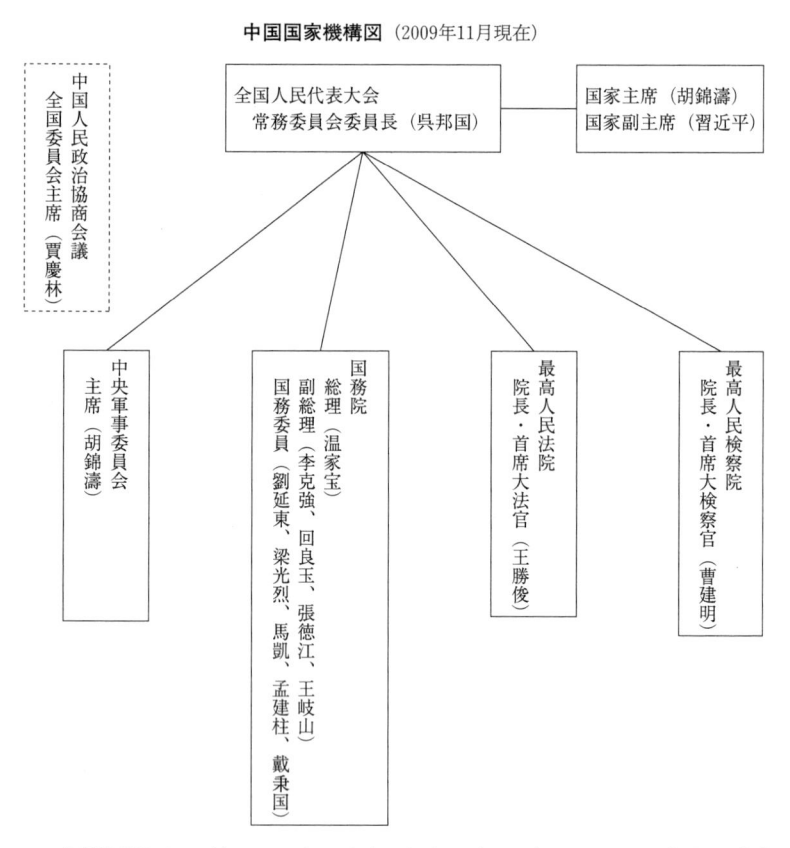

中国国家機構図（2009年11月現在）

```
中国人民政治協商会議
全国委員会主席（賈慶林）

全国人民代表大会
常務委員会委員長（呉邦国）　　　国家主席（胡錦濤）
　　　　　　　　　　　　　　　　国家副主席（習近平）

中央軍事委員会　　国務院　　　　　　最高人民法院　　最高人民検察院
主席（胡錦濤）　　総理（温家宝）　　院長・首席大法官　院長・首席大検察官
　　　　　　　　　副総理（李克強、　（王勝俊）　　　（曹建明）
　　　　　　　　　回良玉、張徳江、
　　　　　　　　　王岐山）
　　　　　　　　　国務委員（劉延東、
　　　　　　　　　梁光烈、馬凱、
　　　　　　　　　孟建柱、戴秉国）
```

＊外務省HP　http://www.mofa.go.jp/mofaj/area/china/kokka.html に基づいて作成。

中国共産党組織機構図 (2009年11月現在)

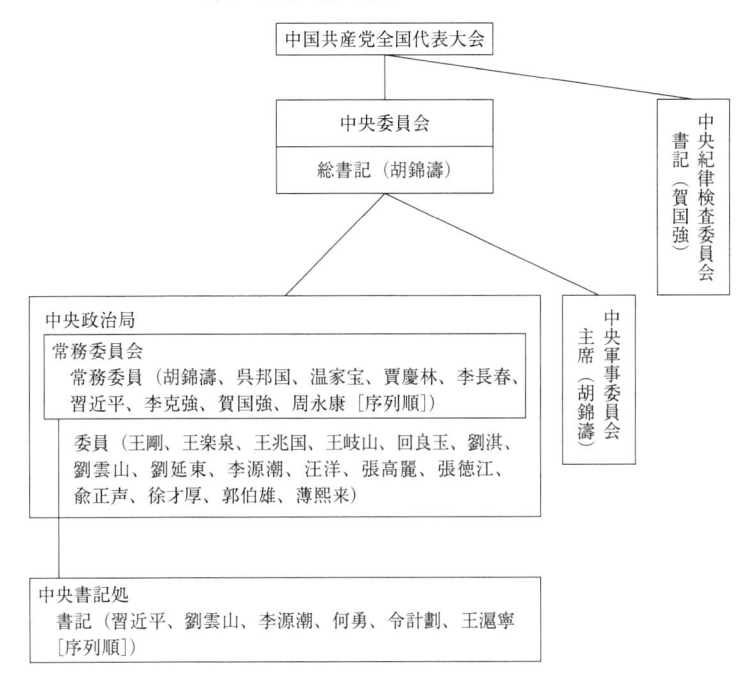

```
                    中国共産党全国代表大会
                           │
                    ┌──────┴──────┐
                    │             │
                 中央委員会      中央紀律検査委員会
              総書記（胡錦濤）    書記（賀国強）
                    │
     ┌──────────────┼──────────────┐
     │                             │
  中央政治局                   中央軍事委員会
    常務委員会                   主席（胡錦濤）
      常務委員（胡錦濤、呉邦国、温家宝、賈慶林、李長春、
      習近平、李克強、賀国強、周永康［序列順］）

      委員（王剛、王楽泉、王兆国、王岐山、回良玉、劉淇、
      劉雲山、劉延東、李源潮、汪洋、張高麗、張徳江、
      兪正声、徐才厚、郭伯雄、薄熙来）

  中央書記処
    書記（習近平、劉雲山、李源潮、何勇、令計劃、王滬寧
    ［序列順］）
```

＊外務省 HP　http://www.mofa.go.jp/mofaj/area/china/kyosanto.html に基づいて作成。

参考文献

（日本語文献）

アジア法学会（編）『アジア法研究の新たな地平』成文堂、2006年。

石塚迅『中国における言論の自由―その法思想、法理論および法制度―』明石書店、2004年（＊）。

加茂具樹『現代中国政治と人民代表大会―人代の機能改革と「領導・被領導」関係の変化―』慶應義塾大学出版会、2006年。

胡錦光、韓大元『中国憲法の理論と実際』成文堂、1996年。

胡平（著）／石塚迅（訳）『言論の自由と中国の民主』現代人文社、2009年。

木間正道、鈴木賢、高見澤磨、宇田川幸則『現代中国法入門（第5版）』有斐閣、

2009年。
初宿正典、辻村みよ子（編）『新解説世界憲法集』三省堂、2006年（＊）。
田畑光永『鄧小平の遺産―離心・流動の中国―』岩波書店、1995年。
土屋英雄（編著）『現代中国の人権―研究と資料―』信山社、1996年。
土屋英雄（編著）／季衛東、王雲海、王晨、林来梵『中国の人権と法―歴史、現在そして展望―』明石書店、1998年（＊）。
土屋英雄『現代中国の憲法集―解説と全訳、関係法令一覧、年表―』尚学社、2005年（＊）。
角田猛之（編）『中国の人権と市場をめぐる諸問題』関西大学出版部、2010年3月刊行予定。
董成美（編著）／西村幸次郎（監訳）『中国憲法概論』成文堂、1984年。
西村幸次郎『中国憲法の基本問題』成文堂、1989年。
西村幸次郎（編）『現代中国法講義（第3版）』法律文化社、2008年。
西村幸次郎（編）『グローバル化のなかの現代中国法（第2版）』成文堂、2009年。

石塚迅「中国からみた国際秩序と正義―「中国的人権観」の15年―」思想（岩波書店）2007年第1号（第993号）。
石塚迅「現代中国の立憲主義と民主主義―人民代表大会の権限強化か違憲審査制の導入か―」近きに在りて第54号、2008年11月。

（＊）中華人民共和国憲法（『1982年憲法』）の日本語訳が収録されている。ただし、（石塚：2004）は2004年の憲法部分改正を、（土屋：1998）は1999年および2004年の憲法部分改正を未収録。

（外国語（中国語）文献）
魏定仁主編『憲法学（第2版）附憲法学自学考試大綱』北京大学出版社、1994年。
許崇徳『中華人民共和国憲法史(上)(下)』福建人民出版社、2005年。
許崇徳主編、胡錦光副主編『憲法（第4版）』中国人民大学出版社、2009年。
胡錦光、韓大元『当代人権保障制度』中国政法大学出版社、1993年。
胡錦光、韓大元『中国憲法』法律出版社、2004年。
呉家麟主編『憲法学（1992年修訂本）』群衆出版社、1992年。
蔡定剣『中国人民代表大会制度（第4版）』法律出版社、2003年。

周永坤『憲政与権力』山東人民出版社、2008年。
杜鋼建『基本人権論―論中国大陸之人権―』洪葉文化、1997年。
董和平、韓大元、李樹忠『憲法学』法律出版社、2000年。
李忠『憲法監督論（第 2 版)』社会科学文献出版社、2002年。

『鄧小平文選』（第 2 巻）人民出版社、1983年。
『鄧小平文選』（第 3 巻）人民出版社、1993年。
『毛沢東選集』（第 4 巻）人民出版社、1966年。

第2編
東南アジア編

第4章
東南アジア編　総論

稲　正樹

はじめに

　東南アジア憲法に関しては、①近時、民主化と立憲主義の進展において注目すべきフィリピン、タイ、インドネシアの3カ国、②社会主義憲法の伝統を堅持しながらも新たな方向を模索中のベトナムとラオスの2カ国、③国際社会に先導される形で憲法制定を経験したカンボジアと東ティモールの2カ国、④議会制憲法を制定しながらも頻繁な憲法改正によって立憲主義と法の支配から後退したマレーシアとシンガポールの2カ国、⑤外見的立憲主義の段階にとどまっているミャンマーとブルネイの2カ国といった、多様性を観察することができる。本章では以下に、各国の憲法史と人権保障・統治機構を概要してみる。

I　フィリピン

　フィリピンは1890年代の独立革命運動の進展の中で、1898年6月12日に独立宣言を発して、1899年1月21日にフィリピン共和国憲法（マロロス憲法）を公布した。マロロス憲法は権利章典と議会制を定めたアジアにおいて最初

の民主的な憲法であった。しかし1899年2月には比米戦争が開始され1901年4月に独立国家は押しつぶされて、マロロス憲法は実効性をもたなかった。

　アメリカ植民地時代になってもフィリピンは独立を求めて闘い、1934年7月には憲法制定会議を設置して、1935年2月には憲法草案を同会議で承認して5月14日の国民投票で承認した。1935年憲法はアメリカ憲法をモデルにして権利章典と厳格な三権分立制を規定し、10年後の独立を予定して1935年以降自治共和国の基本法となった。日本の占領を経たのち、1946年7月4日に独立してフィリピン第3共和国が誕生した。1935年憲法は独立後も機能した。

　マルコス政権下の1960年代後半になると1935年憲法に対する改正要求が強まり、1971年には憲法制定会議が開会された。1972年9月の戒厳令布告後の同年11月29日に新憲法草案が採択され、市民集会による承認を経て、1973年1月17日に1973年憲法が発効した。1973年憲法は議院内閣制と儀礼的権限をもつ大統領を規定していたが、憲法に基づく統治システムは戒厳令下において機能できず、頻繁な憲法改正によって強大な大統領権限を認めるものに変わっていった。1981年1月の戒厳令の解除の後、1981年4月7日の憲法改正によって1973年憲法は大統領内閣制に変容し、同年6月30日には第4共和国の成立が宣言された。

　これに対して、1983年のベニグノ・アキノの暗殺後の混迷の中で、1986年2月の大統領選挙を契機にした人民の力による革命によってマルコス独裁体制は打倒された。アキノ革命政府は同年3月に大統領布告3号によって暫定憲法（自由憲法）を制定し、同年4月の大統領布告9号によって憲法制定委員会を設置して、10月15日には憲法草案を確定した。1987年2月2日には国民投票において圧倒的多数の賛成を得て、新憲法が制定された。

　1987年憲法は、①政治体制の民主化と②社会改革の実現という2つの課題の達成を目的とした。①に関しては、大統領任期の1期6年の制限、大統領の配偶者・親族の官職就任の制限、戒厳令は憲法の適用を停止しない旨の規定、政治的王朝化の禁止、汚職腐敗の禁止、大統領・最高裁長官等を含む政府高官の弾劾制度の整備、オンブズマンの設置などを規定した。裁判所についても独立性の保障と権限の強化が図られ、最高裁は戒厳令下の人身保護令状の発給停止に関する審査権を認められるようになった。参政権に関しては、

登録有権者総数の10％で各選挙区有権者の3％以上の請願がある場合に、国民発案・国民投票制度の確立を国会に命じている。

②に関しては、第2条「諸原理と国家政策の宣言」で革命理念の憲法化を図った。すなわち、人民主権、戦争放棄、文民支配、政府及び国民の責任、政治目標、政教分離を諸原理とし、対外政策の基調、核兵器からの自由、生活配慮、社会正義、人間の尊厳、家族生活の尊重、青少年の重要性、女性の地位、健康権、生態環境権、文化国家の構想、労働政策、国家経済の基本原理、自由主義経済の基本線、農地改革、文化の多様性、非政府組織等の奨励、情報・伝達、地方自治、公務の公正、汚職腐敗の禁止、情報公開を国家政策として掲げた。第13条「社会正義及び人権」もまた、労働、農地改革と資源改革、都市部土地改革及び住宅計画、健康、女性、市民組織の権利と役割を規定して、社会改革の道筋を示すとともに、人権委員会の創設を定めた。人権委員会は人権の保護と伸張に関して大きな役割を果たしている。フィリピン人権委員会はタイ、インドネシア、マレーシアの人権委員会と協力して、アセアン憲章における人権メカニズムの設置の合意にも貢献した。第12条「国民経済及び国民財産」では国民経済における国の役割、土地及び天然資源の国有、フィリピン市民の投資優先、独占の禁止、外国からの借入の公開等、経済ナショナリズムを再確認している。第14条「教育・科学技術・芸術・文化・体育」、第15条「家族」もこれらの分野における国の施策義務を規定している。

第3条で自由権の保障として「権利章典」を掲げており、権利章典に反する法令は最高裁の違憲審査権の対象となる。

統治機構は厳格な三権分立制を採用している。国会は二院制である。上院は全国区で選挙される24名の議員で構成され、その資格は35歳以上、識字能力を有し、選挙前2年以上国内に居住する出生によるフィリピン市民であって、任期は6年で連続2期を越えて在職できない。下院は250名以下の各選挙区で選挙される議員と政党名簿方式で選挙される議員で構成され、その資格は25歳以上の出生によるフィリピン市民であって、選挙区議員の場合は、その選挙区の有権者であり、選挙前1年以上その選挙区に居住していることである。任期は3年で連続3期を越えて在職できない。解散制度はない。

行政権は大統領に属する。選出資格は出生による市民で選挙権を有し、識字能力があり、40歳以上であって、選挙前に少なくとも10年以上国内に居住する者である。国民によって直接選挙される。マルコス時代の経験に鑑みて、大統領権限には憲法上様々な制限が課されている。最近では、大統領弾劾裁判の円滑な遂行によってではなく、民衆の辞任要求運動に呼応した軍幹部の支持撤回によってエストラーダ政権が崩壊したという経験を経て、政策パフォーマンスの向上と政治的安定の確保を論拠とした、議院内閣制の導入論が高まっている。

司法権は、最高裁判所及び法律に基づいて設置される下級裁判所に属する。具体的な裁判所の管轄権は国会の定める法律で規定されるが、最高裁の管轄権を奪うことはできず裁判官の身分保障を害することはできない。司法審査は最高裁大法廷で行われ出席者の過半数の一致で判決を出すことができる。司法権は「法的に要求され執行可能な諸権利を含む現実の争訟を解決し、政府機関・部門の権限の欠如・踰越をもたらす重大な裁量の誤りの存否を判断する裁判所の義務を含む」ことになり、政治問題の法理に訴えることが困難になった。財政自律権の保障、違憲審査権の対象範囲の拡大、最高裁裁判官の欠員補充を90日以内に行うこと、違憲審査の要件緩和（裁判官の過半数の合意で判決が可能）、裁判官の任命方法の変更（新設の法曹協議会が作成する名簿に基づいて大統領が任命）が注目される。民主化後の最高裁は、経済分野において規制緩和や民営化に対抗して司法積極主義的傾向の司法審査を行っている。

1987年憲法は、憲法上の委員会として、公務員委員会、選挙管理委員会、会計検査委員会を規定している。地方自治についても独立した規定をおき、地方分権を規定する新しい地方政府法の制定を国会に求めている（1991年に地方政府法が制定された）。

憲法改正手続には三つの方法がある。第1は、国会の総議員の4分の3以上の賛成投票による発議によって憲法改正案を確定し、国民投票の過半数の承認を得る。第2は、国会の総議員の3分の2以上の賛成投票によって、又はその過半数の賛成投票に基づいて選挙民に対して憲法制定会議の招集を問うことによって、憲法制定会議を設置する。憲法制定会議において憲法改正

案を発議して確定し、国民投票の過半数の承認を得る。第3は、登録された有権者総数の12％以上の請願による国民発案で、直接憲法改正を発議できる。その場合には、下院選挙区ごとに登録有権者の3％以上の選挙権者が含まれていなければならず、国民投票の過半数の承認を得る。憲法改正を第1の方式（Con-Ass）で行うのか、それとも第2の方式（Con-Con）で行うのかをめぐって下院と上院の間に対立点があり、大統領再選禁止の見直し、経済ナショナリズム規定の見直し、連邦制への移行などの論点も伴った憲法改正の行方は未だ明確でない。

　フィリピン憲法は今後制度改革を経験するかもしれないが、政治体制の民主化と社会改革の実現という1987年憲法の確定した基本線が揺るぐことはないと思われる。

II　タイ

　タイは1932年の立憲革命以来多くの憲法を制定してきた。2006年9月19日の軍事クーデタで1997年憲法を廃止し、暫定憲法の制定を経て、2007年8月19日には新憲法案の国民投票を行い、同月24日に新憲法を公布した。2007年憲法は18番目の憲法である。

　タイでは1992年5月の流血事件を契機にして軍の政治支配の後退が決定的となり、民主化の進展と議会政治の安定化・効率化を目指した「政治改革」が唱えられ、選挙制度、議会制、政党制といった狭義の政治制度だけでなく、司法審査、人権保障、地方分権、国民の政治参加などの制度改革が行われて、その結実として1997年憲法が制定された。しかながら効率的で強い政府の確立を課題にした1997年憲法は、タイラックタイ党（タイ愛国党）のタックシン政権を誕生させ、同政権に対する反対運動の勃発はタイ政治の深い混迷をもたらした。従って、2007年憲法は、1997年憲法の制度設計を維持しながらも同憲法が内包していた問題点を修正するという観点から、反タックシン派の意向に沿う形で作成・制定された。

　2007年12月の総選挙で勝利したタイラックタイ党の後継の国民の力党のサマック連立政権は憲法改正を主張したが、反政府団体による直接行動に直面

して憲法改正の主張を棚上げした。2008年12月2日の憲法裁判所の連立与党に対する解党命令、後継ソムチャイ首相の失職と反タックシン派の民主党アビシット政権の成立によって、2007年憲法に対する改正論は現在一応沈静化している。

　2007年憲法の第1章「総則」は、国会、内閣、裁判所並びに憲法に基づく機関及び国家機関の権限行使は法の支配の下で行われなければならないと規定した点を除けば、1997年憲法からの変更点はない。タイは一体かつ不可分の王国であり、国王を元首とする民主主義政体をとる。主権はタイ国民に属する。元首である国王は、この憲法の規定に従い、国会、内閣、裁判所を通して統治権を行使する。憲法の最高法規性、憲法の欠缺の場合には国王を元首とする民主主義政体の慣行に従って判断するという基本原理は、従来の憲法と同様である。

　第3章「タイ国民の権利と自由」は人権保障の基本原則を以下のように定めた。すべての国家機関の権限行使は、人間の尊厳及び人の権利自由を尊重しなければならない。憲法が明示的黙示的に又は憲法裁判所の判決によって保障する権利自由は、保護を受け並びに法律の制定、適用及び解釈において国会、内閣、裁判所及び他の国家機関を直接に拘束する。人は他者の権利自由を侵害せず、憲法に違反せず又は公序良俗に反しない限りにおいて、人間の尊厳を主張し、権利自由を行使できる。権利自由を侵害された者は、裁判上の権利行使又は裁判所における抗弁として憲法規定に訴えることができる。憲法が保障する権利自由の制限は憲法が定めるところのために限定され、かつ必要不可欠の法律の規定に基づく権限による場合を除き、これを行うことはできない。

　個別人権としては、平等、個人の権利と自由、司法手続における権利、財産権、職業の権利と自由、個人の言論の自由とマスメディア、教育の権利と自由、国から公衆衛生サービス及び福祉を受ける権利、情報と請願の権利、集会・結社の自由、共同体の権利、憲法擁護の権利を保障している。

　第5章「国の基本政策指針」では、内閣の施政方針演説における国家行政の施策の実施に関する説明義務、国会に対する施策の成果報告義務、内閣の国家行政計画の策定義務、国家行政の政策及び計画の実施に必要な法制化計

画の作成義務を定め、その後に、国家安全保障、国政の運営、宗教・社会・公衆衛生・教育・文化、法律制定及び司法行政、外交、経済、国土・天然資源・環境、科学・知的財産・エネルギー、国民参加の政策指針を規定している。ここでは、プミポン国王がかねてから提唱している「充足経済」の原則を取り入れ、「国は充足経済原理の遂行を促進し支援しなければならない」ことが規定された。

　国会は二院制である。下院議員の定数は480名、上院議員の定数は150名、下院議員の任期は4年で被選挙権は25歳、上院議員の任期は6年で被選挙権は40歳である。下院議員は原則3名の選挙区（400名）と政党拘束名簿式比例代表制（80名）から選挙される。下院議員は政党所属義務がある。下院議員と閣僚の兼職を禁止していた1997年憲法の規定は撤廃され、下院の選挙制度も小選挙区制から中選挙区制に変更され、比例代表制は全国区が8地区制となった。また4年の下院の期間中は下院議員である党員を有する政党は統合できないことになった。いずれも安定政権や強力な指導者の阻止を目的とするものである。

　上院議員の構成もすべて公選議員としていた1997年憲法から、公選議員と任命議員になった。公選議員は県を単位とする選挙区から1名が選出される。1997年憲法では上院に初めて公選制を導入するにあたって、資格要件等を厳格にすることで上院の政党政治化を回避しようとした。上院議員の資格要件として兼業禁止とともに、選挙までの5年間に政党の党員・役員でなかったことが立候補要件に加えられた。上院議員は2期連続して務めることができないと規定して、上院議員が地元利益にとらわれずに国全体の利益を考慮することを期待した。これらの規定は2007年憲法も踏襲した。

　第7章「国民の直接政治参加」は、有権者1万人以上の署名によって作成した法律案を審議するように国会議長に請願する権利と、内閣の付託又は国民投票の実施法がある場合の国民投票を規定している。

　内閣は首相と35名以下の国務大臣によって構成される。内閣の職務遂行にあたって連帯責任原則が明記され、首相は下院議員でなければならないこと、首相は連続して8年を超えて在任することはできないことが規定された。下院議員は下院議員総数の5分の1以上の連名で、首相不信任決議のための一

般討議の開催を要請する動議の提出権を有する。その場合には後継首相の就任者も推薦しなければならない。同決議は現有下院議員総数の過半数の賛成で承認される。

　第10章「裁判所」は総則、憲法裁判所、司法裁判所、行政裁判所、軍事裁判所から構成されている。憲法裁判所と行政裁判所は1997年憲法で新たに設置された。裁判官の憲法及び法律に基づく訴訟の審理と判決にあたっての独立性は保障されている。裁判官の任命・解任は国王によって行われる。裁判官の異動は一定の場合を除いて本人の同意を必要とする。憲法裁判所は9名の常任の裁判官で構成され、任期は9年で再任が認められない。憲法裁判所の権限は、①具体的違憲審査、②法律案等の抽象的事前審査、③緊急勅令の違憲審査、④オンブズマンの付託する法律規定の違憲審査、⑤議事規則案の違憲審査、⑥保留法律案と同一又は類似の原則を有する法律案であるかの審査、⑦財政法案に関する議員の動議の審査、⑧憲法諸機関間の職務権限問題の裁定、⑨国会議員・大臣の資格要件等の喪失を理由とする地位終了の審査、⑩選挙委員の地位終了の審査、⑪政党に対する、国王を元首とする民主主義政体を打倒し又は憲法に定める手続によらない方法で国の統治権力を得るために権利自由を行使する行為の停止命令、⑫政党の決議・規則の違憲審査、⑬党員除名を内容とする政党決議の違憲性確認、⑭政党法上の政党解散命令、⑮憲法の保障する権利自由を侵害された者の提訴による法律規定の違憲審査である。

　司法裁判所は、憲法又は法律に別段の定めのある場合を除いて、初審裁判所、控訴裁判所及び最高司法裁判所の三審制とされている。司法裁判所の裁判官の任命及び解任は司法裁判所司法委員会の承認を得て国王に上奏される。行政裁判所はフランス法をモデルとし最高行政裁判所と第一審行政裁判所の二審制である。

　第11章「憲法に基づく機関」では、選挙委員会、オンブズマン、国家汚職防止取締委員会、国家会計検査委員会、国家人権委員会、国家経済社会諮問会議を規定している。第12章「国家権力行使の検査」は、政治家・公務員らの汚職、不正行為の防止のために①資産公開制度、②弾劾制度、③政治職在任者刑事手続からなる精緻なメカニズムを規定している。

第14章「地方行政」は、地方住民の意思に基づく自治の原則に従った地方政府機関への自治の付与、地方政府機関に対する指揮監督のあり方、地方分権法・地方財政法の制定、地方議会議員の選挙による選出、地方自治体執行部及び首長の住民の直接選挙又は地方議会の同意による選出、地方住民の地方議会議員・首長の解職投票権、地方住民の条例制定の請願権、地方住民の地方政府行政への参加権を規定している。第15章「憲法改正」は内閣、下院議員の総数の5分の1以上、国会議員総数の5分の1以上、有権者5万人以上のいずれかによって憲法改正が発議され、3読会を経て両院議員総数の過半数で可決されることを規定している。
　2007年憲法が今後とも維持されていくかは未知数であるが、上記のような憲法の基本構造が民主化以前のものに後退することはありえないであろう。

III　インドネシア

　インドネシアは独立後に、インドネシア共和国憲法（1945年）、インドネシア連邦共和国憲法（1949年）、インドネシア共和国暫定憲法（1950年）を制定しており、1959年にインドネシア共和国憲法を再公布した。1966年から32年間続いたスハルト体制が1998年に倒れてから現在までに、現行の1945年憲法は4回改正されている。
　インドネシアはオランダ領東インド植民地時代とアジア太平洋戦争中の日本軍の占領を経て、1945年8月17日に独立を宣言し、8月18日にはインドネシア共和国憲法を公布した。独立宣言後対オランダとの独立戦争を経て、1949年10月29日に全インドネシア会議に参加していた連邦構成地域代表は合意憲章に署名して、インドネシア連邦共和国憲法を承認し、同憲法は1949年12月27日に発効した。インドネシア連邦共和国は1950年にはインドネシア共和国となったが、1949年憲法の改正という形で1950年8月17日にインドネシア共和国暫定憲法が施行された。1949年から1959年までは議会制民主主義が試みられた。しかし、スカルノ大統領は政治的混乱の原因は1950年憲法にあるとして、1959年7月5日に、制憲議会の解散と1945年憲法の再公布を内容とする大統領府布告を告示した。1959年以後スカルノは選挙によって選ばれ

た国民代表議会の解散、全議員を大統領任命議員とする国民代表議会の招集、政党統合などの権威主義的政策を実施した。1965年に陸軍とインドネシア共産党の対立から生じた9月30日事件を機に、スハルト大統領に政権が移った。しかしアジア通貨危機を契機にして1998年5月21日にスハルトは辞任し、その後現在まで4人の大統領（ハビビ、ワヒド、メガワティ、ユドヨノ）が政権についている。

インドネシアの場合には、フィリピンやタイのように民主化を進めるために新憲法を制定するという道をとらず、建国理念を実定憲法化した1945年憲法を廃棄せずにその実質部分を改正するという方法で改革を進めている。4回の憲法改正の結果、三権分立制が採用されるようになった。

5年に1回招集され、憲法制定・改正権及び国策大綱を定め、大統領・副大統領を任免する国民協議会が設置されている。国民協議会はかつては人民の有する主権を完全に行使する機関とされていたが、憲法改正によって「主権は人民にあり、憲法に基づき行使される」と規定されて、国権の最高機関の地位を失った。また国民協議会は国民代表議会及び地方代表議会の議員によって構成されることになり、代議制機関として純化した。国民協議会は2000年以降毎年開会されるようになっている。

大統領は「憲法に基づく統治権を有する」者である。大統領権限は憲法改正によって縮小され、議会の力が相対的に強化されている。憲法改正前には、大統領は国民代表議会の同意を得て法律を制定する権限を有していたが、単に法案提出権を有するだけになり、議会の停止・解散ができないことが明記され、一定内容の条約の締結には国会の承認を必要とすることになった。任期は5年であり、再選回数も2回までに制限された。大統領は国民の直接選挙によって選出されることになった。大統領罷免規定も整備され、国民代表議会の罷免提案が新設の憲法裁判所において認められた後に国民協議会の審議にかけられる。大統領は国務大臣の補佐を受け大臣を任命・罷免する。大臣は統治における特定事項を担当する。

「地方の統治」の章も全面的に改正され、地方自治に関する規定が拡充された。州・県・市という地方政府が明記され、地方自治の原則、選挙により選出される議員で構成される地方議会、首長公選制、地方政府の自治、地方

政府の条例制定権が規定された。中央・地方間、自治体間の関係について地域の特殊性と多様性に留意して法律で定めることも規定された。

　国民代表議会（以下、国会という）に関しては、国会議員は選挙により選出することが明文化された。国会が法律制定権を有し、法案は国会と大統領の合意を得るために審議され、国会が可決した法律を大統領が採可しない場合には30日後に自動的に法律となる。国会が、立法・予算制定・監督の各機能を有すること、大統領に対する説明請求権・調査権・意見表明権を有すること、国会議員が質問権・提案及び意見表明権・免責特権を有することも規定された。国民代表議会の他に「地方代表議会」が設置され、インドネシアは二院制を採用することになった。地方代表議会議員は総選挙により各州より選出される。地方代表議員は地方自治、中央地方関係、地方自治体の設置・変更、天然資源の管理、財源の配分に関する立法について法案提出権と審議権を有し、予算、租税、教育、宗教に関する法案に意見提出権を有する。

　議会及び正副大統領の選挙に関する規定も定められ、直接、普通、自由、秘密及び公正な選挙の原則、総選挙への参加は政党であることが規定された。

　司法権は法と正義の実現のために裁判を行う独立した権力であること、裁判系列としては、通常、行政、軍事、宗教の各裁判系列とすること、憲法裁判所の設置が定められた。最高裁判所法上の規定（最高裁判所の職務、裁判官・長官の任命）が憲法規定に格上げされ、最高裁判所裁判官の任命を提案し裁判官の監督を行う独立した機関として司法委員会が、違憲審査、機関訴訟、政党解散請求、選挙紛争、大統領罷免請求を管轄する憲法裁判所の権限と構成等が規定された。司法委員会は2005年に設立され、憲法裁判所は2003年に設置された。憲法裁判所は憲法改正によって導入された法治国家原則を活用して、違憲審査機関として活発に活動している。しかし裁判官の腐敗は依然として解決されていない問題であり、「裁判所改革」をどのように進めていくのかという課題がある（国家人権委員会やオンブズマンが制度化された理由の一つもここにある）。

　「基本的人権」の章が追加され、生存権、家族形成・婚姻権、子どもの発育権、教育・科学技術・芸術文化の利益を享受する権利、個人の発展の権利、法の下の平等、労働権、統治における平等な取扱、国籍を有する権利、信教

の自由、教育・職業・国籍選択の自由、移動の自由、思想・良心の自由、集会・結社・表現の自由、情報権、自己・家族・名誉・尊厳及び財産の保護を求める権利、虐待を受けない権利及び政治的庇護権、生存権・保健サービスを受ける権利、同一の機会・利益を受けるために特別の便宜を得る権利、社会保障の権利、所有権の恣意的剥奪の禁止、いかなる場合にも侵害されない基本権、差別的取扱からの保護、伝統的共同体の権利、政府の人権保護義務、人権保障立法、他者の人権尊重義務、法律による権利の制限が規定されるようになった。

インドネシアは大統領専制支配のスハルト体制から完全に脱却し、三権分立に基づく法治国家の確立の道へと着実な歩みを進めている。

Ⅳ　ベトナム

植民地支配から独立したベトナムの最初の憲法は、1946年11月9日に採択された1946年憲法である。1946年憲法はホー・チ・ミンらの革命勢力にとっては妥協的なものであった。国会は1959年12月31日に改正憲法を採択し、1960年1月1日に公布した。ベトナムではこの憲法を1959年憲法と呼んでいる。1959年憲法は社会主義への過渡期の憲法という性格をもっていた。1976年にベトナム社会主義共和国が成立し南北統一が実現する中で1980年12月18日に憲法が採択された。1980年憲法は南北全土における急速な社会主義化を志向した。

1986年12月の共産党第6回大会は、市場経済の導入と対外開放政策を柱とするドイモイ路線に着手した。1989年6月に国会は憲法改正委員会を設置し、1992年4月15日に改正憲法を採択して、4月18日に1992年ベトナム社会主義共和国憲法として公布・施行した。これが現行憲法である。1992年憲法は保守派、改革派、急進改革派の対抗関係の中で、保守派と改革派の妥協の産物として制定された。その後の急速な社会的・経済的変化に対応すべく、2001年12月25日の国会決議に従ってかなりの部分が改正された。

1992年憲法は第1章「政治制度」で、ベトナムが「人民の、人民による、人民のための社会主義的法治国家」であり、すべての国家権力は「労働者階

級と農民階級、知識人階層の連盟」を基盤とする人民に属し、「国家権力は統一されたものであり、立法、行政及び司法の各権を執行する国家機関の間で分業および配合される」と規定した。旧憲法の「勤労人民の集団主人権」に代えて、「人民があらゆる面で主人となる権利」、「豊かな民、強い国、公平で民主的で文化的な社会」を国家目標として掲げた。他方で、ベトナム共産党が「国家と社会を指導する勢力」であり、国会と人民評議会をはじめすべての国家機関が民主集中制を組織・活動原則とし、社会主義的適法性を強化することを維持している。

　第2章「経済制度」では、国家が内在的な力の発揮と「国際経済への主導的な参入」を基礎にして、独立・自主の経済を建設し、工業化・近代化を実現し、「社会主義を志向した市場経済」を発展させること。多セクター経済構造は「全人民所有、集団所有、個人所有の体制に依拠している」ことを規定した。外国の組織及び個人のベトナムへの投資の奨励、所有権の保護、外国資本企業の国有化の禁止、海外在住ベトナム人の投資の奨励が規定された。

　「ベトナム社会主義共和国において、政治的、市民的、経済的、文化的、社会的な分野における人権は尊重される。それらの人権は市民の権利の中に具体化され、憲法及び法律によって定める」。現行憲法はこのようにはじめて「人権」概念を採用したが、自然権本質をもつ人一般の権利ではなくて、前国家的な人権の存在を否定し、法律によって制限される「市民の基本権及び義務」として位置づけた。「権利と義務の不可分性」も強調されている。他方で、2003年～2005年にバイクの規制を試みた当局が、憲法上の財産権に反するという市民層の主張の前に規制法令と行政規制の撤回を余儀なくされており、「バイク立憲主義」の出現が指摘されている。

　ベトナムには一院制の国会がある。国会は人民の最高代表機関であり、かつベトナム社会主義共和国の最高国家権力機関であり、唯一の憲法制定権及び立法権をもつ。国会には、国家のすべての活動に対する最高監督権が付与されている。国会議員は直接選挙によって選出される。国会議員の任期は5年であり、通常年2回招集される。国会議員には専従議員と非専従議員の区別があり（定数500名以下の中で専従議員の数は約25％）、立候補に関しては国会常務委員会やベトナム祖国戦線による事実上の「審査」が指摘されている。

国会に対する法案提出権は、国家主席、国会常務委員会、民族評議会、国会の各委員会、政府、最高人民裁判所、最高人民検察院、ベトナム祖国戦線、祖国戦線を構成する各組織が有する。国会には、国会議員長、各国家副議長、各委員から構成される国会常務委員会が設置されており、その成員は同時に政府の成員であることはできない。国会常務委員会の権限の一つに、憲法、法律及び法令の解釈権があるが、他方国会の権限の一つにも、憲法・法律・国会決議の遵守についての最高監察権の行使がある。「憲法は国家の最高法であり最高の法的効力を有する。その他のあらゆる法規範文書は憲法に適合しなければならない」という憲法の最高法規性を実現するために、国会常務委員会がどのように憲法、法律及び法令の解釈を行っていくのかは明確でない。

　国家主席は国家元首であり、ベトナム社会主義国を国内外において代表する。国家主席は国会議員の中から国会によって選出され、国会に対して責任を負い、国会に対して報告義務を負う。政府は国会の執行機関であり、かつ最高の国家行政機関である。政府は国会に対して責任を負い、国会、国会常務委員会及び国家主席に対して報告義務を負う。政府は首相、副首相（複数）、大臣及びその他の成員から構成され、首相以外の政府の成員は国会議員である必要はない。首相は国会に対して責任を負い、国会、国会常務委員会及び国家主席に対して報告義務を負う。

　ベトナムには地方分権制度はない。地方行政単位は省級、県級、社（町村）級の三レベルの階層構造をもっており、各レベルに人民評議会（地方議会に相当）と人民委員会（地方政府に相当）が設置される。

　人民裁判所及び人民検察院は社会主義的適法性、社会主義体制と人民の主人となる権利、国家と集団の財産、市民の生命・財産・自由・名誉及び尊厳を守ることを責務とする。最高人民裁判所、各地方人民裁判所、軍事裁判所及び法により設置されたその他の裁判所は、ベトナム社会主義共和国の審理機関である。「裁判官と参審員は独立であって法律にのみ従う」という憲法規定の一方で、党による裁判への介入問題が指摘されている。公務員である裁判官は「党の路線と政策の遵守」が求められるからである（1998年公務員法令）。

ベトナムでは2001年の憲法改正後も、憲法保障制度のあり方が党内外において広く論議されている。しかし、三権分立制度を認めないという前提のために具体的な解決策は容易ではない。法規範文書の制定と公布の目的は共産党の政策を法制化することとされており、党と国家の一体化の問題の解決は社会主義憲法に課せられた難問である。

V　ラオス

　ラオスは1991年8月15日に公布された1991年憲法と、2003年5月28日に公布された1991年憲法の改正憲法を有している。ラオス王国時代には1947年ラオス王国憲法が存在していたが、これは1975年12月2日のラオス人民民主共和国の建国によって廃止された。1975年の建国以降、社会主義国家建設政策が展開されてきたが、1986年11月にラオス人民革命党の改革路線が出されてから市場経済原理の導入が進められ、建国後16年近くを経て憲法が制定された。2003年には党の基本路線を確認するために憲法改正が行われた。

　第1章「政治体制」では、ラオスが人民民主主義国家であり、「人民は、人民の権力及び利益の代表機関として国会を置く」が、「諸民族の諸国の主人たる権利は、ラオス人民革命党を指導的中核とする政治制度の活動により行使し及び保障する」。国会及び国家機関の組織と活動が民主集中制原則に従うことは堅持されている。

　第2章「経済体制及び社会体制」は2003年の改正で大きく変更された。経済発展の加速と世界経済との連関が経済の目標として強調され、すべての経済部門が「国家による社会主義の方向に従った調整の下において、市場経済メカニズムに従って活動する」。経済管理の原則は「国家による調整を伴う市場経済メカニズム」であるが、国家は「法令による、中央の行政部門による統一的な中央集権的管理と地方への管理責任の適切な委任を結合した原則を実施する」。外国からの投資の奨励、投資家の合法的な財産と資本の没収・国有化の禁止が規定され、外国との経済協力関係を開放する政策の実施も謳われた。社会体制については、2003年の改正によって質量とも入念に規定されるようになった。

他方で、憲法改正によって第3章「国防・治安」の章が新設され、国防のみならず「治安」の確保のための軍と警察の役割、軍と警察に対する国家の配慮、国民の国防への参加義務が規定された。また教育における革命的資質の育成の配慮規定も新設された。第4章「市民の基本権及び義務」はほとんど変更されていない。権利のカタログ自体が乏しく、表現の自由と研究・文化活動の自由は「法令に違反しない限りにおいて」の保障にとどまっており、社会権の保障にも見るべきものは乏しい。

　憲法上、国会は諸民族人民の権力及び利益の代表機関であり、国の根本的問題について決定し、執行機関及び人民裁判所及び人民検察庁の活動を監督する立法機関と規定されているが、非専従の国会議員が多数を占めている。国会の開会は憲法上年2回であるが、実際には年間で4～6週間程度開会されている。国会の常務機関・国会閉会中の国会機関として国会常務委員会が置かれている。国会常務委員会は国会の議事設定を行い、憲法上、国会閉会中の執行機関・人民裁判所・人民検察庁の活動の監督権も認められている。国会議員選挙は、普通・平等・直接選挙、秘密投票の原則に基づいて実施され、年齢18歳以上のラオス市民は選挙権を有し、年齢21歳以上のラオス市民は被選挙権を有する。国会議員の定数は憲法上規定されていない。現在国会議員は115名であり、2名を除いてすべてラオス人民革命党の党員である。国会常務委員会だけでなく、国家主席、政府、最高人民裁判所、最高人民検察庁、ラオス建国戦線及び中央級の大衆団体も立法発議権を有している。

　憲法は第6章「国家主席」で国家元首として国家主席を置いており、国家主席が人事と立法に関して大きな権限をもつ制度設計をしている。第7章「政府」で政府は国家の執行機関とされ、首相、副首相、大臣及び省と同格の機関の長により構成され、任期は国会の任期と同一である。憲法改正によって、政府の業務内容の国会・国家主席への報告が義務づけられた。政府の権限の一つとして、省・省と同格の機関、政府に付属する機関及び地方行政機関の公布する決定及び命令が法令に抵触する場合の、執行の停止・廃止が規定されている。第8章「地方行政」では、地方行政は県、郡、村の三つの級からなり、県級には県及び中央直轄市を、郡級には郡及び市を、村級には村を置く。ラオスの場合は中央集権的な地方行政である。

98

　第9章「人民裁判所及び人民検察庁」では、人民裁判所が国家の裁判機関であり、最高人民裁判所、控訴裁判所、県裁判所と中央直轄市人民裁判所、郡人民裁判所、軍事裁判所から構成されていることを規定している。最高人民裁判所は司法行政権と下級裁判所の判決の監督権を有しているが、憲法と法律の解釈権は国会常務委員会にある。最高人民裁判所の裁判官及び控訴裁判所以下の裁判官は、最高人民裁判所長官の提案に従って、国会常任委員会が任免する。党組織・国家機関・ラオス建国戦線・大衆団体・社会団体・全市民に課せられる人民裁判所の確定判決の遵守義務規定があるが、裁判官の腐敗の問題や判決を党の政策と一致させる必要性の問題などが指摘されている。

　ラオスは経済開放と社会主義体制の堅持の両立という方向に踏み出したが、国益を傷つけるマスメディアの活動禁止規定の新設や、国会常務委員会の裁判所の監督権とは党の要求に応じた判決の事実上の破棄命令であるという指摘を考えると、権利保障と権力分立の実現は未だ未完である。

VI　カンボジア

　カンボジアと東ティモールは、国際社会の復興援助によって国民国家の建設を志向している事例である。

　カンボジアは19世紀にフランスの植民地となったが、その後国王シハヌークの下で近代化を進めて1947年のカンボジア王国憲法の制定によって立憲君主制を確立し、1953年にはフランスから独立した。1970年3月にロン・ノル政権はシハヌーク国家元首を解任して全権を掌握し、翌年には1947年憲法を停止して、1972年5月に共和制のクメール共和国憲法を公布した。1975年4月にロン・ノル政権は崩壊し、代わって権力を掌握したカンプチア共産党は1976年に民主カンプチア憲法を公布したが、その内容は集団主義的国家像を断片的に謳った特異なものであった。1978年にはベトナム軍による侵攻が開始され、1979年のカンプチア人民共和国の樹立によって、1981年にはカンプチア人民共和国憲法が制定された。ヘン・サムリン政権は、1989年4月に1981年憲法を改正して「漸進的な社会主義への道」を放棄して、1989年カン

ボジア国憲法を採択した。

　カンボジアにおける紛争と内戦は1991年11月に「カンボジア紛争の包括的政治的解決に関する協定（パリ和平協定）」を締結して終結を迎えた。現行のカンボジア王国憲法は、1993年5月の国連カンボジア暫定統治機構（ＵＮＴＡＣ）による制憲議会選挙の実施、同年6月の制憲議会憲法起草委員会の設置を経て、1993年9月21日に採択、9月24日に公布・施行された。

　1993年憲法は社会主義体制と決別して、経済的には市場経済体制へ、政治的には複数政党制に基づく自由な民主主義体制への移行を宣言した。後者に関しては憲法改正の限界という形でさらに明確にされている。

　国際人権文書に対応した形で比較的充実した人権規定も盛り込まれた。この点もパリ和平協定付属文書の要請であり、国際社会主導の憲法制定という特殊性の反映である。「カンボジア王国は、国連憲章、世界人権宣言並びに人権、女性の権利及び子どもの権利に関する条約及び協定が定める人権を承認し、尊重する」と規定して、様々な人権のカタログを保障している。しかしながら、憲法第3章のタイトルは「クメール市民の権利及び義務」となっており、多民族国家における人権保障のあり方として問題がある。さらに権利の濫用禁止が憲法上明記され、権利内容を法律で定めると規定して、憲法上の保障が法律による保障のレベルに切り下げられることが予測できる保障方式となっている。

　選任されてその地位に着き「君臨するが統治しない」国家元首として、象徴的な役割を果たす国王が置かれている。すべての権力は国民に属し、国民はその権力を国民議会、上院、王国政府及び司法機関を通じて行使する。憲法制定当初は国民議会のみの一院制であったが、1999年の憲法改正によって上院が設置された。上院は国民議会と王国政府を調整する職責を有する。国民議会の立法機能に関しては、政府立法の優位による不十分性が指摘されている。議員の免責特権・不逮捕特権の憲法上の保障も実際には不十分な保障にとどまっており、国政調査権の権限も付与されていないために、強い政府対弱い議会という構図が見られる。大臣の罷免、政府不信任動議の議決には、国民議会の議員総数の3分の2の賛成を要するという規定もある。1993年の制憲議会選挙を除いて、1998年、2003年、2008年の国民議会選挙ではカンボ

ジア人民党が常に勝利しており、同一の首相（フン・セン）が20年以上もその地位についている。

　大臣会議が王国政府であり、首相が主宰して、国務大臣、大臣、政務長官によって構成される。憲法制定当初は、国民議会議長及び2名の副議長の承認を得て国王が指名する第1首相と第2首相という共同首相制を採用していたが、この共同首相制は憲法改正によって廃止された。王国政府の構成員は政策全般に関して議会に対して連帯責任を負うとともに、構成員各員はその職務に関して首相及び議会に対して個別責任を負う。2008年9月に発足した内閣は276名という構成員を擁しており、政府の構成員は肥大化している。憲法には地方自治に関する規定はなく、地方制度に関する2カ条の規定をもつに過ぎない。

　司法権は独立の権力であり、不偏不党であって、市民の権利及び自由を保障し、行政訴訟を含むあらゆる訴訟を司り、司法権を最高裁判所・下級裁判所のすべての部門、審級に付与する。裁判はクメール市民の名において、訴訟手続及び法律に基づいて行われ、裁判官のみが判決を言い渡す権限を有する。司法官職高等評議会は司法の独立の擁護者である国王を補佐する。1997年になって設置をみた。裁判所としては、最高裁判所、控訴裁判所、州・特別市裁判所が置かれている。憲法は第12章で、憲法を尊重し、擁護し、憲法及び法律を解釈する義務及び議員の選挙に関する訴訟を調査し決定を下す権限を有する「憲法院」を規定しており、憲法院は1998年6月に設置された。

　カンボジア憲法は国際社会主導のもとに自由な民主主義、複数政党制と立憲君主制を確立するという制度設計の下に出発したが、カンボジア人民党の長期政権が継続しており、人民主権をどのようにして実現していくのかが課題となっている。

VII　東ティモール

　東ティモールでは、1974年のポルトガルでの「カーネーション革命」の勃発によって1975年11月28日には東ティモール独立革命戦線（フレティリン）が一方的にポルトガルからの独立を宣言するが、同年12月にはインドネシア

が大規模な軍事干渉を開始し、1976年7月17日には併合を宣言した。しかしながら1999年6月に国連東ティモール・ミッション（ＵＮＡＭＥＴ）が創設され、1999年8月30日には住民投票で独立支持派が勝利した。インドネシアも同年10月19日には東ティモールの分離を決定し、同年10月には国連東ティモール暫定統治機構（ＵＮＴＡＥＴ）が設立された。国連統治から東ティモールへの権限移譲とともに2001年8月30日には憲法制定議会が選出され、2002年2月に憲法草案が提出されて、東ティモール民主共和国憲法が同年3月22日に制定・公布された（独立は同年5月20日）。東ティモール民主共和国憲法は、フレティレンによって構想された草案をもとに起草され、1989年のポルトガル憲法と1990年のモザンビーク憲法の影響を受けている。

　第1部「基本原則」で、東ティモールは、法の支配、人民の意思、人間の尊厳の尊重を基礎にした、民主的で主権を有し独立した単一国であるとし、人民主権を明記している。行政の地方分権原則の尊重も明らかにしている。国家の主権の擁護、法の支配に基づいた民主国家の原則の尊重と基本権の保護、人民の参加と政治的民主主義の擁護、経済発展と科学技術の進歩の保障、社会正義に基づく社会の建設、環境保護、人民の個性と文化遺産の主張、すべての人民と国家間の友好関係の確立、各部門と地域の発展、男女間の機会の平等の創造を国家目標としている。

　第2部「基本的権利、義務、自由と保障」では、一般原則ののちに、生命への権利、人身の自由・安全及び自己保存の権利、刑事法の適用、宣告と保安措置の制限、人身保護、刑事手続の保障、国外追放、名誉・プライバシー権、住居と通信の不可侵性、個人データの保護、家族・結婚・母性、言論・情報の自由、プレスの自由とマスメディア、集会・デモの自由、結社の自由、移動の自由、良心・宗教・礼拝の自由、政治参加の権利、投票権、請願権、主権の防衛、労働権、ストライキ権とロック・アウトの禁止、労働組合の自由、消費者の権利、私的所有権、納税者の義務、社会保障と扶助、健康、住居、教育・文化、知的財産、環境を規定している。

　一般原則のなかで、「基本権の解釈」として、「憲法で定められた基本権は法律の定めるいかなるその他の権利を排除するものであってはならず、また世界人権宣言に従って解釈されなければならない」と規定しており、東ティ

モールは建国後直ちに数多くの国際人権条約に加入した。

　第3部「政治権力の組織」第1編「総則」では、「政治権力は人民にあり、憲法の規定に従って行使される」、「男女による政治生活への直接的で活発な参加が民主制を強化する要件であり、基本条件である」と規定された。また選挙原則の一つとして比例代表原則の遵守が明記された。主権機関は、大統領、国会、政府及び裁判所からなり、半大統領制を採用している。

　第2編「大統領」では、大統領が国家元首であり、国民の独立と国家の統一及び民主機関の円滑な機能の象徴かつ保障者であり、大統領候補者の立候補要件の一つに5,000人の有権者によって提案されること、1期5年で2期までであることを規定している。直接選挙で選出される。第3編「国会」は、52名〜65名の議員からなる5年任期の一院制を規定している。1年を期間とする5つの会期から立法期が構成されている。

　第4編「政府」は首相、大臣、国務大臣が政府を構成し、首相、副首相、その他の大臣が大臣会議を構成するとしている。首相は議会の過半数をもつ政党又は政党連合によって指名され、国会で議席を有する政党と協議した後に、大統領によって任命される。政府は憲法と法律に従った国内政策・外交政策の実行と執行に関して、大統領と国会に対して責任を負う。政府は自らの組織と機能及び国家の直接・間接の運営に関する事項について排他的な立法権を有する。

　第5編「裁判所」は最高司法裁判所と他の法律裁判所、高等行政・租税・会計裁判所と第1審のその他の行政裁判所、軍事裁判所の設置を定めているが、最高司法裁判所も高等行政・租税・会計裁判所も人的資源の欠乏のために未だに設立されていない。第6編「行政」では、「行政は市民の正当な権利と利益および憲法上の組織に関して、公益に対処することを目的としなければならない。行政は過度の官僚制を防止し、人民に対するよりアクセス可能なサービスを提供し、効率的な運営に利益をもつ個人の貢献を確保するように、構造化されなければならない。市民の正当な権利と利益に影響を及ぼすことがありそうな行為に対抗して、法律が市民の権利と利益を確立しなければならない。」という行政の一般原則を定めている。

　第5部「国防と安全保障」では国防軍の政治問題への不干渉を規定してい

る。第6部「憲法保障と憲法改正」では大統領の要請によって最高司法裁判所が行う制定法の合憲性の予備審査、合憲性の抽象審査、立法不作為の違憲性審査、違憲を理由とする上告を規定し、憲法改正の限界も定めている。第7部「最終移行規定」では、「1974年4月25日から1999年12月31日までの間に行われた行為であってジェノサイド又は戦争という人道に反する犯罪は、国内裁判所または国際裁判所における刑事裁判に処せられなければならない」と規定し、国連暫定統治下に創設された「受容・真実・和解委員会」の機能の継続を明らかにしている。

東ティモール憲法は人民主権と権利保障の最大化を目指した先進的な内容をもっていることが理解されるが、今後の課題は憲法規範をいかに国家運営において現実化していくかであろう。

Ⅷ　マレーシア

イギリス型の議院内閣制を採用したが、頻繁な憲法改正によって立憲主義の機能不全を指摘できるマレーシアとシンガポール憲法の存在がある。

マレーシアは、1957年8月31日にイギリスから独立したときはマラヤ連邦が国名であった。1963年9月16日にシンガポールとボルネオ島のサバ、サラワク両州を加えて成立したが、その後1965年8月9日にシンガポールが分離独立した。連邦を構成する13の州は州憲法をもっている。マレーシア憲法は、1957年に制定されたマラヤ連邦憲法に部分的な修正・追加を加えて成立している。

人権保障は第2部「基本的自由」に列挙されているが、自由権に限定した保障であって社会権規定はなく、移動・居住の自由、言論・表現の自由、集会の自由、結社の自由に関しては法律による制限を明示しており、法律による制限は司法審査の対象外と規定している。言論・表現の自由は、条文中に「敏感問題」(市民権、国語、マレー人への公職割当制、統治者権限)を問題にすることを禁止する規定も置いている。第11部「破壊活動、組織暴力、公衆に有害な行動と犯罪に対処する特別権限と非常事態権限」において、破壊活動等に対処するために憲法の人権規定を停止する法律を制定できることを規

定し、国王による非常事態布告の発令を認めている。第11部に従って制定される法律・勅令には予防拘禁を規定できる。非常事態が継続して施行されており（1964年、1966年、1969年、1977年に発動）、予防拘禁を定めている1960年国内治安法の廃止が課題となっている。

第2に、マレー人、華人、インド人からなる多民族国家において、憲法上マレー人への「特別の地位」が保障されている。マレー人には公務員採用時の優先割当、教育優遇措置、特定業種の許可の優先割当の特権が与えられる。

第3は、憲法の最高法規性を規定している反面で、ほとんどの条項は国会の両議院の総議員数の3分の2の賛成によって憲法改正が可能である。その結果、1957～2006年の50年間で憲法改正は50回を数えている。

統治構造としては連邦制が採用されている。連邦と州の権限配分は連邦管轄表で掲げられている項目の方が圧倒的に多く、連邦・州関係は連邦に大きな権限を与えている（ただし、サバとサラワクは例外）。マレーシアは立憲君主制を採用している。国王は連邦の最高元首であるが、世襲ではなく、5年を任期にして州王のいない4州を除いた9つの州王の輪番で選出される。内閣の助言に従って行動するが、首相の任命、国会の解散要請への同意の保留等に関しては裁量をもって行動できる。国会は上院と下院からなる二院制である。両院関係は多くの点で下院の権限が優越している。首相は下院議員でなければならず、内閣不信任案決議権も下院のみに与えられている。

連邦行政権は国王に付与されているが、連邦憲法に特別の定めのある場合を除いて、その権限行使は、内閣または首相の助言に基づくとされており、実質的な行政権は内閣（その首長としての首相）にある。国王は下院議員の中から、その過半数の支持を得ることができる者を首相に任命し、さらに、国王は首相の助言に基づいて両院の議員から大臣を任命する。内閣は国会に対して集団的に責任を負う。首相は下院の過半数の信任を失ったときは、国王に下院解散の要請をすることができる。国王がこれに従わず下院が解散されない場合は、内閣は総辞職しなければならない。

司法権に関しては、上位裁判所として、連邦裁判所、控訴裁判所、高等裁判所が設置されている。連邦裁判所は違憲審査権と、州間、州と連邦間の事件について排他的な一般管轄権を有する。違憲審査権は「最終条項」と呼ば

れる特別条項によってしばしば適用を除外され、その適用を制限されている。国王の非常事態布告権に関して、「国王の認識は最終的かつ終局的であり、いかなる理由によりいかなる裁判所においても争われずまた問題とされることはない」というような規定がその例である。1988年にはマハティール首相と対立した当時の最高裁の長官と2名の裁判官の解任事件も起きており、憲法上の司法の独立が侵害された。

IX　シンガポール

　シンガポールは1959年にイギリスから軍事と外交を除いた完全な自治権を獲得して、1963年にはマレーシア連邦に加わる。その際に制定されたのが、1963年のシンガポール州憲法である。1965年8月9日に、マレーシア連邦議会で1965年憲法及びマレーシア（シンガポール修正）法とシンガポール分離・独立協定が可決・成立して、マレーシアから分離・独立した。独立後最初のシンガポール国会は、1963年のシンガポール州憲法を独立国としてのシンガポール共和国憲法に改正した。

　シンガポール憲法は、①1965年シンガポール共和国憲法、②1965年シンガポール共和国独立法（シンガポール分離・独立協定の必要部分を国内法化した法律）、③1965年シンガポール共和国独立法によって1965年憲法及びマレーシア（シンガポール修正）法のうちシンガポールに適用される条項の形で開始された。1980年以降はこれらをあわせてその後の憲法改正法も盛り込んだ、憲法リプリント版が編集されている。

　「シンガポールは主権を有する共和国」であるが、憲法の正当性を示す国民主権に関する明文規定はない。憲法の最高法規性を規定しているが、立法府の制定する法律によって憲法改正がなされるので（ただし法律の採択には、第2読会と第3読会において選挙による国会議員の3分の2以上の賛成が必要）、典型的な軟性憲法として頻繁に憲法改正が行われている。

　「基本的自由」で保障されている人権カタログは、マレーシア憲法と同様の規定である。社会権の保障はなく、古典的権利としての財産権の保障も存在しない。他方で、法律によって、一定の理由のために必要かつ適切な制限

が、言論・表現の自由、集会の自由、結社の自由に対して課されることを明記している。大統領による非常事態宣言の場合には人権規定は停止され、憲法上予防拘禁制度を定めた法律の存在が予定されていて、やはり国内治安法が大きな問題である。

統治機構に関しては外見的には三権分立が確保されているように見えるが、人民行動党の一党支配が「法の支配」の形骸化をもたらしている。かつては、名目的・儀礼的な大統領職が置かれていたが、その後1991年の憲法改正によって、大統領公選制が導入され大統領の権限が拡大された。実質的には内閣が連帯して国会に責任を負うという議院内閣制がとられている。内閣は首相と複数の大臣により構成され、政府に対する一般的指令・監督権を有し国会に対して連帯して責任を負う。大統領は国家議員の中から過半数の信任を得ると考えられる者を首相に任命し、その首相の助言に従って国会議員の中から他の大臣を任命する。

国会は一院制で任期5年、解散がある。小選挙区制によって独立以来人民行動党がほとんどの議席を独占してきた。1984年の憲法改正によって選挙で敗れた野党候補者を6名以内議員として加えることができることになり、1990年の憲法改正によって任命議員制が導入され、大統領によって選挙を経ずに6名以内（現在は1997年の憲法改正で9名に増員）を議員として任命できることになった。このような非選挙区選出議員と任命議員は、憲法改正法案、予算案、金銭法案、政府不信任案、大統領の解職に関する投票権はない。さらに1988年の憲法改正と国会議員選挙法の改正によって、「グループ代表選挙区制度」が新設された。1選挙区につき1政党3～6名（1991年、1996年の憲法改正で増員）の候補者がグループとなって立候補し、そのうち1名はマレー系、インド系などの少数派出身者でなければならないという民族別割当が定められている。有権者は各グループ（政党）に投票し、最大得票政党がその選挙区の議席を全て独占する。この制度はゲリマンダリング的選挙区割りの恣意性ともあいまって、人民行動党の議席独占をもたらしている。現在は小選挙区が9、グループ選挙区が14（75名の議員）になっている。

司法権は最高裁判所と現行の成文法が定める下級裁判所に属する。最高裁判所は控訴裁判所及び高等裁判所によって構成される。最高裁判所に与えら

れている違憲審査権の実効性は疑わしい。1989年の憲法改正で、政府転覆に対する立法が憲法上の人身の自由、遡及処罰の禁止、平等条項、移動の自由、言論の自由の保障に反していても、その法律は有効であることが規定され、法令の憲法適合性審査の道が憲法上閉ざされた。

X　ミャンマー（ビルマ）

　立憲主義憲法の対極にあるものとしてミャンマー（ビルマ）とブルネイを挙げることができる。

　ビルマは1948年の独立に先立って1947年9月24日に憲法を制定した。1947年憲法の定める議会制の機能不全のために1962年3月2日に国軍はクーデタを決行し、1947年憲法を停止して議会を解散した。その後、革命評議会による「ビルマ式社会主義」の模索は1974年1月3日に公布された憲法に具体化されたが、1974年憲法はビルマ社会主義計画党による一党支配を合法化するものであった。

　一党支配に対する民衆の抗議は1980年代後半に民主化運動をもたらしたが、1988年9月18日に国軍はクーデタに訴えて粉砕した。権力を掌握したのは国家法秩序回復評議会（ＳＬＯＲＣ、1989年5月に国名をミャンマー連邦と変更、1997年に国家平和発展評議会ＳＰＤＣに名称変更）であった。ＳＬＯＲＣによる統治は総選挙の実施と新憲法の制定までの暫定的なものとされており、1990年5月27日の総選挙では、国民民主同盟（ＮＬＤ）が485議席中392議席を獲得して圧勝した。しかしながら、総選挙で勝利できなかったＳＬＯＲＣは政権移譲を認めなかった。

　ＳＬＯＲＣは1993年1月に国民大会を設立して新憲法の基本原則を起草することにした。1995年11月に国民大会の自由化を求めたＮＬＤは、ＳＬＯＲＣの拒絶にあってボイコットを決定したが、その後ＮＬＤは代議員資格を没収された。国民大会はそれ以降めったに開会されなくなったが、2003年8月に「民主主義への7段階の工程表」が公表されて2004年5月に再開された。その後憲法起草委員会が設立され、2007年12月3日に起草が開始されて、2008年2月19日には憲法草案が採択された。2008年5月にはサイクロンによ

る被害中に国民投票が実施されて、92.48％の賛成を得て新憲法の成立が発表された。

　2008年憲法は、大統領が連邦を代表し、連邦を通じてすべての他の人々より優越した地位にあるとしている。連邦政府は、大統領、2名の副大統領、大統領によって任免される大臣によって構成される。国家のすべての執行権は大統領に与えられている。任期は5年、もう1期再任が可能である。大統領は大臣の助言によって拘束されない。立法過程と司法部のコントロールに関する大統領権限のリストは包括的であって、大統領は非連邦領域（州、管区、自治地域）においても莫大な権限を享受している。大統領選挙の方法は憲法上規定がなく、実際の投票方法は体制側の裁量に委ねられている。

　憲法上、国軍の決定的な役割は以下のように定義されている。防衛サービスは強力で能力を有しかつ近代的な唯一の愛国的な軍隊である。軍事に関するあらゆる事項を独立して執行・調整する権限を有する。防衛サービスは連邦の安全保障と防衛に全人民の参加を執行する権限を有する。連邦の統一を崩壊させないこと、国民の団結の統一を崩壊させないこと、主権の永久化を擁護することに主要な責任を負う。憲法を擁護することに主要な責任を負う。

　大統領は国防安全保障評議会の提案と承認を得て国軍最高司令官を任命する。重要な政策執行機能を行使する国防安全保障評議会は11名のメンバーを有するが、そのうち6名は国軍最高司令官によって指名される。国軍最高司令官は資格も任期も解任の手続も規定されていない唯一の憲法上のポストである。二院制の連邦議会を構成する国民議会（Pyithu Hluttaw）は440名中110名、民族議会（Amyotha Hluttaw）は224名中56名が国軍最高司令官によって任命される。国軍は大統領候補者である3名の副大統領のうち1名の副大統領のポストを保障されている。政党と選挙に関する憲法上の法的枠組も体制敵対者（政党）の政治的活動を違法化する広範な裁量を体制側に許容するものにすぎない。

　憲法解釈と憲法紛争の解決のために特別裁判所である憲法審判所があるが、その独立性は疑問である。憲法の最終部分に市民権と人権の章がある。市民権の資格は制限的に定義されており、多くの権利は市民のみに限定されている。権利の定式化は正確さに欠けており、その下で権利が制限され停止され

る多くの回避条項がある。多くの権利は「法律」に従うものとされており、憲法による権利保障を意味のないものにしている。権利を心もとないものにする広範な非常事態規定がある。

　20年間の憲法の空白を埋めるものとして作成されたとされる2008年憲法は、大統領と軍部の独裁を確立するだけに終始し、制定過程も民主的正統性のまったくないものであった。一日も早い民主化の実現によって立憲主義憲法の制定が待望される。

XI　ブルネイ

　ブルネイはマレー系のスルタンを国王とする王国であって、1888年にはイギリスの保護領となったが、1950年に即位したオマール王は、1959年9月にイギリス・ブルネイ協定を結び、1959年ブルネイ憲法と1959年王位継承・摂政任命布告を制定して限定的な自治権を獲得した。1984年にイギリスから独立したが、1959年憲法と1959年王位継承・摂政任命布告が現行憲法である。

　「本憲法のいかなる規定も国王の大権と権限を損なうものと解されてはならず、国王は時に応じて自らに適切と思われる新しい憲法条項を宣言する権限を保持している」という規定が、ブルネイ憲法の精神をよく表している。ブルネイ憲法には人権保障条項も司法権に関する規定もない。憲法解釈を国王の照会に応じて行う解釈審判所の規定があるが、そのメンバーは国王が任命する。憲法制定後には国家評議会に代わって、執行評議会、立法評議会、枢密院が設置されたが、これらはいずれも国王の諮問機関であって、国王大権を抑制する機能はない。

　1959年憲法に基づいて四つの郡評議会選挙が憲法公布の2年以内に行わなければならなかった。1962年8月に郡評議会選挙が行われてブルネイ人民党が55議席中54議席を獲得した。ブルネイ人民党は武装反乱を同年12月に起こすが、オマール王は非常事態を布告してこれに対抗した。立法評議会は解散されてその代わりに非常事態評議会が設立された。1964年には立法評議会の構成が変更され、執行評議会も大臣会議に名称を変更した。1967年10月にオマールは息子に王位を譲り、立法評議会が1970年に任期を終了すると布告に

よる統治に戻った。1970年4月には立法評議会は完全に任命制の機関に変わった。1984年の独立にあたっては「マレー・イスラーム君主制」が公定の国家哲学として布告された。1984年2月には立法評議会に関する憲法規定が停止された。

2004年9月25日には憲法改正のために立法評議会が再開されたが、2004年の憲法改正によって、①国王の地位と権限が格段に強化され、②一定の指導的な職には人種と宗教に基づく就任資格が導入されて、憲法上人種と宗教による差別が肯定されるようになり、③司法審査が全面的に排除され、④立法評議会が無意味なゴム院化した。国王は現在首相、財務大臣、防衛大臣の地位に就任している。

憲法は、非常事態が宣言されたときに国王に対して公益において望ましいと考える命令を制定する絶対的な裁量権を付与している。ブルネイは1962年に非常事態が宣言されて以来2年ごとに非常事態を更新しており、現在でも非常事態下にある。1959年ブルネイ憲法の時代錯誤性は明白である。

参考文献
（日本語文献）
日本タイ協会（編）『現代タイ動向　2006-2008』めこん、2008年。
佐藤百合（編）『インドネシア資料データ集』アジア経済研究所、2001年。
白石昌也（編著）『ベトナムの国家機構』明石書店、2000年。
四本健二『カンボジア憲法論』勁草書房、1999年。
作本直行（編）『アジア諸国の憲法制度』アジア経済研究所、1997年。
安田信之『東南アジア法』日本評論社、2000年。
小林昌之、今泉慎也（編）『アジア諸国の司法改革』アジア経済研究所、2002年。
作本直行、今泉慎也（編）『アジアの民主化過程と法』アジア経済研究所、2003年。
萩野芳夫、畑博行、畑中和夫（編）『アジア憲法集［第2版］』明石書店、2007年。
安田信之「フィリピン憲法概要」衆議院憲法資料11号「英国及びアジア各国の憲法等に関する資料」2002年。
知花いづみ「司法の役割——民主主義と経済改革のはざまで」川中豪（編）『ポスト・エドサ期のフィリピン』アジア経済研究所、2005年。
川中豪「民主主義の制度変更——フィリピンにおける議院内閣制導入論をめぐっ

て」アジア経済46巻3号、2005年。
遠藤聡「憲法改正をめぐる議論――大統領制から議院内閣制への道程」外国の立法230号、2006年。
遠藤聡「2007年タイ王国憲法の制定過程とその成立」外国の立法235号、2008年。
川村晃一「1945年憲法の政治学――民主化の政治制度に対するインパクト」佐藤百合（編）『民主化時代のインドネシア』アジア経済研究所、2002年。
島田弦「インドネシアの憲法事情」国立国会図書館調査及び立法考査局『諸外国の憲法事情』2003年。
島田弦「インドネシア共和国1945年憲法（仮訳）」ICD NEWS、10号、2003年。
遠藤聡「ベトナムの国会と立法過程」外国の立法231号、2007年。
横田洋三「東ティモール民主共和国憲法」中央ロー・ジャーナル3巻1号、2006年。

（外国語文献）
Petra Stockmann, *Indonesian Reformasi as Reflected in Law: Change and Continuity in Post-Suharto Era Legislation on the Political System and Human Rights*, Münster: Lit Verlag, 2004.
Mark Sidel, *Law and Society in Vietnam: The Transition from Socialism in Comparative Perspective*, Cambridge University Press, 2008.
Randall Peerenboom（ed.）, *Asian Discourses of Rule of Law*, RoutleddgeCurzon, 2004.
Clauspeter Hill & Jörg Menzel（eds.）, *Constitutionalism in Southeast Asia Vols. 1 & 2*, Singapore: Konrad-Adenauer Stiftung, 2008.
Andrew Ellis, "Indonesia's Constitutional Change Revisited," in Ross H. Mcleod & Andrew MacIntyer（eds.）, *Indonesia: Democracy and the Promise of Good Governance*, Singapore: Institute of Southeast Asian Studies, 2007.
Tsun Hang Tey, "Brunei's Revamped Constitution: The Sultan as the Grundnorm?," *The Australian Journal of Asian Law*, Vol.9 No.2, 2007.
Yash Ghai, "The 2008 Myanmar Constitution: Analysis and Asessment," http://www.burmalibrary.org/docs6/2008_Myanmar_constitution--analysis_and_assessment-Yash_Ghai.pdf

第5章
東南アジア編　人権

島田　弦

はじめに

　東南アジア諸国における人権状況は、1990年代前後を境として大きな変化を経験した。それまで、東南アジア諸国は程度の差こそあれ、権威主義体制または一党支配体制であり、あるいは長期にわたりそのような体制を維持していた。特に政治的・市民的権利は著しく制限され、政府への反対者に対する抑圧、拘束、拷問、非自発的失踪などの深刻な人権侵害が国際的に非難されてきた。しかし、東南アジア諸国——とりわけ順調な経済成長を遂げていたシンガポールやマレーシアなど——は、国内の人権状況を外交問題として扱おうとする欧米諸国に異議を唱えてきた。

　欧米の批判に対する人権をめぐる議論は多岐にわたっていたが、主として以下のような論点にまとめることができる（Christie）。第一に、アジア的人権論、すなわち人権概念は欧米の特殊性に由来するものであり、異なった背景を持つアジアには妥当しないとする。第二に、人権相対主義、すなわち単一な人権概念は存在せず、それぞれの社会において異なった人権概念が存在し、特定の人権概念を他国に要求することは文化帝国主義であるとする。第三に、西洋とは異なる共同体主義、すなわち個人に絶対的価値をおく個人主

義的人権概念に対し、共同体主義においては個人の利益より、共同体全体の利益が優位すべきとする。第四に、伝統的な権力観の相違、すなわち欧米諸国が権力を危険なものと見なし、それを制限する制度として人権を考えるのに対し、統治者と被治者の一体性を強調し、権力抑制のための人権概念を否定する。そして、第五に開発主義、すなわち発展途上国においてはまず生存権の保障が最優先であり、政治的・市民的権利は経済開発が達成された後に承認されるとする。

　1993年6月のウィーン世界人権会議では、欧米先進国とアジアを中心とする途上国との人権をめぐる対立が先鋭化した。会議で最終的にまとめられたウィーン人権宣言及び行動計画第Ⅰ部5の「すべての人権は普遍的であり、不可分かつ相互依存的であって、相互に関連している。国際社会は、公平かつ平等な方法で、同じ基礎に基づき、同一の強調を持って、人権を全地球的に扱わなければならない。国家的および地域的独自性の意義、並びに多様な歴史的、文化的宗教的背景を考慮にいれなければならないが、すべての人権および基本的自由を助長し保護することは、政治的、経済的及び文化的な体制のいかんを問わず、国家の義務である」（下線は筆者）とする表現はこの対立する両者の妥協の結果である。

　また東南アジア域内において、ＡＳＥＡＮ諸国は加盟国内における人権問題を内政事項として不干渉の立場をとり、地域的人権保障体制についても消極的であった。

　しかし、冷戦終結にともなう民主化の東南アジアへの波及、およびアジア通貨危機に起因する政治変動によって、東南アジア諸国の人権保障体制は大きく変化した。1993年末時点で、東南アジアにおいて国連人権規約自由権規約（以下、自由権規約）締約国であったのは、カンボジア、フィリピン、ベトナムに過ぎなかったが（田畑他編）、タイが1996年に、ラオスが2000年（未批准）に、インドネシアが2006年に、また、新たに独立した東ティモールも2003年に加入している（http://www.mofa.go.jp/MOFAJ/gaiko/kiyaku/2c_001_1.html）。東南アジア主要国であるマレーシア及びシンガポール、軍事独裁を続けるミャンマーはなお未加入であるとはいえ、域内の人権保護・促進への関心は急速に高まっている。特に、2007年にＡＳＥＡＮ加盟諸国が署名

した「ＡＳＥＡＮ憲章（The ASEAN Charter)」第14条はＡＳＥＡＮ人権機構の設立を定めた。これを受けて、2009年7月にＡＳＥＡＮ閣僚会議は「ＡＳＥＡＮ政府間人権委員会」設立文書を採択した。この文書は、なお西洋とは異なる人権の特殊性・相対性を主張する立場、人権問題を内政事項とする認識も維持しており、また、設立文書は「１．人権及び基本的自由の伸張及び保護に関するＡＳＥＡＮ憲章の目的及び趣旨に従い、ＡＳＥＡＮはＡＳＥＡＮ人権機構を設立する。２．ＡＳＥＡＮ人権機構は、ＡＳＥＡＮ外相会議の定める委任事項 terms of reference に基づき業務を行う」と定め、現段階では政府間人権委員会は協議機関という位置づけにとどまっている。しかし、域内の人権侵害問題について議論を避けてきたＡＳＥＡＮにとっては大きな変化である。現在、非政府組織であるＡＳＥＡＮ人権機構ワーキンググループ（Working Group for an ASEAN Human Rights Mechanism、共同議長・Maruzki Darusman 及び Vivit Muntarbhorn）が創設され、人権メカニズムに関するモデル案を各国政府に提出している（http://www.aseanhrmech.org/)。

主要国際人権条約批准状況

	社会権	自由権	女子差別	子供	人種差別	拷問等
インドネシア	A:2006.2.23	A:2006.2.23	R:1984.9.13	R:1990.9.5	A.1999.6.25	R:1998.10.28
カンボジア	R:1992.5.26	R:1992.5.26	R:1992.10.15	A:1992.10.15	R.1983.11.28	A:1992.10.15
シンガポール			A:1995.10.5	A:1995.10.5		
タイ	A:1999.9.5	A:1996.10.29	A:1985.8.9	A:1992.3.27	A:2003.1.28	A.2007.10.2
フィリピン	R:1974.6.7	R:1986.10.23	R:1981.8.5	R:1990.8.21	R.1967.9.15	A:1986.6.18
ブルネイ			A:2006.5.24	A:1995.12.27		
ベトナム	A:1982.9.24	A:1982.9.24	R:1982.2.17	R:1990.2.28	A.1982.6.9	
マレーシア			A:1995.7.5	A:1995.2.17		
ミャンマー			A:1997.7.22	A:1991.7.15		
ラオス	R:2007.2.13		R:1981.8.14	A:1991.5.8	A.1974.2.22	
東ティモール	A:2003.4.16	A:2003.9.18	A:2003.4.16	A:2003.4.16	A:2003.4.16	A:2003.4.16

Ａ：加入、Ｒ：批准
外務省Ｗｅｂサイト（http://www.mofa.go.jp/mofaj/gaiko/jinken.html）より作成

I　東南アジア諸国における人権の一般的状況

1　東南アジア諸国における人権規定に関する多様な憲法体制

　東南アジアは、長い歴史を経て、文化的・社会的・経済的に多様な国家が並存する地域である。東南アジア地域に属する11カ国（インドネシア、カンボジア、シンガポール、タイ、東ティモール、フィリピン、ブルネイ、ベトナム、マレーシア、ミャンマー、ラオス）の多様性は、憲法体制からも次のように分類することができる：

(1)　権威主義体制国および民主化移行国（インドネシア、シンガポール、マレーシア、タイ、フィリピン）

　権威主義体制国家においては、国民の政治参加は限定的であり、憲法上の規定やさまざまな治安立法により市民的・政治的権利は著しく制限されている。また、権威主義は開発主義政策と結合し、強力な行政部門と、相対的に脆弱な立法・司法部門の存在を特徴とする。このような特徴はシンガポール・マレーシアにおいては強固である。他方インドネシア、フィリピン、タイなどでは権威主義は大きく変化し、民主的体制へ移行またはその過程にある。インドネシアは1998年5月のスハルト大統領辞任を機に、急速な民主化と政治的自由化が進んでいる。フィリピンは1986年にマルコス権威主義体制は崩れたが、その後も政情不安や国軍の反乱などによりしばしば非常事態が宣言されている。タイは、軍がしばしばクーデターを起こし、権威主義体制は拡大と縮小を繰り返している。民主化移行国においては、行政権による人権侵害の防止が重要課題であり、人権規定の充実、立法権および司法権の強化あるいは人権委員会などの設置などが憲法上の特徴となる。

(2)　社会主義体制国（ベトナム、ラオス）

　ベトナムおよびラオスは、共産党による一党支配体制を維持し、政党結成の自由は認めていない。両国では、1980年代以降、ドイモイ（刷新）、ネオターン・ピアンペーン・マイ（改革路線）という経済開放政策の進展に伴い、

市民から政治的自由拡大の要求が強まる一方、1989年の東欧社会主義体制崩壊を教訓とする一党支配の強化という動きが並行している（この流れについて、鮎京はベトナムにおける1989年マスメディア法から表現の自由の制約を論じ、また、瀬戸はラオスの1991年憲法制定過程から論じている）。

(3) 国連暫定統治下において憲法を制定した国（カンボジア、東ティモール）

内戦後の平和構築プロセスにおいて国連暫定統治下に入った国は、その実施状況には問題を抱えるが、国際的人権基準のほとんどを憲法に採用している。カンボジアは、国連暫定統治機構（ＵＮＴＡＣ）のもと成立した憲法で、1991年のパリ和平協定第5付属書に基づき、世界人権宣言及びそのほかの国際文書に合致した基本的人権の保障（第31条）、多元主義に基づく自由民主主義の原則（第50条および第51条）を採用している。また、東ティモールは1999年8月の独立可否を問う住民投票後に、反独立派民兵が行った破壊行為からの治安回復および独立準備のために国連暫定統治下に入った（ＵＮＴＡＥＴ）。ＵＮＴＡＥＴは最初に制定した規則（規則1999年第1号）により、その活動において、全職員が世界人権宣言などの「国際的に承認された人権基準」を遵守することを定めている。そして、憲法制定議会（2001年8月選挙、9月開始）は、ＵＮＴＡＥＴの強い影響下において憲法を起草した。これらの国は、国際人権諸条約に準拠した詳細な人権規定を特徴とする。

(4) 憲法が十分に機能していない国（ブルネイ、ミャンマー）

ブルネイは1959年に憲法を制定しているが、この憲法は「イスラーム以外の信仰を認める」とする規定以外に人権に関する規定を含んでいない。また、1971年の非常事態宣言により、議会にあたる立法評議会は機能を停止しており、立法は国王の勅令に基づいている。ミャンマーについては、軍事クーデター後の1988年戒厳令により1979年憲法は停止している。軍事政権は、深刻なハリケーン被害のさなかにあった2008年5月に憲法案の承認に関する国民投票を強行し、新憲法成立を発表したが、国際社会の大半はその正統性を認めていない。

なお、本章で引用する各国の憲法について、インドネシアは2002年、カンボジアは1999年、シンガポールは1965年、タイは2007年、フィリピンは1987年、ブルネイは1984年、ベトナムは2001年、マレーシアは2007年、ミャンマーは2008年、ラオスは2003年、東ティモールは2002年に制定または改正された内容に基づいている。

2　東南アジア諸国における人権の共通性

東南アジア諸国の人権状況に共通する背景として、次の二点を挙げることができる。

第一に社会的多様性である。東南アジア諸国は、欧米により分割し支配された植民地を母体として成立し、また植民地期以前からの活発な人口移動とも重なり、一国内に複雑な民族、言語、宗教構成を内包している。唯一、欧米列強による植民地支配を逃れたタイも、その国境線は周辺地域の植民地分割により大きく規定されてきたのであり、その結果は深南部３県の分離運動問題や、北部少数民族問題へとつながっている。そのため、東南アジア諸国にとって独立後はしばしば対立する諸集団の独立性を抑制し、強い政府を通じた国民統合が最重要課題となった。

第二に経済的後進性である。植民地支配下の非自立的経済として民族資本が未発達のまま独立国として出発しなければならなかった東南アジア諸国では、独立後直ちに国家主導の経済成長が最優先事項となった。現在の東南アジア地域は、1970年代後半、ＮＩＥｓとして注目されたシンガポールが、周辺のタイ・マレーシア・インドネシア・フィリピンを牽引し、さらに市場経済に移行したベトナムが後を追っており、世界の成長センターとして注目されている。しかし、これら諸国でもなお国内の経済格差は大きく、またそれ以外の国々はブルネイをのぞき、きわめて低開発な状態にとどまっている。

社会的多様性と経済的後進性に起因する東南アジア諸国の政治的不安定性は、冷戦体制下で権威主義的・治安優先的な開発体制（ベトナム・ラオス・カンボジアにおいては共産党一党体制）を促進した。そして、このような社会・経済・政治状況が各国憲法の人権規定にも強く反映している。

東南アジア諸国が共有する人権概念を考える一つの基準となるのは、ウィ

ーン人権会議に先立ち、各国が参加したバンコク地域準備会合で合意された「バンコク宣言」（世界人権会議アジア地域会合最終宣言）である。

　バンコク宣言は、前文において欧米の人権外交政策および国連人権メカニズムの問題点を指摘する。そして、対案として主権尊重、領土保全、内政不干渉の原則を確認し、①諸権利の相互依存性・不可分性、②開発・民主主義・人権の普遍的享有（人権の実質的保障）と社会正義の相互関係、そして③公正な経済秩序を通じた開発の権利および経済成長が民主主義と人権の促進に必要であることを述べている。

　また、宣言本文ではより具体的に人権への取り組みにおける人権の特殊性および背景、開発の権利、先進国による人権外交の二重基準への批判、を展開する。そして、人権を開発途上国に対する援助供与のコンディショナリティとすることへの反対、主権が国際人権に優位すること、および人権保障に関する国家の一義的責任を主張する。

　本節は東南アジア各国の憲法の人権規定について網羅的に並列比較するのではなく、以上のような東南アジア諸国の人権に関する基本的スタンスから、①平等権（特に社会的に多様で、かつ脆弱な国家における国民統合と平等権の緊張関係）、②政治的自由（政治的安定との緊張関係）、③社会権（開発の権利と関連する権利の実質的保障としての社会権のもつ意味）についてその特徴を示す事項に限定して比較する。特に、平等権および自由権については、人権保障規定よりもその例外規定に焦点を当てて比較を行う。そして、最後に、人権を制約する国家緊急権について取り上げる。

II　平等原則とその例外

　いずれの国の憲法も、文言上多少の相違はあるが、法の前の平等、法による平等な保護、宗教、人種、血統、出生地などの違いのみを理由とした差別の禁止を定めている。しかし、すでに述べたように、東南アジア諸国は、国内の社会的多様性が国家統合の障害となっている。したがって、多くの国は憲法上の平等原則の例外として、国内の特定集団に対し特別な取り扱いを定めている。その規定方法については次のように分類できる：

(1) 国家を代表するものとして多数派集団へ優越的な地位を与える場合

多数派を構成する宗教に国教としての地位を与えることがこれに該当する。タイ憲法は、国王は仏教徒であると定め、さらに「長期にわたりタイ人のほとんどが信仰する宗教」としての仏教を保護すると定める（第79条。ただし第100条第1項および第102条第3項の規定により、僧職および僧籍にある者は選挙権および被選挙権を有しない）。カンボジアも仏教を国教と定め（第43条）、仏教の普及について憲法で定める（第68条）。ミャンマーは国民大多数が信仰する仏教に特別な地位を承認すると定める（第19条）。

マレーシアはイスラームを連邦の宗教として定め（第3条第1項）、さらに連邦及び州がイスラーム宗教機関を設置、維持、支援、監督することを認め（第12条第2項）、イスラーム教徒であるマレー人のみを構成員とするマレー連隊を設置すること（第8条第5項f）など国とイスラームの特別な関係を認めている。また、イスラーム教徒への他宗教の布教を制限することを定める（第11条第4項）。ブルネイ憲法は、シャーフィイー派イスラームを国教と定め、国家元首は宗教の長（スルタン）を兼任すると定め（第3条）、また首相はイスラーム教徒のマレー系ブルネイ人のみが就任できるとする（第4条第5項）。

(2) 多数ではあるが、経済的に遅れた集団に対する積極的是正措置を定める場合

植民地政策の影響により、経済的に有力な少数集団と経済的に遅れた多数集団との緊張関係が多くの国に存在し、そのことが政治的不安定要因となっている（Chua）。この問題にもっとも具体的に取りくんでいるのは、マレーシアにおけるマレー人優遇政策（ブミプトラ政策）であり、マレー人（及びサバ・サラワク両州の先住民）の特別な地位を認める（第153条第1項）。マレーシアは、マレー人を同国の本来の住民と見なし、中華系・インド系住民に優位する地位を与える政策をとっている。憲法によると、「マレー人」とは、イスラームを信仰し、マレー語を母語とし、マレーの慣習を維持している者で、かつ独立以前に前身のマラヤ連邦またはシンガポールにおいて生まれた者か、その子孫である（第160条第2項）。したがって、マレーシア憲法は、

宗教、言語および文化、そして国境（イスラーム教徒であり、マレー諸語を話すため前半の定義に該当しても、インドネシアに住む人々はマレー人とはされない）に基づき定義されるマレー人にたいして憲法上の特権、すなわち平等原則の例外を定めている。その特権について、具体的には、公務、奨学金、教育訓練給付金および特権・便宜、取引・事業に必要な許可・ライセンス、高等教育機関入学者数について、割当枠を定めることができると規定する（第153条第2項—第8A項）。

カンボジア憲法は、人権規定の主語を「クメール市民」としているが、これは経済的に有力なベトナム系及び中華系住民を排除する意味を持つという指摘もある（四本 124頁）。

(3) 少数集団の特別な権利を認める場合

少数集団が不安定要因となることを防止するために、憲法上特別な扱いを定める場合がある。

中華系住民が多数を占めるシンガポールは「マレー系、インド系及びその他の少数者コミュニティ」の代表の議会議席を確保するため、人種集団代表選挙 Group Representation Constituencies を定める（第39A条）。また、人種的・宗教的少数者の利益に配慮する政府の責任（第152条第1項）、特にマレー系住民について、政治的、教育的、宗教的、経済的、社会的及び文化的利益と、マレー語の保護・促進を定める（同第2項）。さらにイスラームについて大統領に助言する審議会の設置を定める（第153条）。

上述のようにマレーシア憲法は、サバ・サラワク両州の先住民について優遇措置を定めている。インドネシア憲法第18B条第2項は「慣習法に基く社会単位およびその伝統的権利」を認めており、これはカリマンタン島やニューギニア島の少数部族に対する保護として機能する。

最後に女性に対する憲法上の特別な規定について触れておく。いずれの国の憲法も性別による差別を禁じている。途上国においては、女性がより脆弱な地位におかれていることを反映し、いくつかの国の憲法はさらに具体的に女性の権利について定めている。カンボジア憲法は、婚姻および労働における男女差別の禁止（第45条）に加え、女性に対する搾取、すなわち人身売買、

売春による搾取、女性の名誉を毀損するわいせつ行為について禁止している（第46条）。さらに、経済的後進地域での女性の地位が特に低いことを考慮して、第46条では「特に十分な社会的支援のない農村地域に住む女性にたいし、雇用および医療を受け、子供を学校に通わせ、および適切な生活条件を得ることができるような機会を提供する」と定める。女性に特別な保護を認める規定としては、母性の保護に関する規定（特に有給の出産休暇およびそれによる不利益扱いの禁止）があるが、このような規定はカンボジア以外に、フィリピン（第13条第14項）、ベトナム（第63条第3項）、東ティモール（第39条第4項）、ミャンマー（第8条第7項）に明文の定めがある。

III 自由権

1 政治的自由の制限

　権利章典をもたないブルネイ憲法をのぞけば、東南アジア諸国の憲法は自由権に関する標準的な内容（例えば、世界人権宣言にある移転および居住の自由、思想、良心及び宗教の自由、表現の自由、集会・結社の自由、参政権など）を定めている。しかし、実際には権威主義体制および一党支配体制において、政府に反対する意見表明の自由は著しく制限されている。政治的自由に対する憲法上の制限の形式としては、曖昧な憲法規定と自由抑圧的な治安立法の組み合わせによる場合と、憲法の規定に多くの条件をつけることで自由権を制限する場合とがある。

　1998年にスハルト権威主義体制が終了するまでのインドネシア憲法は前者のケースである。インドネシア憲法の人権規定は、2000年に大幅な改正が行われるが、それ以前のインドネシア憲法は「結社及び集会の自由ならびに口頭または文書により思想を表明する自由などは、法律によりこれを規定する」（第28条）と定めるにとどまり、政治的自由は、政党法、社会組織法、プレス法などの法律で著しく制限され、また破壊活動法や刑法の大統領侮辱罪や憎悪拡散罪を通じて政治的反対者の取り締まりが行われた。2000年の改正では、第28A条から第28J条までの詳細な人権規定が追加され、また政治的自由を制限する諸法律も廃止された。

ミャンマー憲法は、政治的自由について国家の安全、公の秩序、道徳の維持などの一般的な制限事由（第8章第10節）に加えて、「保障された自由は、国が社会福祉及び改革の目的で法律を定めることを禁じるものではない」（第18節）と広範な法律の留保を定める。

　他方、憲法において、多くの自由制限事由を事細かに定める例としては、シンガポールがある。シンガポール憲法第14条第1項は、言論及び表現（a号）、平和的集会（b号）、および結社の自由（c号）を定めるが、第2項は表現の自由の制限自由として国家安全保障、友好的外交関係、公共の秩序・道徳、議会の特権、裁判所侮辱、名誉毀損、犯罪扇動を規定し、さらに労働関係立法及び教育関係立法で結社の自由を制限できるとも定めている。

　マレーシア憲法の規定（第10条）もシンガポール憲法第14条と同様の規定であるが、これに加えて、マレー語国語政策（第152条）、マレー人優先政策（第153条、上述参照）及び連邦構成州の君主制（第181条）についての批判を禁止する法律の制定も認めている（第10条第4項）。

　ミャンマー憲法は、信教の自由の制限事由として「政治目的に宗教を乱用」することを禁止する規定を持つ（第8章第22条）。

2　マスメディアの権利

　タイと東ティモールの憲法は、個人の表現の自由とは別に、マスメディアの自由について詳細な規定を置く。

　東ティモール憲法第42条によるとマスメディアの自由は「ジャーナリストの言論および創造性の自由、情報源へのアクセス、編集の自由、独立および職業上の秘密の保護、並びに新聞、出版およびそのほかの放送手段の設立の権利」（第2項）から構成される。他方、同条はマスメディアの公共的機能についても、独占の禁止（第3項）、公共メディア（第4項）、異なった見解への機会の確保（第5項）、放送局の許可制（第6項）を定めている。

　タイ憲法のマスメディアに関する規定はさらに詳細である。個人の表現の自由を定める第45条は、表現の自由の剥奪・制限を目的としたマスメディア事業の閉鎖、記事の差し止めを禁止し、他方でマスメディア事業の所有をタイ国民に限定すること、およびマスメディア事業に対する国の補助の禁止を

定めている。第46条は、マスメディア事業の従業員が独立した編集の自由（ニュースの提供及び意見の表明の自由）を有することを定め、政治家、公務員、事業所有者がそれを制限する目的で介入することを禁止している。第47条は、放送周波数帯の管理を行うための独立機関の設置及びその職務（公益に配慮した周波数配分及び事業独占の防止）について定める。第48条は、政治家のマスメディア所有の禁止を定める。同条は以前の憲法にはない規定である。この憲法が、タクシン政権を転覆させたクーデターの後に暫定憲法をへて制定された憲法であることから、同規定がタクシン政権時に行われたような直接・間接のマスメディア統制の再発を防ぐ意図であることが窺える。

3　政党の規制

　権威主義体制の一つの要素として、国民の政治参加の制限がある。1998年以前のインドネシアは、政党法により政府の承認する3政党（インドネシア民主党、開発統一党、ゴルカル）のみが許可されていた。これは、1970年代に政党勢力を弱体化させるために、政府が政党内部に強力な介入工作を行い、世俗主義諸政党およびキリスト教系諸政党をインドネシア民主党に、またイスラーム教諸政党を開発統一党へと統合させ、さらに公務員や、労働組合、農民組合、公務員を政治勢力から引き離すために政党とは異なる職能団体連合体としてゴルカルを結成させた結果である。

　権威主義体制が継続しているシンガポールでは人民行動党、またマレーシアではＵＭＮＯ（統一マレー国民組織）がそれぞれ支配的な地位を与えられている。ブルネイでは政党自体が事実上存在しない。しかし、これらのような政党規制を通じた政治参加の制限は、当該諸国の憲法に規定はなく、政治的自由および結社の自由に対する一般的制限を通じて政党法など法令レベルで行われている。

　政党の自由を憲法レベルで細かく詳細する例としては、軍事政権のミャンマーと国連統治の影響を受けた東ティモールが特徴的であり、その規定は対照的である。

　ミャンマー憲法第10条は、政党の設立・綱領、登録、禁止について詳細に定める。特に政党禁止事由として、非合法とする決定のある場合、敵対的反

乱集団・テロ集団・非合法組織との組織的・個人的協力、外国政府・宗教組織からの支援、宗教の政治的乱用を定めている（第4項）。

東ティモール憲法第46条は、国民の政党設立・加入の権利を認めるが、第43条は自由権規約第20条の規定に沿って、人種主義的・外国人排斥主義的組織・テロ唱道組織の設立禁止を明記している。

他方、ベトナム（第4条）およびラオス（第3条）は一党体制を堅持し、共産党の指導性を憲法に明記している。

IV　社会権

1　各国憲法における社会権の位置づけ

上述のように、東南アジア諸国は社会的多様性に起因する国内の不安定性を強権的統治によって制御する一方、経済発展を実現することで体制の正統性を確保する開発主義的権威体制を特徴としていた。したがって、東南アジア諸国にとっては、政治的安定を優先するための政治的・市民的権利の制限と、経済発展の果実を国民に分配する社会的・経済的権利の実現は表裏一体のものである。バンコク宣言においても、東南アジア諸国の代表は「経済的、社会的、文化的、市民的及び政治的権利の相互依存性及び不可分性、並びに、統合的かつバランスのとれた方法で取り組まれなければならない、開発、民主主義、すべての人権の普遍的享有、社会正義とのあいだの固有の相互関係」を確認している（前文）。

このような主張は、対外的にはＡＳＥＡＮ人権憲章に継承された人権の援助コンディショナリティ化に対する反対と国際経済秩序の再編成への要求として、そして、対内的には「開発の権利」として構成される。

開発の権利について、国際人権規約社会権規約（以下、社会権規約）第1条第2項は「すべての人民は、互恵の原則に基づく国際的経済協力から生ずる義務及び国際法上の義務に違反しない限り、自己のためにその天然の富及び資源を自由に処分することができる。人民は、いかなる場合にも、その生存のための手段を奪われることはない」と定める。この規定は、原案では「天然の富及び資源に対する永久的主権」を定めていたが、先進国の反対を

受け、互恵原則と国際法上の義務による制約を認める現行規定となった。もっとも、この規定は資源国有化における「迅速かつ十分かつ効果的な補償」を含意し、途上国にとってはハードルが高いものであったが、開発途上国の主張を受けて、1974年の国家の経済的権利義務憲章では「永久的主権」に基づく「妥当な補償」へと変化している（西立野 24頁）。

　他方で、社会権の多くは有限な資源の給付を国家に要求するものであることから、社会権規約も、社会権の実現を「権利の完全な実現を漸進的に達成するため、自国における利用可能な手段を最大限に用いることにより」行うとする漸進的実施の原則を定めている。

　以上のように、国家が開発の主導的役割を担う東南アジア諸国においては、社会権の性格と組み合わさり、各国憲法における社会権規定の位置づけも自由権とは、異なった形式をとる。具体的には多くの国の憲法は、社会権的規定をその他の基本的人権とは別の章に置き、「国」を主語とした社会権的権利実現の目標を規定する「プログラム規定」としての性格を明示している（下條 41頁）。

　たとえば、フィリピン憲法は第2条に「諸原理と国策の宣言」を置き、生活水準の向上（貧困対策、社会保障、雇用）、家族の保護、青少年育成、健康増進、環境保護、文化保護、労働権保護を定める。同憲法の社会権のプログラム的位置づけは明確で、そのため第3条「権利章典」には労働者の団結権をのぞき、社会権規定を含んでいない。

　カンボジア憲法は社会権について、第6章「教育、文化及び社会」で、国家が行う責務として、教育の権利の保護、教育の機会均等と教育制度の確立、教育制度の策定・管理、無償教育の提供（第65条～第68条）、民族・歴史文化の保護（第69条～第71条）、無償医療、母子医療を含む医療制度の整備（第72条～第73条）、傷痍軍人の支援を含む社会保障制度確立（第74条～第75条）を規定している。ラオス憲法第2章「経済体制及び社会体制」は、教育、文化、科学、保健・医療、スポーツ、労働、社会福祉、女性の権利保護について、国家が配慮すべき事項として定める。同じ社会主義国であるベトナムは、第2章「経済体制」および第3章「文化・教育・科学・技術」において、国が行うべき施策について規定している。タイ憲法は第5章「国の政策指針」と

して、第80条から第86条に、児童・青少年、高齢者、貧困者、障害者の保護、教育の促進、公衆衛生サービスの整備、公正な所得配分、農民の利益保護、協同組合振興、労働者保護を定める。これらの国では、人権憲章に定める社会権と、プログラム規定として定められる事項がしばしば重複している。

インドネシアは、改正前の憲法では独立した人権憲章を定めず、1999年の改正により第28A条〜第28J条という形で、人権規定を追加した。さらに、改正前の憲法にあった貧困者への保護、教育制度に関する規定に、それぞれ社会保障制度および（無償義務教育を含む）教育を受ける規定を追加したため、これらが第28条の人権規定と重複している。

東ティモールは、国際人権規約の形式のように、自由権を定める「個人的権利、自由および保障」（第2章）と、社会権に関する「経済的、社会的および文化的権利および義務」（第3章）とを別々に定めている。

シンガポールとマレーシアは、社会権規定をおいていない。

2 社会権規定の内容

ここでは開発と社会統合という東南アジア諸国の課題と特に関連するものとして、労働、教育および文化に関する権利を中心にみる。

労働の権利は、(a)労働し対価を得る権利、(b)適正な労働環境を享受する権利、(c)労働組合の自由を含む。(c)は、結社の自由の一部として規定されるケースが多い。たとえば、フィリピン（第3条第8項）、タイ（第64条）、ミャンマー（第8条第10項a）である。また、シンガポール憲法第14条およびマレーシア憲法第10条は、結社の自由に明示的に組合を含めていないが、労働関係法により結社の自由を制限できるとしていることから、結社の自由に組合結成の自由も含意されている。カンボジアは労働組合結成および参加の権利（第36条）とストライキ権（第37条）を定め、また東ティモールは、ストライキ権およびそれに対するロックアウト措置の禁止（第51条）、労働組合結成および参加の自由、組合の企業・国からの独立（第52条）、政治的理由による解雇の禁止（第50条第3項）を定める。

(a)については、同一労働同一賃金原則（特に男女賃金差別の禁止）も含まれるが、これを明示的に定めるのは、ベトナム（第63条第3項）、ミャンマー

(第8条第6項)、カンボジア(第36条)である。また、カンボジア憲法第36条は、家事労働を通常の労働と同等の価値を有するものとして承認することも定める。

(b)は適切な労働基準に関わり、余暇および社会保障を権利として明示的に規定するのは、ラオス(第39条)、カンボジア(社会保障のみ、第36条)、東ティモール(第50条第2項)である。インドネシアは「労働関係における公正かつ適切な取り扱いを求める権利」(第28D条第2項)を定める。フィリピン(第2条第17項)、ベトナム(第56条)、タイ(第84条)はそれらの制度整備を国が行うことを定める。

教育に関する権利は、教育を受ける権利と教育を受けさせる権利(または義務)を含むものである。

教育を受ける権利については、ブルネイを除くすべての国の憲法が、教育を受ける権利、あるいは教育における差別の禁止を定めている。上述のようにフィリピン憲法は社会権については、国の政策原則としているが、そこで「良質な教育を受ける権利の保障」(第14条第1項)を規定する。また、フィリピン(第14条第2項)、タイ(第49条)、インドネシア(第31条第2項)、ベトナム(第59条第2項)、カンボジア(第68条)、東ティモール(第59条)が無償の義務的初等教育または中等教育を定める。ミャンマー(第8条第24項)は義務的初等教育、ラオス(第22条第1項)は義務的初等教育体制実施への配慮を定めている。インドネシア憲法第31条第4項は、国家予算の最低20％を教育予算に充てることを定める。

他方、教育を受けさせる権利では、親の教育選択権(特に宗教教育の選択)に関わることに加え、いくつかの国の憲法は教育を通じた伝統的価値観や国民文化の育成について定める。シンガポール(第16条第2項)、マレーシア(第12条第2項)およびフィリピン(第14条第3項3号)は、宗教教育選択の自由について定める。また、ベトナム(第64条第4項)およびカンボジア(第47条)は、それぞれ「親はその子供がよき市民に育つことに責任を有する。子供および孫はその両親および祖父母を尊敬し、また面倒をみる義務を負う」および「両親は、その子供がよき市民となるように養育および教育を行う義務を負う。子供はクメールの伝統に従って老齢の父母をよく世話する

義務を負う」を定める。また、インドネシア憲法第31条第3項も、国民教育システムの目的として「敬虔さおよび道徳を高める」ことを定めている。また、カンボジア憲法および東ティモール憲法が、教育を受ける権利に関して、国際人権諸条約（特に子どもの権利条約）を遵守することを定めるのも特徴的である。

　国内に文化的に多様な諸集団を内包する東南アジア諸国にとって、文化的権利は国家統合と密接な関係を有し、また同時に知的財産権の問題など経済発展とも関わるものである。社会権規約によれば、文化への権利は、(a)文化的生活への参加の権利、(b)科学進歩の享受、(c)知的財産権の保護、(d)研究・創作活動の自由、を内容とする。社会権規約における文化への権利は多元主義的価値観に立脚しており、したがって少数者・先住民の固有文化の尊重も含んでいる。文化的多様性への権利を憲法に明示している国としては、タイとインドネシアがある。タイ憲法は「共同体の権利」（第12章）を定め、第66条で地域共同体・伝統的共同体が、慣習、「地域固有の知」、芸術、良き道徳を保存・回復し、また、天然資源、環境及び生物学的多様性の管理、維持及び開発に参加する権利を定める。また、インドネシア憲法は、「文化の固有性及び伝統的共同体の権利は、時代及び文明の発展に調和して尊重」（第28 I 条第3項）すると定め、また第18 B条は、慣習法に基づく伝統的共同体の権利を承認している。

　(b)から(d)について、明示的規定をもつのはベトナム憲法であり、「市民は、科学技術研究を行い、発明及び発見をなし、技術刷新を行い、生産を合理化し、文学的及び芸術的創造活動及び批判に取り組み、並びにその他の文化的活動に参加する権利を有する。国は、著作権及び産業特許 proprietorship を保護する」（第60条）と定める。

V　国家緊急権による人権の制限

　憲法秩序の維持を困難にするような戦乱、暴動または自然災害などの非常事態の発生に対して、秩序回復を目的として人権規定を含む憲法規定の一部を停止する国家緊急権の発動に関する規定は、東南アジア諸国の各憲法に規

定がある。ただし、国家緊急権について憲法上、詳細に定める国（ブルネイ、シンガポール、ベトナム、タイ、マレーシア、カンボジア、東ティモール、フィリピン）のある一方で、抽象的な規定にとどまる国（ラオス、インドネシア、ミャンマーなど）もある。

　国家緊急権に基づく憲法上の人権規定の停止・制限については、一般に、(1)現実かつ切迫していること、(2)社会の規律ある性格の継続が脅かされること、(3)憲法上の権利規定に認められた通常の措置・規制では明白に不適切な危機であること、が要件となる（初川）。したがって、この要件の存在および程度の認定の手続という点から、国家緊急権の比較には次の内容が基準となる。すなわち、第一に、誰が国家緊急権を発動するのか（元首の専権事項か、または立法府・司法府の事前もしくは事後の承認を必要とするか）、第二に、国家緊急権を発動する条件は何か（非常事態の存在を認めるための条件）、そして第三に国家緊急権は憲法上の権利保障に対してどのような効果を持つか、である。

　第一の点について、国家緊急権の発動を元首のみの専権とするのは、ブルネイ、マレーシア（国家元首としての国王）、ラオス、インドネシアである。シンガポールは元首が非常事態を宣言した後、議会による承認を受けなければならない。これに対して、議会などが国家緊急権の発動を元首に授権するのは、ベトナム（国民議会または常務委員会が授権）、フィリピン（議会が授権）、カンボジア（首相、国民議会議長、上院議長が事前に承認）、タイ（閣僚評議会が緊急事態の存否を決定）、東ティモール（大統領が、国家評議会、政府および国防安全評議会と協議した後、国会の承認を受ける）である。ミャンマーは国家緊急権発動者に関する明示の規定はない。

　第二の点については、多くの国は、例えばシンガポールのように「安全保障または経済が脅かされる深刻な非常事態」というように抽象的な規定にとどまる。ラオス、インドネシア、ミャンマーの各憲法には、国家緊急権発動の条件についての規定はない。東ティモール憲法は、非常事態の要件について、比較的詳細に規定しており（第25条）、第2項において「外国軍による実効的もしくは差し迫った攻撃、民主的憲法秩序もしくは深刻な暴動もしくは深刻な暴動の脅威、または公的災害」の場合とする。

第三の点については、(1)具体的な規定を行わず法律に委ねる、(2)一定の人権または手続的権利の制限を定める、(3)非常事態においても保障される権利を列挙する、というパターンがある。
　(1)に該当するのは、ベトナム、カンボジア、マレーシアがある。また、ラオスには非常事態の効果についての規定がない。
　(2)について、ブルネイは、非常事態下においては、裁判によらない処罰の禁止を除いて、権利を制限するための必要な勅令を定めるとする規定に加え、文書・通信の検閲・差し止め、刑事手続の例外、財産の没収・徴用、特別警察設置、特別法廷設置、法律の停止・変更、住居への立ち入りなどについて勅令を定められるとする。フィリピン（第12条第17項）は、非常事態の期間および非常事態宣言に定められた条件の範囲内において、財産権の制限（公共の利益に影響を与える私有の公的設備および事業の活動を一時的に没収または指揮する）を可能とする。タイは、非常事態宣言の効果として、強制労働を課せられること（第38条）、および集会の自由を制限できるとする。ミャンマー（第8章第40条ｃ）は、非常事態下における国民の不服申立権の停止を定める。
　(3)の方式は、自由権規約第4条でも「逸脱できない義務」という形式で採用されている。インドネシア憲法第28Ⅰ条は、ほぼ自由権規約に沿い「生存権、虐待を受けない権利、思想及び良心の自由、宗教を持つ権利、奴隷とされない権利、法の前において個人として認められる権利及び遡及効を有する法に基づき訴追されない権利」をいかなる状況においても侵害されない権利と定める。東ティモールは自由権規約の規定をほぼそのまま採用しており、「生命、身体保全、国籍、刑事法の不遡及、刑事事件における弁護、良心及び信教の自由への権利、拷問、奴隷もしくは奴隷的取り扱いを受けない権利、残虐、非人道的もしくは品位を害する取り扱いもしくは刑罰を受けない権利、並びに差別を受けないことへの保障」は非常事態においても制限され得ないとする。シンガポールの場合は、非常事態下において議会は合理的ないかなる法律も定められるが、宗教、市民権および言語に関する規定を含むものは除くと定める。

VI　国内人権委員会

　東南アジア諸国のうち、人権委員会を設置しているのはタイ、フィリピン、インドネシア、マレーシアである。このうち、憲法において人権委員会の設置を定めているのはタイとフィリピンである。タイ国家人権委員会（第256条）は、上院の助言により国王の任命する委員長を含む5名の委員から構成する。委員会の主要な権限は、タイが加盟する国際人権文書に違反する人権侵害について調査報告し、関連する機関に対して改善勧告を行うことである。また、勧告が実施されなかった場合、そのことを国会に報告する。また、人権侵害調査のために個人に対する証拠書類提出請求および喚問の権限を持つ。

　フィリピン憲法における国家人権委員会の規定はさらに詳しい（第17条〜第18条）。人権委員会は委員長を含む5名の委員から構成し、その半数は弁護士会会員でなくてはならない。委員会の主要な権限は、政治的権利を含む人権侵害の調査であり、また監獄、拘置所その他の拘禁施設への立ち入り検査権も有する。さらに、人権侵害の調査に関して、有用な証言・証拠を提供する者に対して訴追免除の特権を付与することも認められる。

　なお、インドネシアは当初、大統領決定により国家人権委員会を設置したが、その後、法律に基づく機関として設立根拠および権限を強化した（島田）。マレーシアも法律に基づき人権委員会を設置している。しかし、女性の権利などイスラーム法に関わる問題について、十分な機能を果たせていない（阿久澤）。

参考文献

（日本語文献）

鮎京正訓『ベトナム憲法史』日本評論社、1993年。

田畑茂二郎他（編）『国際人権条約・宣言集（第二版）』東信堂、1994年。

阿久澤麻理子「人権の国内的実施におけるマレーシア国内人権機関（ＳＵＨＡＫＡＭ）の挑戦」江橋崇（編著）『グローバル・コンパクトの新展開』放送大学出版局、2008年。

島田弦「インドネシアにおける司法改革――ポスト・スハルト期における司法権および裁判所の課題」小林昌之（編）『アジア諸国の司法改革』アジア経済研究所、2002年、201-234頁。

下條芳明「タイ王国憲法における人権保障――『国家政策の指導原則』の比較憲法史的意義を中心として」九州産業大学商経論叢48巻1号、2007年。

瀬戸裕之「ラオス人民共和国」萩野芳夫、畑博行、畑中和夫（編）『アジア憲法集』明石書店、2004年、336-361頁。

四本健二「カンボジア王国」萩野芳夫他（編）『アジア憲法集』明石書店、2004年。

西立野園子「人民の自決権」宮﨑繁樹（編著）『解説：国際人権規約』日本評論社、1996年、24頁。

（外国語文献）

Christie, Kenneth, "Regime Security and Human Rights in Southeast Asia", *Political Studies* vol.XLIII, pp.204-218, 1995.

Chua, Amy L., "Markets, Democracy, and Ethnicity: Toward a New Paradigm for Law and Development", *Yale Law Journal* vol.108 no.1, pp.1-107, 1998.

第6章

東南アジア編　統治機構

四本健二

はじめに

　本章において考察の対象とするのは、東南アジアに位置するインドネシア、カンボジア、シンガポール、タイ、フィリピン、ブルネイ、ベトナム、マレーシア、ミャンマー、ラオス及び2002年に新たにインドネシアから独立した東ティモール（ティモール・レステ）の11ヶ国の憲法である。

　東南アジアという枠組み自体が第2次世界大戦中の連合軍による戦区割りに由来することからもわかる通り、これらの国々は多くの共通点は持ちながらも全体として民族的、人種的、宗教的に同一の範疇に属さず、地域国際政治上の利害を密接に共有する一方で政治的、経済的、法的な統一体でもない。各国とも多民族、多宗教、多言語の国家であり、国内的にも国際的にも東南アジアは全体として多様性のバランスの上に成り立っている。

　ところで、本書の課題である東南アジア諸国の現在の憲法体制を理解するために、これら11ヶ国の成立の経緯に触れておきたい。東南アジアでは、17世紀以後、現在のインドネシアはオランダの、東ティモールはポルトガルの支配下にあり、ベトナム、ラオス、カンボジアはフランスによる段階的な侵略の結果、19世紀末にはフランス領インドシナ連邦を構成するに至った。ま

た、シンガポール、マレーシア、ブルネイは18世紀末以後イギリス東インド会社の拠点となったのちに植民地化され、ミャンマーも19世紀半ばにイギリス領インドに編入された。さらに、フィリピンは16世紀以後スペインの植民地であったが、米西戦争の結果、20世紀に入るとともにアメリカによる統治の下におかれた。タイのみが東南アジアで唯一、西欧諸国による植民地化を免れたが、その影響にさらされたことはいうまでもない。法的な観点から見れば東南アジア諸国は、長期にわたる植民地支配を通じて土着的な法規範を維持する一方で、植民地宗主国による法制度の移植を経験し、今日なお、各国においては母法としてのイギリス法、フランス法、オランダ法の影響を法文中や諸制度に散見することができる。

東南アジア諸国が相前後して政治的独立を達成するのは、第2次世界大戦後のことである。植民地からの独立は、概ね宗主国によって線引きされた領域を国土とし、民族的、宗教的、言語的にも多様な人々を国民として内包しながら、貧困を克服して経済的自立をめざすという政治的、経済的、社会的な困難を伴うものであった。したがって、各国において独立国家を形成する過程で構想された最初の憲法典は、近代的立憲国家の樹立を国際的に宣言し、国内的には、一方で政府が主体となって推し進める新国家建設のビジョンを国民に提示し、他方でそのビジョンを実現するために多様な価値観を持つ人々を国民として統一的な政治体制を確立する、という使命を持つものであった。このことは、のちにいくつかの国に社会主義路線を選択させ、あるいは権威主義的体制の下での経済成長の追求——いわゆる開発独裁——に向かわせることとなった。

I 統治体制の概観

まず、東南アジア11ヶ国の統治機構を理解する手がかりとして、各国の統治体制を類型的に概観しておこう。統治体制の諸類型は、君主制と共和制すなわち国家元首の地位を世襲を基本とする国王に委ねるか、国民の選挙によって選出された政治家に委ねるかの別による。もっとも君主制においても国王の地位、王位継承のあり方、国王の権能と政府との関係が憲法上どのよう

に規定されるかは、国によってさまざまなバリエーションがあることは言うまでもない。共和制においてもまた、類型的には大統領制、議会の信任を前提に首相が行政府を率いる議院内閣制、これら両者のハイブリッド型があり、社会主義体制においては官僚機構と支配政党を束ねる国家元首として「国家主席」といった特殊な地位を設けている場合も少なくない。

現在、東南アジア諸国で立憲君主制を採用しているのはカンボジア、タイ、ブルネイ、マレーシアの4ヶ国である。いずれの国王も国政について一定の権限を有するが、その関与の程度はさまざまである。

カンボジア憲法は、第2章に24ヶ条からなる「国王」をおいて「国家元首たる国王」(第7条)の地位を規定し、「民族の統合と永続性の象徴」(第8条)、「公権力の誠実な行使を確保するための調停者」(第9条)と位置づけた上で国王の外交、内政上の権限、王位継承評議会による国王の選任について詳細な規定をおく。第2章の総則的な規定である第7条は「カンボジア国王は、君臨するが統治しない」原則を明記し、国王の広範な行政上の権限には実質的任命権者、決定権者をおいてその役割りを名目的な範囲に限定する。

他方、ブルネイ憲法は、それ自体がスルタン(国王)による欽定憲法であって、スルタンによる王国支配のための憲法という性格を有し、他の東南アジア諸国の憲法と比較して立法、行政における国王の実質的権限を広く定めている。また王位の継承と摂政に関する規定は、憲法とは別個の王位継承摂政布告に集約されている。その上で憲法は、王位継承摂政布告が「神聖不可侵」(第28条)と定めたスルタンに国教であるイスラーム教シャフェイ派の長の地位(第3条)を与えるとともに、最高行政権を有する首相の地位(第4条)を与え、その輔弼機関としての枢密院の実質的任免権(第5条)、行政機関としてスルタンが任命する任期5年の大臣(第4条)が構成する大臣評議会を主宰し、必要に応じて大臣評議会の助言に抗して決定を下す権限(第19条)を留保し、立法評議会議員を任命する権限をも与えている(第25条、第26条、第28条＝1971年以来、勅令により効力停止)。なお、枢密院議員、立法評議会議員の任期は「国王陛下が、これを是とする期間」(第4条ほか)である。

タイ憲法は、総則(第1章)において国民主権を宣言し、元首たる国王は、国会、大臣評議会、裁判所を通じて統治権を行使することを明記する(第3

条)。その上で「国王」(第2章)において18ヶ条にわたって国王の不可侵、仏教の守護者及び国軍の最高司令官としての地位、諮問機関たる枢密院、王位の継承手続を規定する。立法に関して国王は、1件の理由により1回限り下院を解散する権限を有する(第108条)。法律の公布、施行には国王の審署を要する(第90条)が、国王が、奏上された法律案、憲法付則案に90日以内に同意しない場合は、国民議会は再審議ののちに3分の2以上の賛成で再可決した法律案、憲法付則案を再奏上し、30日以内に審署を得られない場合であっても首相は審署を得たものとみなして法律の公布を官報に公示することができる(第151条)。行政及び司法に関して国王は、首相、大臣及び裁判官の名目的任命権(第171条、第172条、第220条)及び大臣及び裁判官の名目的罷免権(第183条、第224条)を有するが、実質的手続はそれぞれ国民議会、首相、上院又は司法委員会の同意を要する。

マレーシア憲法は、第4部第1章に「最高元首」をおき、統治者会議によって選出、罷免される国王に内閣が行使する行政権を名目的に付与し(第39条)、内閣の助言に従って行動することを原則とする。しかし、首相の任命、議会の解散、統治者の地位及び特権等に関する統治者会議の召集については国王の自由な裁量権を認める(第40条)。

以上のように、今日の東南アジアの立憲君主制における君主(国王)は、ブルネイを除いて憲法上は、普通選挙に基礎をおく議院内閣制との併用によって国政上の名目的な役割りを与えられているにすぎない。しかしながら、これらの王たちは社会的には国教の擁護者として、また国民の統合の象徴としてそれぞれに尊敬されており、その政治的、社会的影響力を無視することはできない。

ところで、君主制とは対極にある社会主義を維持しているラオスとベトナムの憲法は国家元首についてどのように規定しているだろうか。まず、ラオス憲法は、第6章において国内的、国際的にラオス諸民族人民を代表する国家元首として「国家主席」(第65条)をおき、国会議員の3分の2の賛成による選出手続(第66条)及びその権限と責務(第67条)を定める。国家主席の権限は、概ね国会や首相の承認を要するものの、国家主席令及び国家主席布告の公布、国会に対する法律案発議権、国会に対する首相の任免の提案権

が専権事項として留保されている。また、ラオス憲法は、ラオス人民革命党の国家に対する指導的役割り（第3条）を規定し、実務上も国家主席は党の主席が兼務することが慣例であることから、国家主席は、国家最高の地位にあって党と政府という二つの権力機構を一元化する紐帯ともいうべき機能を有しているといえよう。次に、ベトナム憲法は、第7章において国家主席を国内外において国家を代表する最高指導者（第101条）と位置づける。その上で第7章の総則的規定は、国家主席は国会が国会議員のうちから選出し、国会に対して責任を負うこと（第102条）を定め、個々の権限も国会の承認を要する（第103条）。したがって国家機関としての国家主席は国会よりも下位に位置づけられるが、実務上は内政を統括する首相、ベトナム共産党書記長とともに"3役"の一角を占め、主に軍事・外交を統括する。

　上記以外の諸国のうち大統領制を採用しているのはインドネシア、フィリピン、東ティモールである。インドネシア憲法は、かつて国民代表議会議員（500議席、うち国軍議席100）及び大統領任命による職能代表（500議席）によって構成され、国民主権の代位機関であった国民協議会（旧第1条）を直接選挙により選出される国民代表議会議員（500議席）と地方代表議会議員（135議席）による構成に変更し、会期を少なくとも5年に1度として実質的立法権を直接選挙された国民代表議会に委ねる（第2条、第19条、第20条）。また、行政権も、直接選挙された大統領が憲法に従って行使するものとした（第6条、第6A条）。大統領は、省庁を統轄する国務大臣の任免権を有し（第17条）、国民代表議会に法律案発議権を有し（第5条）、国民代表議会を通過した法律案を裁可する権限を有するが、国民代表議会通過後30日以内に裁可が得られなかった法律案も、法律として公布・施行される（第20条）。また、緊急時には大統領は「法律に代わる政令」を制定することができるが、次の会期において国民代表議会の同意を得られなければこの政令は失効する（第22条）。なお、現行憲法は、多選による弊害を防止する観点から大統領の任期を5年とし、1回のみ再選を認める（第7条）。

　フィリピン憲法は、第7条第1節において行政権を大統領に与えるものとし、その選出手続（同第4節）として人民による直接選挙、再選禁止を規定する。大統領は各省長官をはじめとする公務員を任命委員会（委員長として

上院議長、委員として上下両院の議員それぞれ12名で構成、第6条第18節）の同意を得て任免する（第7条第16節）ほか、議会を通過した法律案と財政法案に対する拒否権を有するが、上下両院が3分の2の賛成によって再可決した場合には法律として公布、施行される（第6条第27節）。現行のフィリピン憲法は、長期にわたるマルコス独裁体制への反省から大統領の権限を大幅に縮小し、在任中の公的・私的兼職を禁止したばかりか配偶者と4親等以内の親族・姻族にも上級公務員や政府が管理する法人の幹部に就任することを禁じている（第7条第13節）。

　東ティモール憲法は、第3編第22部に「共和国大統領」をおき、その地位（第1章）と権限（第2章）を規定する。国家元首としての大統領は、5年を任期として直接選挙によって選ばれ（第76条）、1回限り再任が許される（第75条）。大統領の権限は法律の公布、首相の任命など広範にわたるが、実質的任命権者、決定権者を別におくため、大統領の役割りは名目的な範囲に限定される（第85条、第86条）。国民議会を通過した法律案に対する拒否権も、議会が過半数の賛成によって再可決した場合には法律として公布しなければならない。

　他方で、大統領制と議院内閣制のハイブリッド型の制度をもつシンガポールの憲法は、第5章「政府」の冒頭に直接選挙によって選ばれる国家元首である大統領に関する規定（第1節）をおく。大統領には内閣の助言に基づく職務のほか政府高官の人事や国有会社の予算などに幅広い裁量権（第22条）が与えられ、大統領補佐官会議（第5Ａ章）によって補佐される。他方で国会議員の中から大統領によって任命される首相が率いる内閣は、政府に対する全般的な監督権を有し、連帯して国会に対して責任を負う（第24条）。

　なお、ミャンマーにおいては1988年に軍がクーデタを起こして以後、国家法秩序回復評議会（ＳＬＯＲＣ、1997年に国家平和発展評議会ＳＰＤＣに改組）が権力を掌握しており、2006年には「ミャンマー連邦共和国憲法」が国民投票で承認（賛成92％）されたと称してはいるが、民主化を求める国民の意思を無視した超法規的な軍部独裁が続いている。

II　議会制と国民の政治参加

　前節では、各国の国家元首の地位と権限という観点、いわば「上からの目線」で統治のあり方の一端を検討した。そこで本節では、国民の政治参加のあり方、すなわち選挙制度と参政権に関する規定の比較を通して「国民の目線」から民主政が各国の憲法上どのように位置づけられているかを検討する。
　先にも触れた通り、東南アジア諸国のうち1971年以後スルタンの勅令によって非常事態宣言下におかれ、憲法の「立法評議会」に関する条項を停止しているブルネイ及び軍政下にあるミャンマーの2ヶ国を除く9ヶ国が一院制（インドネシア、シンガポール、ベトナム、ラオス、東ティモール）または二院制（カンボジア、タイ、フィリピン、マレーシア）の議会制を採用している。なお、インドネシア憲法は、国民代表議会のほか地方代表議会をおき、中央・地方関係にかかわる事項に限って国民代表議会に対する法律案提出権、審議権、法律の執行に関する監督権を有する（第22D条）。このうち憲法に選挙制度の一般原則と国民の参政権を規定しているのは、カンボジア、東ティモール、ラオス及びベトナムである。すなわちカンボジアは、国民議会選挙の「自由、普通、平等、直接及び秘密投票」（第76条）を定め、18歳以上の市民の選挙権、25歳以上の市民の被選挙権及び40歳以上の上院議員の被選挙権（第34条）を規定する。但し、カンボジア憲法には旧・王国憲法（1947年憲法）への回帰を意図したと思われる上院議員2議席ずつをそれぞれ国王と国民議会が任命する規定（第100条）が設けられている。また、かつての社会主義政権の下で設けられた選挙人訓令によって選挙人（有権者）が議員を拘束する社会主義的な代表制との訣別を宣言する条項として、国民議会議員は選挙区民のみならず国民全体を代表するものとして命令的委任の無効を掲げる（第77条）。東ティモール憲法もまた「普通、自由、平等、直接、秘密投票の定期的選挙」（第7条）を定め、17歳以上の市民の選挙権・被選挙権を定めるとともに、選挙権を「市民としての義務」（第47条）と性格づけているが、規範的拘束力の実効性には疑問が残る。なお、両国とも武力紛争後の平和構築と新政権樹立のための制憲議会選挙を国連による暫定統治下で

行った経緯があり、選挙制度の一般原則を憲法で明記したことは国際社会による介入の結果であろう。

　これに対してラオスとベトナムは、ともに社会主義を標榜して人民の権力を重視する立場から選挙の一般原則について明文の規定をおく。すなわちラオス憲法は、第1章「政治体制」に国会議員選挙の「普通、平等、直接かつ秘密投票」の原則（第4条）をおき、ベトナム憲法は国会議員選挙に「普通、平等、直接かつ秘密投票」の原則（第7条）を明記する。

　一方、自国民が主役となって達成された民主化を契機に制定された憲法に選挙に関する詳細な規定を盛り込んだのがフィリピンとタイである。いわゆる「エドゥサ革命」（1986年）によってマルコス独裁政権を打倒して制定されたフィリピン憲法は、権利章典（第5条）、市民権（第6条）とは分離して選挙権（第5条）をおき、選挙権者を18歳以上の国民（同第1節）とし、投票の秘密の不可侵、障害者及び非識字者への配慮（同第2節）を定めるとともに、選挙権の行使を1年以上フィリピンに居住し、かつ6ヶ月以上同一選挙区に居住する者（同第1節後段）に限定し、労働者の海外就労が重要な外貨収入源となっていることを反映して、別に在外フィリピン人の選挙権を法律で定めることとした（同第2節）。また、被選挙権について上院議員の連続3選禁止、下院議員の連続4選禁止（第6条第4節、第7節）、地方被選挙職の連続4選禁止（第10条第8節）を盛り込んだことは、腐敗の温床としてマルコス時代に経験した権力の独占と固定化を回避する目的がある。他方で、政党間の対立を背景にクーデタによって権力を掌握した「民主主義統治改革評議会」（軍部）の下で「民主主義の回復と統治権の国民への返還」を目指して起草され、2007年に国民投票によって承認されたタイの現行憲法は、第4章（タイ人民の義務）72節において投票権の行使を義務化し、正当な理由なしに棄権した場合は、法律の規定により投票権を喪失する場合もあると定める。その上で、18歳以上で同一選挙区に選挙直前90日以上住民登録した国民に選挙権を与え（第6章99節）、下院議員の選挙制度として議席配分に関する詳細な規定を設けて1から3議席の選挙区選挙（400議席）と全国を8ブロックに分けた拘束名簿式比例代表選挙（各ブロック10議席）を併用する（第6章93節〜98節）。上院議員選挙については、150議席のうち県（チャンワ

ット）及びバンコク首都圏を選挙区として小選挙区選挙で選出される76議席と上院議員指名委員会によって指名される74議席の150議席によって構成される（同111節）。憲法裁判所長官、国家反汚職委員会委員長、互選された最高裁判所裁判官及び最高行政裁判所裁判官らで構成される上院議員指名委員会は、学界、実業界などから推薦された候補者名簿から上院議員を指名する（同113節）。こうした多様な選出方法によって広範な国民の利益を議会に反映しようとする点は、タイの民主主義の制度的特徴である。また、上下両院に適用される定足数、規則制定権などの諸規定（第6章第4部）の冒頭に、国民全体の代表としての両院議員の性格（122節）を明記する。なお、政党員、下院議員の親族と配偶者は上院議員となる資格を有さず（同115節）、仏教僧侶には一切の参政権が認められていない（第4章100節、102節）。

　選挙権・被選挙権について比較的簡潔な規定をおくマレーシア憲法は、第4章「連邦立法府」に上院30歳以上、下院21歳以上という被選挙権に関する規定（第47条）をおく。選挙制度と選挙権については第8部「選挙」（第113条以下）をおき、上下両院とも小選挙区制を採用（第116条）して、選挙権を21歳以上の市民に付与する（第119条）。

　また、シンガポール憲法は、1院制の立法府の議員を選挙される議員、選挙法に基づいて野党の中から議席を与えられる議員（6名以内）、大統領によって指名される議員（6名以内）によって構成されるものとし（第39条）、被選挙資格をマレーシア憲法同様に21歳以上の市民と定める（第44条）。そして、中選挙区制の選挙制度において大統領は、「グループ代表選挙区」を指定してマレー系、インド系その他の少数民族出身の議員を確保するためのアファーマティブ・アクション（第39A条）を採用している。さらに、選挙によらないで議席を獲得した議員は、憲法修正法案、予算案、政府不信任案及び大統領解職請求決議案に投票権を持たない（第39条）。なお、シンガポール憲法において特徴的な点は、文言上「シンガポールの立法府は、大統領及び国会により構成する」（第38条）として形式上は行政権をもつ大統領（第23条）に立法権も担わせている。具体的には、大統領の立法権への関与は法律案を法律とするには大統領の裁可を要すること（第58条）、租税法案及び政府の財政負担に関する法律案の提案には大統領の勧告を要すること（第59

条）である。

　インドネシア憲法は、国民代表議会議員（500議席）及び地方代表議会議員（135議席）の直接選挙制を導入し（第2条、第19条、第22C条）、また、国民協議会による多数決という大統領の選出手続（旧第6条）を改正して、政党の推薦による大統領・副大統領候補名簿に対する直接選挙において投票総数の過半数以上を獲得し、かつ過半数の州で20％以上の得票を得ることを当選の要件とした（第6A条）。これによって大統領、副大統領候補は、国民の過半数のみならず、地理的にも全土にわたる国民の支持を要するものとなった。

　社会主義体制を採るベトナム憲法は、国会を単なる立法機関としてのみならず、すべての国家権力が帰属する人民（第2条）の代表によって構成される「人民の最高代表機関」、「最高の国家権力機関」（第83条）と位置づけ、第5章「公民の基本的権利及び義務」に人民の平等を強調する規定をおいて「民族、性別、社会階層、宗教、教育水準、職業、居住期間にかかわらず」18歳以上の「公民」の選挙権及び21歳以上の「公民」の被選挙権を認める（第54条）が、選挙手続自体は憲法によらず法律に定める（第85条）。ベトナムと同じく社会主義体制を維持し、国会を「諸民族人民の権力及び利益の代表機関」、「国家権力機関」（第52条）とするラオス憲法は、冒頭の第1章「政治体制」に国会議員選挙の「普通、平等、直接かつ秘密投票の」原則（第4条）をおき、第4章「市民の基本的権利及び義務」に18歳以上の選挙権及び21歳以上の被選挙権のみを定めるにすぎない。

　代表制議会の機能を補完するともいえる直接民主制的制度として、いくつかの国においては、国民投票制その他の制度が採用されているので、紹介しておこう（但し、憲法改正手続の一環としての国民投票は「憲法保障」に関する第7節において後述する）。

　カンボジア憲法は、国民投票制度を持たないが、第14章「国民大会」（第147条〜第149条）において、市民は、首相が毎年12月に召集し、国王が主宰する国民大会において国益に関する情報を受け、問題を提起し、請願を行う権利を保障し、政府又は議会に対する勧告を採択する権限を与えている。しかしながら、これまでのところ設置法は制定されておらず、実施もされてい

ない。

　タイ憲法は第6章「国会」第7部「法律の制定」142節において「1万人以上の選挙権者は、連名により憲法第3章及び第5章に規定する法律」の法律案発議権を付与されるが、それに先立つ第6部「組織法律の制定」には同様の規定は見あたらないことから、選挙権者の法律案発議権に組織法律は含まれないと解される。また、タイ憲法は、第7章に「公衆の直接政治参加」をおき、1万人以上の選挙権者が連名により、国民議会議長に提出した法律案は、議員の3分の1の賛成により提出者の代表を交えた下院及び上院の特別委員会において審議される（同163節）。また第10章「国家権力行使の監査」第3部「公務員の罷免」は、不正蓄財、汚職への関与、職権濫用、重大な倫理規程違反などを理由として首相、国務大臣、国民議会議員、上院議員、最高裁判所長官、憲法裁判所長官、最高行政裁判所長官、検事総長、憲法裁判所裁判官、国家選挙管理委員会委員長、オンブズ・パーソン、国家会計検査院検査官を罷免する権限を上院に与えている（同270節）。罷免決議案は、下院議員の4分の1以上、上院議員の4分の1以上又は2万人以上の有権者が連名により、上院議長に対して罷免決議案を提出することができ、上院は上記の罷免決議案を5分の3の賛成によって可決（同274節）する。これらの規定は、2007年の改正前はそれぞれ選挙権者の5万人以上の連名（旧170・304節）を要したことと比較すれば、国民の直接政治参加の可能性は、憲法改正時の政治情勢を反映してより広げられたといえよう。

　フィリピン憲法は、第6条「立法府」1節において立法権を上院と下院からなる国会に存すると規定した上で「人民発案及び人民投票の権利を国民に留保し」、さらに同32節において人民発案及び人民投票すなわち人民が直接法律案を提案し、国会又は地方議会が制定した法令の全部又は一部を承認又は否認する制度を選挙区ごとの選挙人の100分の3以上で有権者総数の10分の1の請願に基づく発議によって制定することを国会に要請する。

　東ティモール憲法は、第3編「国家組織」の総則的規定において国民に国民投票による意見表明権を留保し、議会・政府・裁判所の専管事項を除いて国民議会議員総数の3分の1の提案及び3分の2の賛成又は政府の提案に基づいて大統領が実施する国民投票の結果は、有権者の過半数の賛成により法

的拘束力を有する（第66条）。

　一方、社会主義憲法であるラオス憲法は直接民主制に関わる国民投票制規定を持たないが、国民を国政に動員する装置として大衆団体・社会団体を憲法上に位置づけ、人民が建国戦線、労働組合連盟、人民革命青年団、女性同盟を通じて国家建設に参加することを奨励（第7条）し、これらの団体には国会における法律案発議権（第59条）を認める。ベトナム憲法も国民投票に関する規定を持たないが、大衆団体、社会団体の「政治連盟組織」として「ベトナム祖国戦線」を憲法上に位置づけ（第9条）、「人民を動員して主人となる権利を実現」（同）するという理念の下で祖国戦線及びその構成組織に法律案発議権を付与している（第86条）。

　みてきたように、民意の問い方は、制度的にはフィリピンのように人民発案による立法までを射程にしている憲法、東ティモールのように国家が主導権をもって重要案件を国民に問うことができるように設計された制度、タイ憲法のように任意に万単位の有権者を組織できれば国家指導者を罷免できる可能性がある、いわば国家権力と民衆の全面的対決をいとわない憲法、及びラオス、ベトナム両国憲法のように人民の組織化と動員システムを大衆団体・社会団体諸組織として憲法上に位置づけて政権基盤の強化に生かし、その下で立法府に対する法律案発議権までをも与えるなど、国家と国民の関係については各国で実に多様な制度が採用されている。

III　政党制

　政党制の根幹をなす集会・結社の自由についての検討は、ひとまず第5章に譲るとして、本節では国家と政治勢力との関係という観点から各国の政党制について検討してみよう。

　ミャンマーを除く東南アジア10ヶ国の憲法のうち政党制（複数政党制又は一党独裁）について明文の規定をもたないのは、インドネシア、シンガポール、ブルネイ、マレーシアの憲法である。但し、シンガポール憲法第46条は、国会議員は「選挙の際に所属していた政党の党員資格を喪失し、又は除名され、若しくは離党したとき」は議員の資格を喪失する旨規定していることか

ら、間接的には複数政党の存在を前提としていると解せられる。

　選挙に関する規定同様に、カンボジアと東ティモールの憲法は、ともに憲法上、複数政党制を保障する。すなわち、カンボジア憲法は「複数政党制及び自由な民主主義」（前文、第51条）という表現によって複数政党制と民主主義とを統治原理の基礎と位置づけ、これらを立憲君主制とともに改正し得ない条項とした（第153条）。一方、東ティモール憲法は、第1編「総則」において普通選挙制（前述）とともに「民衆の意思の組織的表明のための、そして、国の統治への市民の民主的参加のための諸政党の貢献を評価する」（第7条）ことを明記し、複数政党制の採用のみならず、それへの期待を表明している。表現に若干の相違はあるにせよ、ここにも国際社会の関与によって生まれたカンボジア、東ティモール両憲法に類似点をみることができる。

　先にも述べた通り、自国民が主役となって達成された民主化を契機に制定された憲法であるフィリピン憲法とタイ憲法は、随所に民主主義、社会正義、市民参加、人権・弱者への配慮といった統治理念にかかわる規定をもつ。フィリピン憲法においては、複数政党制そのものに対する言及はないが、第2条23節において非政府団体を国民全体の利益に資するものとして奨励し、第13条「社会正義及び市民団体」15節は、「合法的かつ平和的な手段で民主主義に合致する範囲」において、国は「正当かつ共通の利益と希望を追求し、擁護する目的で独立の組織を通じて行動することを尊重する」として民主化の原動力ともなった市民団体（people's organization）の役割りを積極的に憲法上に位置づけている。

　タイ憲法も、複数政党制そのものに関する明文の規定を持たないが、明らかに複数政党制を前提として、政党の結成の自由を規定（第65条）し、政党に内部組織、活動、規約を「国王を元首とする民主主義政体の基本原則」（同）に合致するよう求め、政党の党員、役員、政党に属する下院議員に対して、自己の政党の決議又は規約が「国王を元首とする民主主義政体の基本原則」に抵触又は下院議員の職務に抵触すると判断したときは、憲法裁判所に審査を求める権利を留保し、憲法裁判所は当該決議又は規約を「国王を元首とする民主主義政体の基本原則」に抵触又は下院議員の職務に抵触すると判断したときは、その廃止を命令する（同）。

ラオスとベトナムの憲法は、ともに社会主義憲法として政党制について特殊な規定をもつ。すなわち、ラオス憲法第1章第3条は「諸民族人民の祖国の主人たる権利は、ラオス人民革命党を指導的中核とする政治制度の活動により行使され、保障される」としてラオス人民革命党に国政に対する指導的地位を与え、ベトナム憲法はこれと同様ながら、より詳細な規定を第4条におく。すなわちベトナム共産党は「ベトナム労働者階級の前衛」であり、「労働者階級、労働人民、全民族の権利の忠実な代表」であり、「マルクス・レーニン主義とホー・チ・ミン思想」に従う「国家と社会を指導する勢力」と位置づけている。これら二つの憲法は、労働者人民の側に立つ政党に人民の権利の実現、という役割りを明確に与え、そのための「指導的地位」、「国家と社会を指導する勢力」という特別な地位を認めていることが看取できる。その上で、ラオスとベトナムの両憲法は事実上の一党独裁を承認し、それぞれの指導政党は、立法、行政、司法機関及び大衆団体に設けられた党組織を通じて指導的役割りを果たす。但し、「刷新」（ベトナム）、「新思考」（ラオス）を掲げて市場経済化策、開放政策を導入しつつある両国において、今後、共産党による一党独裁制がどのように変化するかは注目すべき点である。

IV 行政権の民主的統制

多額の予算をもち、国家機構の中で相対的に豊富な人材を有し、警察、軍といった武力をも具えもつ行政機関の権力濫用や腐敗を統制することは、民主主義の実現と人権の保障を確保する上で不可欠である。これらは一般的に、前述の立法機関による抑制と後述する司法機関による救済に委ねられている。そこで本節では各国憲法における監察制度や軍隊に対する文民統制を含む行政権力の行使に対する内部統制の仕組みとオンブズ・パーソン制など準司法的救済制度の存否について概観しておこう。

インドネシア及びカンボジアは、憲法上に行政権が自らを統制する内部機関、汚職の防止に関する規定、文民統制に関する規定をもたない。ブルネイ憲法は、国王に任命される会計監査長官をおき（第66条）、監査結果を国王

に奏上する（第68条）。また、国王の諮問を受け、軍人、警察官、刑務所職員を除く公務員の任免、異動、懲戒を国王に答申する公務委員会（第71条～第73条）をおくが、公務員の任免権は国王に専属する（第74条）。

　シンガポール及びマレーシアは、公務委員会その他の委員会を通じて公務員制度の運用を図る。すなわちシンガポール憲法は、大統領が任命する「公務委員会」（第9章）による一般公務員の任免及び懲戒（第110条）、教育委員会による教育機関職員の任免及び懲戒（第110A条）、警察・民間防衛委員会による警察・国防職員の任免及び懲戒（第110B条）を通じて公務員制度の適正な運用を図る。また、大統領が任命する「少数者の権利のための大統領審議会」（第7章）をおき、国会又は政府の諮問に応じて人種的、宗教的少数者に対する法律上の差別規定の是正を求める「異議報告」を答申し、この「異議報告」によって差別規定とされた条項は、国会による改正又は決議によって確認されないときは削除される（第80条）。さらに財政に関しては大統領によって任命され、大統領に対して報告義務を負う会計検査院長官が政府の会計及び公的基金の監査を行う（第148F・G条）。また、マレーシア憲法も最高元首が任命する国軍評議会（第137条）、首相の助言及び統治者会議との協議の上で最高元首が任命する司法・法務委員会（第138条）、公務委員会（第139条）、警察委員会（第140条）、教育委員会（第141A条）においてそれぞれの所管する公務員の任免及び懲戒を行う。これらのうち、国軍評議会については国軍司令官のほか3軍の上級幹部が構成員となることから制度の中立的運用については疑問が残り、司法・法務委員会についても裁判官の身分保障、ひいては司法の独立に抵触する可能性を否定できない。

　フィリピン及びタイは、それぞれ憲法上に独立行政委員会に関する規定をもつ。すなわちフィリピン憲法は、第9条「憲法委員会」において財政自律権及び規則制定権を有し、厳しく兼職を制限される委員によって構成される独立の機関として公務員委員会、選挙管理委員会、会計検査委員会をおく（同1～6節）。とりわけ公務員委員会は、公務員の任免、懲戒のみならず、人的資源開発、能力に応じた給与制度、人事計画の策定に広範な権限が与えられている（同3節）。また、フィリピン憲法は独立のオンブズ・パーソン制度をおき、職権又は申立てに基づく不法行為の調査、公務員の職権濫用の

是正命令、懲戒の勧告、国有財産の返還請求を行う（第11条第8～第13節）。さらに、一般公務員の罷免手続とは別に大統領、副大統領、最高裁判所裁判官、憲法委員会構成員、オンブズ・パーソンは、下院議員又は下院議員の同意に基づく国民1人の申立てにより弾劾を発議され、下院議員総数の3分の1の賛成により上院に対して訴追される。上院による弾劾裁判は上院議員総数の3分の2により有罪判決を宣告するが、その効力は公職の罷免にとどまり、その他の処罰は、司法裁判所の判決による（第11条第2・第3節）。なお、フィリピン憲法は、第2条第3節において文民統制の明文の規定をもち、大統領、副大統領、閣僚、上下両院の議員、最高裁判所裁判官、憲法委員会構成員及び国軍の将官は資産公開の義務を負う（第11条第17節）。

　タイ憲法は、第11章「憲法に定める機関」において独立の機関として選挙委員会、国家オンブズ・パーソン、国家汚職取締委員会、国家会計検査委員会をおく。このうち国家オンブズ・パーソンは、最高裁判所長官らによる候補者選考委員会が選んだ候補者から国王が任命する（第242条、第243条）。国家オンブズ・パーソンは職権又は申立てによって公務員の違法行為、職権濫用を調査し、憲法裁判所又は行政裁判所に決定を求めるが、その対象は国営企業従業員にも及ぶ（第244条、第245条）。また、国家汚職取締委員会は、職権に基づいて政治任命による公務員及び一般公務員の汚職について調査及び審問を行い、公務員の罷免手続を行う上院、又は政治任命の公務員の刑事事件を管轄する最高裁判所に対して見解を送付する（第250条）。さらに、首相、大臣、上下両院の議員、政治任命の公務員本人、配偶者、未成年の子の資産について報告を受け、検査する（第261条）。このほか、タイ憲法は「国家権力行使の検査」（第12章）に資産公開、利益相反行為、罷免手続、政治任命による公務員の刑事訴訟手続をおき、公務員の職権濫用や汚職について厳格かつ詳細な規定を設けており、これらはタイにおける公務員の腐敗の深刻さを物語っているといえよう。

　東ティモール憲法も1ヶ条ではあるが「オンブズ・パーソン」（第27条）をもつ。オンブズ・パーソンは国民議会によって任命され、行政機関の作為、不作為に対する市民の申立てを調査するが、行政機関及び公務員にオンブズ・パーソンへの協力義務を課す反面、オンブズ・パーソンの権限は関係機

関への勧告にとどまる点で、その実効性は充分であるとはいえない。

　ラオス憲法は「すべての省、省と同格の機関、政府に附属する機関、ラオス建国戦線、大衆団体、社会団体、地方行政機関、企業、公務員並びに市民による法令の正確で一様な遵守を監督」（第86条）というソビエト憲法（1977年憲法）第164条と酷似する条文によって人民検察庁の任務を定め、国家機関に対する監督権を行使させる。一方、ベトナム憲法は、最高人民検察院院長（第139条）の下に各級の人民検察院をおき、公訴権と「司法活動の検察権」を与えて「法律の厳正かつ統一的な執行」を担保する（第137条）。すなわち人民検察院には捜査機関、刑事訴訟における一方の当事者としての役割のみならず、国家機関全般を監督する地位が与えられている。

V　司法制度と司法の独立

　本節では、各国における特徴的な司法上の機構、制度を紹介するとともに、各国において司法の独立が制度上どのように位置づけられているかかを検討する。なお、違憲審査制度については第7節で検討する。

　まず、ブルネイ憲法は、司法に関する規定を持たない。その理由を安田信之は、ブルネイが憲法制定当時に独自の上位裁判所を持たず、憲法がマレーシアの州憲法たることを予定していたため、と説明する。

　インドネシア憲法は、司法権の行使を「最高裁判所及び法律により設置される普通裁判所、宗教裁判所、軍事裁判所、国家行政裁判所、憲法裁判所」に委ねる（第24条）。最高裁判所裁判官は、国民代表議会司法委員会の承認を経て大統領が任命し、最高裁判所長官及び副長官の選任は、最高裁判所裁判官の互選による（第24A条）。裁判官の任免を司る司法委員会は、国民代表議会の同意を経て大統領が任免することから、人事面での司法の独立は、国民代表議会と大統領との緊張関係の上に成立するといえよう。

　カンボジア憲法は、司法権の独立について詳細な規定をおく。すなわち第11章「司法」は、司法権を独立の権力であること、不偏不党であること、行政訴訟を含むあらゆる訴訟を管轄すること、最高裁判所及び下級裁判所のあらゆる部門及び審級に司法権を付与することを定め（第128条）、裁判官の判

決を言渡す権限（第129条）、立法機関及び行政機関に付与されない司法権（第130条）、検察官の公訴権（第131条）の諸規定によって前述の司法の独立を補強する。また、組織法律によって設置される「司法官職高等評議会」が裁判官の任免を行う（第134条）が、犯罪を理由とする懲戒を除いては裁判官は罷免されない（第133条）。東ティモール憲法も、司法権の独立について詳細な規定をおく。すなわち第 5 部「裁判所」は司法権の独立（第119条）、裁判官の独立と身分保障（第121条）、特別裁判所の禁止（第123条）を定めて裁判所の構成を最高裁判所及び下級裁判所、高等行政税務監査裁判所、行政裁判所、軍事裁判所とするが、海事裁判所及び仲裁裁判所の設置の可能性を留保する（同）。最高裁判所の管轄権は、法令、処分の違憲審査、法律案及び国民投票の事前の合憲性審査、不作為の違憲性の確認、下級裁判所から上告された事件、政党の合法性審査及び解散命令並びに選挙争訟に及ぶ（第126条）。東ティモール憲法は、最高裁判所長官及び検事総長の任期を 4 年として大統領の任命に委ね（第124条）、裁判官及び検察官の任免、懲戒は、大統領、国民議会、政府がそれぞれ指名する 1 名の評議官及び互選された裁判官又は検察の予審判事 1 名によって構成される「最高司法評議会」（第128条）及び「最高検察評議会」（第134条）が担う。また、東ティモール憲法は、弁護士についての規定をおき、法律扶助を「社会的公益」として市民の権利及び正当な利益の擁護を要請（第135条）し、業務に関する文書の不可侵、職業上の秘密の権利及びとりわけ勾留中の依頼人との接見交通権を保障（第136条）する点で特徴的である。

　シンガポールは1994年にイギリス枢密院司法委員会への上訴権を廃止し、裁判所機構の整備をはかった。現在、シンガポールの裁判所は上訴事件を管轄する控訴裁判所及び第 1 審裁判所である高等法院からなる最高裁判所と下級裁判所から構成されている（第93条、第94条）。このほか憲法上の規定は、大統領による最高裁判所首席裁判官ほかの任命手続を定めるが、司法の独立に関しては、議員総数の 4 分の 1 の賛成による動議なしに最高裁判所裁判官の職権に関する事項を国会で審議しないという規定をおくにすぎない（第99条）。なお、最高裁判所の特殊な任務として、大統領の諮問に応じて裁判官 3 名以上からなる助言法廷を設置し、憲法の効力に関する見解を公開の法廷

で答申する（第100条）。マレーシアは、1985年にイギリス枢密院司法委員会への上訴権を廃止し、現行憲法上は連邦裁判所、マラヤ高等裁判所及びサバ・サラワク高等裁判所並びに下級裁判所により構成される（第121条）。司法の独立にかかわる規定はシンガポール憲法同様に議員総数の4分の1の賛成による動議なしに最高裁判所裁判官の職権に関する事項を国会で審議しないという規定をおくにすぎない（第127条）。また、最高裁判所の特殊な任務として、最高元首の諮問に応じて憲法の効力に関する見解を答申する（第130条）。なお、連邦憲法第121条によって設置される2つの高等裁判所と下級裁判所は、シャリーア裁判所の司法権に属する事項を管轄しない（同1A項）。

　タイ憲法は、「国家の基本政策方針」（第5章）において国が司法権の公正かつ迅速な行使を監督し、独立した司法改革機関の設置を要請する。その上で第10章「裁判所」は総則的規定（第1節）として裁判官の独立、本人の同意しない人事異動の禁止（第197条）を定め、憲法裁判所（第2節）、司法裁判所（第3節）、行政裁判所（第4節）、軍事裁判所（第5節）においてそれぞれの管轄事項と裁判官の資格を詳細に規定する。なお、裁判官の任免及び懲戒は、各裁判所ごとに異なり、憲法裁判所裁判官の任免は上院の助言により国王が9年の任期をもって任命し、再任されない（第204条）。最高裁判所以下、3審制の司法裁判所裁判官は、最高裁判所長官、最高裁判所裁判官6名、控訴裁判所裁判官4名、初審裁判所裁判官2名、上院が推薦する委員2名によって構成される司法裁判所司法官委員会において任免、懲戒され、決定は国王に奏上される（第220条、第221条）。行政裁判所裁判官も行政裁判所長官、互選された行政裁判所裁判官9名、上院が推薦する委員2名、内閣が推薦する委員1名によって構成される行政裁判所司法官委員会において任免、懲戒され、決定は国王に奏上される（第225条、第226条）。なお、タイ憲法における特徴的な制度は、最高裁判所に「政治任命による公務員の刑事訴訟部」をおき、政治任命による公務員に対する刑事訴追を特別の刑事訴訟手続による点である（第219条）。

　フィリピン憲法は、第8条「司法府」において司法権の最高裁判所及び下級裁判所への帰属を宣言（第8条第1節）し、国会に管轄権の配分に関する

規則制定権を委ねる（同2節）が、移送令状、禁止令状、職務執行令状、人身保護令状の発出については最高裁判所に排他的管轄権を保障する（同5節）。裁判官の地位についてフィリピン憲法は、最高裁判所長官を委員長として、司法長官のほか、委員として国会の任命委員会が指名し、大統領が任命する法律学教授（任期3年）1名、元最高裁判所裁判官（任期2年）1名、民間代表（任期1年）1名、法曹団体の代表（任期4年）1名によって構成される司法・法曹委員会に裁判官候補者を選定する権限を付与し（同8節）、最高裁判所大法廷を構成する裁判官の過半数の賛成により裁判官を懲戒、罷免する。さらに第8条第15節は、審理の迅速化を促しており、最高裁判所に係属する事件は24ヶ月以内、下級裁判所の合議体に係属する事件は12ヶ月以内、下級裁判所に係属するその他の事件は3ヶ月以内に判決又は決定を言渡すことを要請し、最高裁判所長官又は下級裁判所の首席裁判官は、所定の期間に判決又は決定を言渡し、又は言渡さなかったことを理由を付した文書によって訴訟当事者に送達しなければならない。なお、第11条「公務員の責任」第4節は、マルコス政権下で設置され、オンブズ・パーソンに属する特別検察官が訴追し、一般公務員の汚職を処断する「サンディガンバヤン（公務員特別裁判所）」の存続を容認するほか、第6条「立法府」第17節は、選挙争訟を排他的に管轄する「選挙裁判所」の設置を定める。選挙裁判所裁判官は最高裁判所長官が指名する3名の裁判官及び上院議員、下院議員それぞれ3名からなる。

　ラオス及びベトナムでは、権力の分立は否定されている。とりわけベトナム憲法は「国家権力は統一的であり、立法、行政、司法の3権を行使する各国家機関の間で分業と協調が行われる」（第2条）ことを明記し、強調する。他方で、両憲法は「裁判官は、審理及び裁判を行うに際して独立であり、法律のみに従う」（ラオス憲法第82条）、「裁判長及び参審員は、裁判を行うに際して独立であり、法律のみに従う」（ベトナム憲法第130条）という共通の規定をもつが、両憲法における法律の解釈権の国会常務委員会による独占（ラオス憲法第56条、ベトナム憲法第91条）ともあいまって、両国の裁判所は裁判に際して法律を適用することにのみ、一定の独立性を保持しているに過ぎないといえよう。さらに民主集中制（ラオス憲法第5条、ベトナム憲法第6条）

の採用、最高人民裁判所による下級裁判所の判決監督権（ラオス憲法第80条、ベトナム憲法第134条）及び人民検察庁（院）による監督権（検察権）（ラオス憲法第86条、ベトナム憲法第137条）を通じて、「法律の厳正かつ統一的な」（同）適用を確保する。

　裁判官、検察官の任免についてラオス憲法は、国会が選出する国家主席による提案にしたがい、国会が最高人民裁判所長官を任免することを定める（第53条）。最高人民裁判所副長官は、長官による提案にしたがい国家主席が、それ以外の裁判官は長官による提案にしたがい、国会常務委員会が任命する（第81条）。最高人民検察庁の検事総長、次長検事、検事も同様の方式により任免される（第87条）。裁判官、検察官の任免についてベトナム憲法も、国会が選出する国家主席による提案（第103条）にしたがい、国会が最高人民裁判所長官及び最高人民検察院院長を任免することを定める（第84条）。また、最高人民裁判所長官及び最高人民検察院院長は国会（閉会中は常務委員会及び国家主席）に対して責任を負い、報告の審査を受ける（第135条、第139条）ことで司法機関に対する国会の監督を強化する。

　なお、ベトナムは裁判に民主的正当性を与える趣旨から、法定の手続によって任免され（第128条）、裁判において裁判長と同等の権利を有する（第129条）人民参審員を主権者人民の代表として裁判に参加させる「人民参審制」を維持する。

VI　地方行政と地方自治

　地方自治ないし地方行政のあり方は、東南アジアの多元的諸国においてとりわけ注意深く扱わなければならない課題の一つである。経済成長を確保するためには一方で国家レベルでの開発政策の遂行が要請され、他方では少数者による分離独立を阻止して政治的安定を確保するためには一定の自治を容認しなければならないからである。なお、事実上の絶対王政の下で立憲主義が外見的なものでしかないブルネイ憲法は、地方自治に関する条項をもたず、都市国家であるシンガポールの憲法にも人種的・宗教的少数者に配慮する規定はおくものの、地方制度に関する条項はない。また、東ティモール憲法も

代表機関を有し、公的法人として設置される地方政府（第72条）を定めるほかは、オランダとポルトガルがティモール島の領有を争った当時から、オランダ領東インドにポルトガル領の飛び地として残り、独立とともに東ティモールに編入されたオェックシ・アンベノ（Oecussi Ambeno）県を「特別の行政政策と経済制度によって統治」し、アタウロ島に「適切な経済的地位」を付与する条項（第71条）を有するのみである。さらにカンボジアは近年、村議会議員公選制を導入するなど地方自治に一定の進展がみられるが、憲法上は地方制度については行政区画に関する2ヶ条（第145条、第146条）をもつのみである。他方、インドネシア憲法は、地方行政について「特別な性格を有する地方における伝統的慣習を尊重」することのみを定めた第18条を充実させ、地方と市からなる州（第1項）をおいて、直接選挙による地方代表議会議員の選出（第3項）、それぞれに条例制定権を含む自治権の承認（第2項、第6項）、首長の公選制（第4項）を定めた。また、中央政府と地方行政、地方行政間の関係は地方の特性と多様性に配慮した法律の定めによるものとし、財政、公共サービス、資源の活用に関する中央政府と地方行政の関係は正義と衡平に基づいて法律に定めることとした（第18A条）。さらに、国家は法律に基づいて社会の発展と国家の統一の原則の下で伝統的な慣習的諸権利に関して伝統的な地域共同体の存在を承認し、尊重する規定（第18B条）をおくなどして地方分権化の方向性を示している。

　これらに対してタイ憲法は第14章「地方行政」に総則的規定として第281条において地方住民の意思に基づく地方自治の原則を定立し、地方行政機関への必要最小限の指揮・監督（第282条）、地方行政機関の一般的権限（第283条）、公選制地方議会による意思決定と地方選挙制度（第284条～第286条）及び住民参加の手続（第287条）といった豊富な規定をもつ。また、フィリピン憲法は、第10条「地方政府」において地方行政単位の自治権（同2節）及び大統領の一般監督権（同4節）を承認し、またこれとは別に、ムスリム・ミンダナオ及びコルディリェラスを「自治区」として組織法律による特別裁判所の設置を予定（同18節）し、広範な分野に及ぶ条例制定権（同20節）を付与する。

　一方、マレーシアは連邦制を採用しているので、マレーシア憲法（連邦憲

法）における地方自治関連条項は、連邦法と州法の関係並びに連邦と州の間の立法権及び行政権の配分という性格を帯びる。すなわちマレーシア憲法第6部「連邦と州の関係」は、連邦法の全土にわたる効力と州法の地域的効力（第73条）を前提に、管轄事項を列挙（第74条）して立法権を配分し、それらに基づく行政権を規定する（第80条）。

　なお、社会主義体制の下では、地方自治にも一定の制約がある。ラオス憲法は第8章「地方行政」において県、郡、村及び中央直轄市をおくが、それぞれの首長の任務（第76条～第78条）が上級機関への服従と下級機関の監督とされているのは、「民主集中制」（第5条）の原則に対応するものである。ベトナム憲法も同様に「民主集中原則」（第6条）に沿って省以下の地方行政単位には代表機関である人民評議会（地方議会）と執行機関である人民委員会（地方政府）がおかれるが、それらの活動は上級機関による拘束と下級機関に対する監督を伴う（第118条～第125条）。

Ⅶ　憲法保障

　最後に、各国における憲法保障のあり方について触れておきたい。一般に憲法保障は、憲法それ自体に盛り込まれた改正手続のあり方、憲法の最高法規性を示す条項、改正の対象から特定の条項や統治の基本原理を除外する規定、国民や公務員に憲法保障のための一定の義務を課す規定によるほか、法律、命令、規則又は処分等の合憲性を審査する違憲審査制の採用による。

　このうち、憲法改正手続を一般の法律よりも厳しい手続（硬性憲法）としているのは、インドネシア憲法（国民協議会の議員総数の3分の1による発議、議員総数の3分の2の出席、出席議員の過半数の賛成）（第16章第37条）、カンボジア憲法（国王、首相又は国民議会議員の4分の1による発議、議員総数の3分の2の賛成）（第151条）、シンガポール憲法（議員総数の3分の2の賛成及び国民投票による3分の2の賛成）（第5条、第8条）、タイ憲法（大臣会議、下院議員総数の5分の1、上下両院議員総数の5分の1、5万人以上の選挙権者による発議、上下両院議員総数の過半数の賛成による手続開始、大衆討論、上下両院議員総数の過半数の賛成）（第291条）、フィリピン憲法（議員総数の4分の3、議

員総数の3分の2の賛成又は国民投票による過半数の賛成により召集された憲法会議若しくは選挙権者の12％の賛成による人民発案による発議、国民投票による過半数の賛成）（第17条第1節～第4節）、マレーシア憲法（上下両院における議員総数の3分の2の賛成）、東ティモール憲法（前回の改正から6年を経過した場合は「完全に職務を遂行する議員」の3分の2の賛成、前回の改正からの期間に関係なく「完全に職務を遂行する議員」5分の4の賛成）（第154条、第155条）、ラオス憲法（国会の議員総数の3分の2の賛成）、ベトナム憲法（国会の議員総数の3分の2の賛成）である。一方、ブルネイは、憲法の改正・廃止を国王の裁量（布告）に委ねるが、立法評議会の承認を要する（第85条）。

　また、憲法の最高法規性を宣言する規定は、カンボジア憲法（第150条）、シンガポール憲法（第4条）、タイ憲法（第6条）、マレーシア憲法（第4条）、ラオス憲法（第96条）及びベトナム憲法（第146条）に看取することができる。さらに、規定の内容面での憲法改正制限条項として、「国家統一に関する規定」（インドネシア憲法第37条）、「自由な民主主義及び複数政党制並びに立憲君主政体」（カンボジア憲法第153条）、「国王を国家元首とする民主主義政体及び国家体制の変更」（タイ憲法第291条）、「市民権に関する憲法第2附則第3部、連邦管轄事項と州管轄事項、連邦管轄事項を決定する国会の権限」（マレーシア憲法第159条）は改正の対象とはならず、東ティモール憲法は「独立及び国家の統一、市民の権利及び自由、権力分立、司法の独立、複数政党制及び民主的な反対表明の権利、選挙制度、地方分権及び地方自治、国旗並びに独立記念日」（第156条）を「憲法改正において尊重する」（同）と定める。改正の時期について憲法改正制限条項を設けているのは、非常事態宣言下の憲法改正を禁じたカンボジア憲法（第152条）、5年に1度以上の改正を禁じたフィリピン憲法（第17条第2節）、非常事態宣言下及び6年に1度以上の憲法改正を原則的に禁じた東ティモール憲法（第154条、第157条）である。なお、カンボジア憲法は第49条において市民の憲法尊重義務を、フィリピン憲法は第11条第18節に公務員の憲法尊重・擁護義務を課し、ラオス憲法は、国家機関、党、大衆団体、市民に憲法遵守義務を課す規定（第10条、第47条）をおき、ベトナム憲法は共産党に憲法の範囲内での活動（第4条）及び公民の憲法遵守義務（第79条）を課す。

各国の違憲審査制については違憲審査機関、審査対象及び審査の形式が問題となる。このうち違憲審査機関の違いに着目すると、そもそも違憲審査制を導入していないインドネシア及び違憲審査制を憲法に規定せず、下級裁判所において憲法解釈の必要が生じた場合には高等裁判所への照会に基づいて判決を下すことを法律で義務づけているシンガポールを除いて、最高裁判所を頂点とする通常裁判所における違憲審査制を採用しているフィリピン憲法は、第8条第4節第2項において法律の合憲性、大統領の命令、布令、指令、指示、布告その他の規則の合憲性の法令違憲及び適用違憲の審査は最高裁判所大法廷の管轄事項であると定め、とくに条約、国際協定も違憲審査の対象となることを明示する。さらに、マレーシア憲法も連邦裁判所に国会、州立法府によって定められた権限外の規定の無効を争う訴訟及び憲法の規定について争う訴訟の管轄権を認める（第128条）。なお、東ティモール憲法は、違憲審査制に関して比較的充実した規定をもつ。すなわち、東ティモール憲法は第6編第1部に「憲法保障」をおき、大統領は公布のために付託された法律案の合憲性の公布前審査を最高裁判所に求めることができ（第149条）、大統領、国民議会議長、首相、国民議会議員総数の5分の1、オンブズ・パーソン、裁判所が違憲であるとして施行された法律の適用を3回拒否した場合には検事総長にも最高裁判所に対する審査請求権を認める（第150条）。また、大統領、検事総長、オンブズ・パーソンは、憲法条項の実施に必要な立法措置を執らなかった不作為による違憲性の審査を請求する権限を有し（第151条）、最高裁判所は、違憲性を理由として法律の規定を適用しないとする下級裁判所の決定及び裁判手続において適用された法律の規定を合憲とする下級裁判所の決定に対して訴訟当事者が申立てた異議を審理することができる（第152条）。

　また、違憲審査を管轄する憲法裁判所を設置しているのはタイ憲法とインドネシア憲法である。タイの憲法裁判所は、司法裁判所の請求により法律の合憲性を審査し（第211条）、権利又は自由を侵害された者は、法律の違憲審査を請求することができる（第212条）。また、国家機関の間で権限の衝突が生じた際には、国会議長、首相、当該国家機関は、憲法裁判所に決定を求めることができる（第213条）。さらに、最高裁判所、国民代表議会、大統領に

よってそれぞれ3名ずつ指名され、9名の裁判官によって構成されるインドネシアの憲法裁判所は、「司法審査について終局的に判決する」権限及び「国民代表会議の諮問に従って、大統領及び副大統領による憲法違反を判断する」権限をもつ（第24Ｃ条）。

ところで、対審形式によらない違憲審査機関を設置している国としてブルネイ憲法は、スルタンが任命する長官と2名の委員からなり、スルタンが命じる憲法解釈及び裁判所がスルタンを通じて申請する憲法解釈を担う「解釈法廷」をおく（第86条）。また、カンボジアは、憲法上に違憲審査及び選挙争訟を決定する「憲法院」（第12章）をもつ。憲法院は国民議会、国王、司法官職高等評議会がそれぞれ3名ずつ指名する任期9年の評議官9名によって構成される（第137条）。審査は、公布前の議会規則、組織法律の義務的審査のほか、国王、首相、国民議会議長、国民議会議員総数の10分の1、上院議長、上院議員総数の4分の1による法律案の公布前審査及び公布後の法律の抽象的審査並びに裁判官が求める付随的審査の請求による。そして市民にも国民議会議長、国民議会議員、上院議長、上院議員を通じて施行後の法律の審査請求権を留保する（第140条、第141条）。

なお、社会主義体制を採るラオス及びベトナムにおいては、国家権力の一体性の主張（ベトナム憲法第2条）及び人民代表によって構成される立法機関の他機関に対する優越（前述）を根拠として、立法機関である国会の常務委員会が憲法及び法律の解釈権を独占する（ラオス憲法第56条、ベトナム憲法第91条）。

おわりに

本章では、東南アジア各国における統治体制、議会制と国民の政治参加、政党制、行政権の民主的統制、司法制度と司法の独立、地方行政と地方自治、憲法保障を概観した。これらを通じて、国際社会の関与によって少なくとも憲法上は司法の独立や市民の国政参加を制度化したカンボジアと東ティモール、激しい政治闘争の末に憲法に描き込まれた「理想」の実現に向けた挑戦の途上にあるタイ、フィリピン、インドネシア、軍と君主の専制によって未

だ「外見的立憲主義」状態にあるブルネイとミャンマー、全体として憲法には比較的簡素な規定をおくにとどめているシンガポールとマレーシア、「新思考」、「刷新」の下で憲法改正を重ねながらも今なお社会主義法の伝統を堅持するラオスとベトナムといった各国の多様な姿が浮かび上がっている。

　他方で、もとより憲法の条文を表層的になぞったにすぎない本稿は、主に紙幅の制約から第1に、各国の憲法改正史に即してどのような経過を経て現行の規定が登場したか、という憲法の動態を描き出せておらず、第2に、法令の規定をふまえて、各国における制度設計の全体像を読者に提示できていない。また第3に、司法改革や行政改革など現在進行中の政策動向と最新の立法動向を紹介できていない点で制約を有する。これらについては今後の課題として稿をあらためて検討したい。

参考文献
（日本語文献）
日本タイ協会（編）『現代タイ動向　2006-2008』めこん、2008年。
佐藤百合（編）『インドネシア資料データ集』アジア経済研究所、2001年。
白石昌也（編著）『ベトナムの国家機構』明石書店、2000年。
四本健二『カンボジア憲法論』勁草書房、1999年。
作本直行『アジア諸国の憲法制度』アジア経済研究所、1997年。
安田信之『東南アジア法』日本評論社、2000年。
小林昌之、今泉慎也（編）『アジア諸国の司法改革』アジア経済研究所、2002年。
作本直行、今泉慎也（編）『アジアの民主化過程と法』アジア経済研究所、2003年。
萩野芳夫、畑博行、畑中和夫（編）『アジア憲法集〔第2版〕』明石書店、2007年。
知花いづみ「司法の役割——民主主義と経済改革のはざまで」川中豪（編）『ポスト・エドサ期のフィリピン』アジア経済研究所、2005年。
川中豪「民主主義の制度変更——フィリピンにおける議院内閣制導入論をめぐって」アジア経済46巻3号、2005年。
遠藤聡「2007年タイ王国憲法の制定過程とその成立」外国の立法235号、2008年。
川村晃一「1945年憲法の政治学——民主化の政治制度に対するインパクト」佐藤百合（編）『民主化時代のインドネシア』アジア経済研究所、2002年。

遠藤聡「ベトナムの国会と立法過程」外国の立法231号、2007年。
横田洋三「東ティモール民主共和国憲法」中央ロー・ジャーナル3巻1号、2006年。

(外国語文献)
Clauspeter Hill & Jörg Menzel (eds.), Constitutionalism in Southeast Asia Vols. 1 & 2, Singapore: Konrad-Adenauer Stiftung, 2008.

第3編

南アジア編

パキスタン
ネパール
ブータン
インド
バングラデシュ
スリランカ
モルディブ

第7章
南アジア編　総論

孝忠延夫

はじめに
――立憲主義の受容と交渉への開かれた場としての南アジア

　南アジアは、おおまかにいえば、世界の4大文明の1つと他の2つを北と西にもつ地域ということができる。これらの文明が交渉し、からみあう場所、すなわち多様性を抱えつつ変容していく地域としての南アジアがあり、そして「南アジア」が形成されていった。この南アジアは、外来の民族や文化との接触・対立、そして交流の長い歴史を有している。この「開かれた」交流の歴史が、南アジアの多様で複雑な社会的・文化的構成をもたらした。したがって、1つの法文化体系や社会・国家構造を必ずしも共有するものではないが、この文明史的ともいえる状況と現在の地政学的位置は、それぞれの国民国家を形成し（あるいは形成しようとし）、制定・運用されている立憲主義憲法の明示的・黙示的な特徴となっている。

　また、この地域は、「悠久のインド」などと個性的な文明・文化のイメージ・観念を想起させる一方で、「植民地支配」、「貧困」などの諸問題を想起させる「周辺・周縁」地域のイメージも世界に発信してきた。しかし、グローバル化しつつある世界のなかで、あらたな役割と基軸的な存在をも示しつ

つ再登場してきているということもできる。すなわち、立憲主義の21世紀的展開の限界とともに可能性をも示している（このことは、「アジア」そのもの、つまり本書の対象となるすべての地域にもいえるように思う）。

　本書で対象とする「南アジア」とは、バングラデシュ、ブータン、インド、モルディブ、ネパール、パキスタン、スリランカの7ヵ国をいうものとする。

　南アジアの憲法を紹介・検討しようとするとき、本書で十分にとりあげることの出来なかった西アジア、中央アジアへとつながる地域の国家形成と国民統合（それをかたちとして表した憲法典）の現状を抜きにはできない。南アジア（とりわけパキスタン）の憲法のあり方は、これら地域の諸国との緊張関係・協力関係の中で変動してきたからである。したがって、この「南アジア」の章では、東に「東南アジア」、北に中国（「東アジア」の章で論じられている）、そして、西に「西アジア」さらには「中央アジア」へと開かれた立憲主義の受容と交渉の場としての南アジアという位置づけとその性格を明らかにする。

　南アジアでは、インドの影響力は極めて大きい。他の諸国がインド憲法のあり方とはかなり異なった政治形態をとった場合でも、インド憲法の内容を踏まえたうえで、「あえて」その手法を採らないという選択がなされているのではないかと考えられる場合が多い。したがって、以下、インド憲法（1950年）を中心としつつも、それぞれの国の憲法の具体的内容をも可能なかぎり紹介してみたい。

I　憲法と国民統合
――「多様性」を抱えながら「統合」への努力を続ける南アジアの国々

　国民国家（Nation-State）成立以前の北米・西欧が「多様性」に富んだ社会でなかったわけではない。しかし現在なお、「多様性」を抱えながらも国民国家形成と国民統合を試みた「成果」としての南アジアの「憲法」は、多様性があらためて顕在化しつつある北米・西欧の現代立憲主義諸国家にとって参照すべき内容を多々含むものとさえいえよう。

　憲法の冒頭で「われら、インド国民（We, The People of India）」が 憲法

を制定し、確定していく旨明記するインド憲法（1950年）のような規定もあれば、パキスタン憲法（1973年）のように、その冒頭に神アラーの至高権を明記する国もある。いずれも、それらの国々を構成する「国民」による国家の形成、国民統合の課題を果たすための「あり方」を示すことを憲法の第1の目的としていることは明白である。

1　特定の宗教を国家のあり方（基本理念）に明示する国々

　［「地球にとって普遍的な価値をもつ国──ブータン」］　2008年7月18日、初めての成文憲法典を制定・施行したブータン王国は、国土内標高差が7000メートル以上もあり、それぞれの山岳・渓谷に分断されていることもあって、多民族、多文化、多言語社会である。ブータン憲法は、世界の平和と友好に専心し、国民の高い生活水準を保障するため、国民総生産ではなく、「国民総幸福量（GNH）の増大をめざす」とともに（第9条第1節、第2節）、新たな「ブータン人（国民）」の定義・形成をはかり（第6条）、環境主義をネーションの属性として明記する（第5条）。この憲法によりブータンは、「地球にとって普遍的な価値を持つ国」として自己を位置づけようとしているのである。従来、「国民文化」とは国民国家が他の国々と対等でかつ独立した単位として存続していくための、他国との差異を表す言説と考えられてきた。しかし、ブータン憲法は環境保全というグローバルな文化を自らの内に取り込み、それを「国民文化」として表象している。形成しようとする1つの国民国家を21世紀グローバル社会の中に位置づけ、自らの居場所をみつけようとする積極的な試みということもできる。また、その独自性、内発性は、仏教徒としての国王により堅持される政教複合体制をとり（第2条第1節）、仏教をブータンの精神的遺産とする（第3条）思想に裏づけられたものである。これら憲法理念の実現には、多くの困難もともなっている。

　［「紛争」終結後の国民統合──スリランカ］　スリランカ民主社会主義共和国においては、とりわけ1983年以降「民族・宗教」紛争が続いてきた。数千年にわたって共存してきた多数派シンハラ人（仏教徒）と少数派タミル人（ヒンドゥー）とが、シンハラ語を唯一の公用語と定め、仏教に優先的地位を与える1972年憲法以降（1978年憲法にも基本的な内容は受け継がれた）、L

TTEなど分離国家を志向する武装グループの台頭をよび、長期にわたる「紛争」が続いたのである。この意味では、憲法の内容（宗教および言語条項など）が引き起こした、まさに「憲法」紛争ということができよう。国民間の分裂と過酷な犠牲を払った軍事対立が一応の決着をみた後、まさに新たな国民統合をめざす「憲法」確定の作業が重要となっている。

　［あえてイスラームの国教化を明記する──バングラデシュ］　パキスタンから分離・独立したバングラデシュ人民共和国は、その憲法（1972年）に、当初、基本原理として政教分離主義を掲げていたが、1988年6月の第8次憲法改正によってイスラームを国教と宣言することとなった（第2A条）。バングラデシュは、他の南アジア諸国と異なり、言語・宗教などを共有する比較的同質的な社会を構成していたことから、国家形成・国民統合にかかわる憲法の基本原理について深刻な対立はなかったとされてはいたが、政治的配慮のために（人口の圧倒的多数を占めるムスリムの支持を獲得するために）、憲法の「政教分離主義」を「全能のアラー（神）への絶対的な信頼と誠実」に置き換え（1977年）、さらにはイスラームの国教化を明記するに至ったのである（1988年）。

　［社会正義であるイスラームの諸原理に基づく民主国家──パキスタン］パキスタンは、その国名が第2次憲法（1962年）で「パキスタン共和国」とされたことがあるものの（約2年間）、その国名が「パキスタン・イスラーム共和国」とされているように、建国の父ジンナーの「パキスタンは、社会正義であるイスラームの諸原理に基づく民主国家たれ」という宣言に忠実にイスラームの教義を建国および国家運営の基本理念とし（1973年憲法前文）、イスラーム教を国教としてきた（第2条）。また、「司法」にかんする編のなかにシャリーア裁判所にかんする章を持ち（第7編第3A章）、さらには「イスラーム規定」（第9編）などをも有する。しかし、同時に少数民族の信仰の自由、文化の発展を尊重し（前文）、信教の自由を保障する（第20条）などの規定をも有しており、実際の国家運営においては政教分離主義的な手法がとられることが多い。国民国家建設・運営、および国民統合の課題は、その国名にも示された多民族的構成と西アジア、中央アジアとの地政学的関係の複雑さ、さらにはインドとの「対抗」関係などによって、今なお困難な課題

であり続けている。

　[連邦民主共和制へ——ネパール]　ネパールが「国民国家」として成立したのは、かなり早く、18世紀末ともいわれるが、その国家の基本的あり方(王国、立憲君主国、あるいは共和国)をめぐる争いが続いてきた。国民統合の役割を果たすとされた「国王」が、3権を有するのか(51年憲法)、「ネパール国とネパール人民統合の象徴」にすぎないのか(90年憲法)などをめぐって論議が続き、憲法改正、憲法制定がなされてきた。また、「ネパールは、多民族的、多言語的、民主的、独立的、不可分的、主権的、ヒンドゥー教的および立憲君主制的な王国である」(90年憲法第4条)とされたように、国家のヒンドゥー教的性格が明示されてもいた。しかし、同時に、信教の自由も保障され(同第19条)、宗教の違いなどによる差別が禁じられていることは他の諸国の憲法と同様である(同第11条など)。2007年1月15日には暫定憲法が公布され、国王はいかなる「国権」をも行使しないものとされ、国名も「ネパール王国」が「ネパール」に変更された。この暫定憲法は、文化的多様性を維持しつつ国内の多様なグループが一体となって国家の統一を強化することをめざしている(第35条第3項など)。その後、同年12月には、「連邦民主共和制」宣言がなされた(「連邦制」に関する論議はなお続いている)。憲法上、「国王」の規定はなく、国民統合における「国王」の役割は大きく変わってきた(第23編「移行規定」第159条は、国王が国政にかんする権能を有しないこと、国王財産の利用、国有化などについて定めている)。また、ヒンドゥー教の国教的地位は廃止され、政教分離国家とされている。

　[イスラームの教義に忠実な国政運営——モルディブ]　モルディブ共和国は、上述してきた国々と比べても、国教規定のみならず、国家構成員の資格をムスリムに限定するなどの特異性を有している。モルディブは、2008年憲法でも国教をイスラームと定め、イスラームがすべての法律の基礎にあり、イスラームの教義に反する法律の制定を禁じている(第10条)。また、非ムスリムは、モルディブの「公民(Citizen)」となることができない(第9条)。したがって、「基本的権利および自由」(第2章)は、すべての人に保障されるが、「イスラームの教義に反しない方法で」という限定が付され(第16条)、信教の自由についての条文は設けられていない。さらに、国民議会

(The People's Majlis)の議員、大統領、大臣、裁判官などは、ムスリムであるだけでなく、スンニ派の信者であることがその資格とされている（第73条、第109条、第130条、および第149条）。これらの規定からすれば、一方で観光客を広く受け入れるモルディブは、憲法上、ムスリムのみによって構成され、イスラームの教義に忠実なスンニ派の国政リーダーによって運営される国家とされているのである。

2　政教分離主義をその国是とする国・インド

インドは、「多様性」という上述の国々の実情を同様に（さらに大きな形でといっても良いかもしれないが）抱えている。しかし、インドは、「それにもかかわらず」、憲法規範として明記した「社会的、政教分離主義的で民主主義的な共和国」（憲法前文）を何とか実現しようと模索・努力をつづけてきた国ということができる。

インドの人口の80％以上はヒンドゥーである。この人口比からすれば、他の南アジア諸国であれば、憲法上、国教あるいはそれに準ずる地位を明記するか（すべての国民の信教の自由保障とあわせて）、ヒンドゥー教を少なくともその国家の基本・運用理念として、前文などに何らかの文言を記すのが一般的といえるかもしれない。しかし、インドは、周囲の諸国とは一線を画し、その建国の理念としての政教分離主義を守り続けようとしている。

(1)　政教分離主義の憲法への明記

政教分離主義は、独立・建国の理念とされてはいたが、インドがこの理念を明記したのは1976年の憲法第42次改正である。それまで黙示の理念とされてきたこの政教分離主義がなぜ憲法制定後四半世紀以上たった1970年代半ばに明記されたのかを考える必要があろう。この第42次改正では、前文に「社会的」という文言が付加されるとともに、国家の統一に加えて「統合（integration）」が追加されている。つまり、当時の国内状況から、インドの「統一と統合」という一体性を改めて強調する必要があり、対外的にもインドの（精神的な）優位性を示す必要性があったからだと思われる。ただ、この理念の明記以降、「政教分離主義の定義」が憲法上の争点ともなり、また、ヒ

ンドゥー至上主義的な勢力の社会的・政治的な台頭、さらには、かかる政党の政権担当（1998年〜2004年）という事態などが続くことになる。

(2) 政教分離主義の内容

広義の政教分離の憲法的内容は、信教の自由、市民権の平等、そして国家と宗教との分離の3つを含むものとされる。政教分離が基本的人権、とりわけ信教の自由をその内容として含み、あるいはそれを保障するための手段だとすれば、政教分離主義とは、国家の宗教的「寛容」政策レヴェルの基本原理（理念）ではなく、信教の自由にかんする憲法第25条から第28条をすべての人々に十分に保障し、宗教を理由とする差別を禁止する第15条第1項、第2項、第16条第2項、第29条第2項、および第325条を尊重し、宗教的マイノリティに特別の権利を保障する第30条をも尊重することを、その主要な内容とすべきである。この意味で、政教分離主義は、狭い意味での信教の自由保障との緊張関係を予定されているといってよい。

国家と宗教との分離は、国家の非宗教性を意味するというよりは、国家の宗教的中立性を意味する。この宗教的中立性は、国家が特定の宗教へ過度にかかわり合いを持つことの禁止をその内容とする。ただ、国家の非宗教性、宗教へのかかわり合いが問題とされるのは、主としてマジョリティの信仰する宗教との関係においてであり、宗教の尊重、宗教的行為への配慮が問題とされるのは主として宗教的マイノリティに対してである。政教分離主義はかかる二面性を待たざるをえない。この2つの面がそれぞれ逆の方向で作用するとき、政教分離主義は、信教の自由の制約、宗教的マイノリティへの抑圧の論理に転化する。

(3) 政教分離主義と信教の自由をめぐる立法および判例

1980年代、政教分離と信教の自由をめぐって日本では、自衛官合祀拒否訴訟最高裁判決（1988年）があり、アメリカ合衆国では、日本でも周知のレモン判決（1971年）が示した要件を緩和あるいは変更する一連の判決が登場する。インドでは、国家と宗教との「模索されるべき両者の関係」が1つの方向性を明らかにしはじめた。このことは、例えば、シャーバーノー事件判決

（1985年）をめぐる論議とその後の経過に示されている。

　［シャーバーノー事件判決］　　この判決は、困窮した離婚女性には別れた夫から扶養手当を受ける権利があるとし、さらに統一民法典（憲法第44条）の早急な成立と普及の奨励についても論及した。この判決に対して、ムスリムの宗教的アイデンティティに干渉するものであるとする激しい反発が起こったのである。政府と国会は、事実上ムスリム勢力の主張を容れ、「ムスリム女性離婚権保護法」（1986年）を成立させ、ムスリム女性が離婚後の扶養手当をめぐって刑事訴訟法に基づいて争う途を閉ざした（その内容からすれば、「保護」は、ムスリム女性に対して向けられたものではなく、ムスリム社会にむけられたものといえよう）。

　同様の事例に裁判所が刑事訴訟法を適用したのは、このシャーバーノー事件だけではなかった。しかし、この判決とその後の国会・政府の対応は、憲法理念を「逆の」ベクトルに働かせ、政教分離主義と信教の自由の保障が、政権の支持基盤安定のために利用されたのである。ほぼ同時期、1977年来閉鎖されていたバーブリー・マスジッドに地元裁判所の開錠令（1986年2月）が出されたことなどとあわせて考える必要があろう。

　［政教分離と統一民法典問題］　　シャーバーノー事件判決を契機に統一民法典問題も論議された。統一民法典の問題は、すべての「インド国民」に共通の身分法を将来的には制定すべきだということと、固有の身分法を持つコミュニティ（宗教・宗派共同体）の権利をどう調和させていくのか、にかかわる問題であり、憲法制定議会でも大きな論議となったテーマの1つである。付随的とはいえ、シャーバーノー事件最高裁判決がこの論点に早急な結論を出すべきだと述べたことが、逆に結果として「ムスリムをインド社会の本流から切り離す」ことを助長してしまった。すなわち、ムスリム女性離婚権保護法は、政教分離主義の本質は、「すべての宗教を等しく尊重することである」という名目で、身分法の問題を憲法規範の射程から全く自由な領域に移してしまい、コミュニティ間の政治的力関係で処理されるものとしたのである。

　インドにおいては、さまざまな理念が政教分離主義の名で語られているが、それらには、①組織制度上の政教分離、②科学的合理主義の宗教的価値に対

する優越、③公共圏からの宗教の排除、④多宗教の相互尊重と共生、などが挙げられる。このことを踏まえて田辺明生は、「(①についての必要性は問題なく認められるだろうとしたうえで、)むしろ人と人との社会的つながりの場という意味での公共圏における宗教的な価値や倫理の積極的な意義を認めたうえでこそ、④は実現するという考え方が、インド的なセキュラリズムの重要な特徴である」ことを指摘する。

3 憲法上の「国語」および「公用語」

これまで述べてきたように、社会生活において使用されていた言語のうちの特定のものを憲法上、「国語」あるいは「公用語」とすることによって国民国家の形成、国民統合の促進がはかられるとともに、一方では、国語あるいは公用語とされなかったことによって、特定の言語話者が「2級市民化」することになり、国内の社会的な格差を助長し、国民内の異なったグループの顕在化、アイデンティティ・ポリティクスの激化が生じる。

その端的な例が上述したスリランカであろう。1972年憲法では、シンハラ語を唯一の公用語と定め（第7条）、議会および裁判所などでのシンハラ語の優先的地位を明記した。また、1978年憲法では、シンハラ語に加えてタミル語も国語とされたが（第19条）、公用語としてはシンハラ語のみが定められており、シンハラ語の優位が残された（第22条、第24条）。これらに対して、2000年憲法案では、両言語を公用語としても国語としても認めている（第32条、第33条）。

バングラデシュは、国語をベンガリー語と明記し（第3条）、ネパールも国語・公用語はネパール語であることを明記している（暫定憲法第5条）。これに対して、パキスタンでは、公用語はウルドゥー語とされているが（第251条第1項）、州議会が法律により州の言語を使用するための手段を具体化しうることを認めている（同条第3項）。なお、モルディブの国語は、ディヴェヒ（Dhivehi）と定められている（第11条）。

インドでは、ヒンドゥーがインド人口の80％を超えるのに対して、ヒンディー語人口は、インド人口の半数にも満たない。インド憲法は「国語」を定めてはいないが、ヒンディー語の優越的地位（連邦の公用語）を定めている。

同時に憲法上の言語として（第17編第2章）、第8附則「言語」に明記された言語は、当初の15言語から現在では22言語に増加している（2003年憲法第92次改正まで）。連邦公用語としてのヒンディー語の明記（第343条）、憲法および連邦法令のヒンディー語化（第394A条）などが進められているが、ヒンディー語中心主義への批判も根強く、その「国語」化は困難であろう。また、英語の公的使用も認められ（第343条第2項、1963年公用語法）、最高裁判所および高等裁判所のすべての手続きなどは「英文による」ものとされている（第348条）。英語の使用は、速やかに是正すべき植民地時代の「遺物」なのかもしれないが、異なった多様な言語が用いられているインドにおいてヒンディー語中心主義を排し、各言語の併存のうえに国民統合をはかっていくためのツール、共通言語としての英語は今後も重要性を維持するものと思われる。

II　基本的人権保障の特徴──「法の下の平等」とマイノリティへのアファーマティブ・アクションおよび留保措置

　南アジア諸国の憲法の「基本的人権保障の特徴」として、ここでは、「法の下の平等」とマイノリティへのアファーマティブ・アクションおよび留保措置の問題をとりあげる。その他のいくつかの特徴（特質）については、第8章（人権保障）を参照いただきたい。
　多様な「国民」によって構成される南アジアの国では、すべての国民の「法の下の平等」を明記するとともに、その違い・特性を持つことによって従来不利益を受けてきたとされるグループ（言語的・宗教的マイノリティのみならず、ここでは、このような広義の「マイノリティ」という語を用いる。）に対する特別の配慮、優遇、さらには公務・公職上、議会代表の一定の留保（Reservation）を憲法で明記する例が少なからず存在する。

1　言語的・宗教的マイノリティなどの権利
　ネパール憲法（1990年）は、ネパールが「多民族的、多言語的な」国家であることを明記し（第4条）、各集団が「自らの言語、文字および文化を保

存し、育成する権利を有する」ことを明記していた（第18条）。この趣旨は、2007年暫定憲法にも受け継がれている（第3条、第35条など）。また、パキスタン憲法第28条は、公用語の規定を前提としつつも、それぞれの言語、文字および文化の保護・奨励、さらには当該目的のための団体設立の権利を保障する。スリランカ2000年憲法案も、すべての市民が自らの文化を享受および促進し、言語を使用する権利を保障している（第19条）。

　インド憲法は、その第29条および第30条でマイノリティの文化的・教育的権利の保障、宗教的・言語的マイノリティの学校設立・運営の権利を認めている。この第29条と第30条とは、それぞれ別の権利を創設するものではあるが、2つの条文を合わせて結果的に言語的・宗教的マイノリティの権利が効果的に保障されることになると最高裁は述べる。

2　マイノリティへのアファーマティブ・アクション（優遇措置）

(1)　すべての市民の平等とマイノリティへの優遇措置の憲法上の明記

　南アジアの憲法は、インド憲法の影響もあってか、すべての国民（市民）の「法の下の平等」、「差別の禁止」を明記すると同時に、特定の弱者層（広義のマイノリティ）に一定の配慮・優遇措置、すなわちアファーマティブ・アクションを明記するものが多い。

　バングラデシュ憲法は、その第27条で「法の前の平等」を定め、第28条第1項～第3項などで差別禁止事由を挙げて市民の平等取り扱いを明記している。同時に、第28条第4項は、「国が女性もしくは子ども、または後進地域に属する市民の向上のために、これらの者に有利な特別の規定を設けることを妨げるものではない」と定める。同様の規定は、公職への機会均等を定めた第29条にもみられる。1990年ネパール憲法第11条第3項但書は、法の下の平等の明記を受けて、「ただし、女性、子ども、老人、身体もしくは心神に障害をもつ者、または経済的、社会的もしくは教育的後進階層に属する者の保護と向上をはかるために法律により特別の規定を設けることができる」と定めていた。また、第26条10号は、「国家の政策」の1つとして「国は、経済的・社会的に後進的なグループおよび社会集団の教育、健康および雇用に関する特別規定を設けることによって、彼らの利益の増進を支援する政策を

とらなければならない」ことを明記していた。

　ネパール2007年暫定憲法は、「国家の政策」を22列記し（第35条）、その保護（「特別規定を設ける」）の対象としての子ども、障害者、高齢者、土地なし農民、スクワター、債務労働者、紛争犠牲者、ダリット、先住民族、マデシ、そしてムスリムなどを明記する。

　パキスタン憲法は、その前文に「マイノリティおよび後進的かつ最下層の人々の合法的な利益を守るために適切な規定を設けなければならない」としたうえで、法の下の平等、差別禁止を定めるそれぞれの条項で、「この条の規定は、国が女性および子どもの保護を目的とした特別規定を設けることを妨げない」（第25条第3項）、「この条の第1項は、国が女性および子どものために特別の規定を設けることを妨げない」（第26条第2項）ことを明記する。また、モルディブ憲法も、子ども、高齢者および障害者への特別の配慮、保護規定を設けることを認めている（第35条）。

　2000年スリランカ憲法案第11条も法の前の平等、法の平等な保護を定めたうえで、「この条の規定は、民族、性差、性別、年齢、心神もしくは身体障害を理由とするものを含む社会的もしくは経済的に後進的な個人もしくは集団に対してこれを保護し、または向上させることのみを目的とする、法律、命令、もしくは行政行為に基づく特別措置をとることを妨げるものではない」とする。

(2)　インド憲法におけるマイノリティ保護
　上述の諸憲法の規定形式のモデルとなったと思われるインド憲法の関連規定は、詳細である。また、これらの規定を手がかりとする社会的・政治的運動、最高裁の判例などの積み重ねにより、いくどか憲法改正もおこなわれてきた。
　インド憲法が明記する、広義のマイノリティへの保護は、大別すると2つに分けられる。1つは、市民（公民）としての平等な権利の保障、社会的差別・不平等からの保護である。これらの保障・保護は、主として憲法第3編「基本権」の内容とされている。第2は、マイノリティに対する特別の保障、特別措置などを定めるもので、これに関連する規定は、第3編「基本権」、

第４編「国家政策の指導原則」、そして第16編「特定階層に対する特別規定」などにみられる。インド憲法の広義のマイノリティへの保障規定をさらに区分すれば、次の５つの範疇に分けることができる。すなわち、①社会的な差別の是正・除去（第17条、第23条第１項など）、②文化的・教育的権利の保持（第29条、第30条）、③教育・経済分野における優遇措置（第15条第４項、第19条第５項、第46条など）、④公務・公職上の優遇措置（第16条第４項、第４Ａ項など）、⑤国会下院および州議会（州立法院）における留保議席（第330条、第332条）である。また、これらの規定の主体あるいは「対象」となる広義のマイノリティは、次のように分類できる。①言語的・宗教的マイノリティ、②社会的・教育的後進階級、③指定カースト（ＳＣ）、④指定部族（ＳＴ）、⑤その他の後進階級（ＯＢＣ）。

(3)　「原則と例外」か？

　インド憲法におけるマイノリティへの優遇措置の多くは、指導原則（第４編）に定められている。例えば、第46条は、指定カースト、指定部族その他の弱者層に対する教育上および経済上の利益の促進をはからなければならない旨明記する。が、そのいくつかは基本権（第３編）にも定められている（第15条第３項、第４項など）。このことが、その憲法的性質にかかわる論議をよぶこととなった。当初の判例・学説は、ほぼ例外なくそれらを基本権の「例外」規定と解していたが、最近では目的（基本権）のための「手段」だと解する説も有力に唱えられているし、優遇措置それ自体が「権利」規定だと解する学説もある。これに対しては、たとえ基本権規定の中で保障されたものであっても、権利規定ではなく、政策規定にすぎないとの反論もなされている。これらの論議を整理するためには、インドに平等な社会をつくり上げていくための憲法的方策とその方策の憲法的性質をどのようにとらえていくのかということ、また近年の「指導原則の基本権化」をどのように理論づけるのか、さらには「人権」概念の広がりと変化などをあわせて考えることが必要である。

3 マイノリティへの留保措置

(1) 単なる「優遇措置」をこえた「留保」(Reservation) 措置

バングラデシュ憲法第29条は、「公職への任用の機会均等」を定めており、その第3項1号では、一定の人々への優遇措置を定めることを認めている。さらに、同2号と3号は、特定の宗教または宗派の組織にかんする職への任用、特定公職の性質を考慮した留保をおこなうことを認めているが、その内容からして必ずしもマイノリティ保護規定の性質を持つものともいえないかもしれない。これに対して、パキスタン憲法第36条は、「マイノリティの保護」として、「国は、連邦および州の公務に自らが適正に代表されることを含むマイノリティの正当な権利および利益を保護しなければならない」とする。また、国民議会には、女性および非ムスリムのために議席を留保すべきことを明記し（第51条第1項、同第2A項）、上院では、女性の議席を留保している（第59条第1項4号）。ネパール暫定憲法は、立法議会の定数を330名と定め、各政治勢力への配分とともに、48名を各種マイノリティその他のグループに配分する。

ネパール暫定憲法は、その第35条「国家の政策」で、経済的・社会的に後進的な先住民、ダリットなどに過渡的な措置として教育、健康、住居、雇用などのために留保をおこなうことを認めている（同第10節）。

インド憲法は、指定カースト（ＳＣ）および指定部族（ＳＴ）に対してはたんなる優遇措置のみならず、公務・公職上の留保措置をも明記する（第16条第4項、第4A項）。また、ＳＣ／ＳＴに下院において議席を留保すること(第330条)、同じく州立法院においても議席を留保することを定めている（第332条）。

(2) 「その他の後進階級」への留保措置の合憲性

インドにおいて、これらの中でとりわけ問題となり、今日なお論議が続いているのは、「その他の後進階級（Other Backward Classes：ＯＢＣ）」に対する優遇留保措置の合憲性である。

ＳＣ／ＳＴに対する優遇留保措置の根拠づけとしては、長年にわたる過酷な差別というその歴史性にも着目し、補償的差別であるとする見解が有力で

あるが、ＯＢＣに対する優遇留保措置は、補償的差別という論拠では説明しえない。また、ＯＢＣそのものの定義も憲法上なされていないので、その定義も大きな論議となった。憲法第340条に基づいて設置された第１次後進階級委員会の報告書（1955年）は、社会的・教育的後進性を決定する要因としてカーストを用いることには否定的であった。また、最高裁の判決もカーストを基準とするＯＢＣ認定を違憲だと判断してきた（1963年判決など）。というのは、憲法が明文で批判・克服の対象としているカーストを、たとえ過渡的措置だとしても積極的国家行為の理由づけに用いることは背理だと考えられたからである。また、カーストに基づく留保政策は、政教分離主義の理念からしても、国が人々にカースト帰属意識を自覚させるという、カースト主義の悪弊の維持・再生産につながるとも批判された。

　［後進性認定基準としての「カースト」］　　しかし、第２次後進階級委員会報告書（1980年）は、カーストのランキングとそれらに属する人々の社会的・教育的地位には今なお密接な関連があるとし、ＯＢＣの認定にはカーストが重要な役割を果たすとした。この報告書は大きな社会的反響をよび、その実施は10年間棚上げされていたが、1990年、政府はその実施に着手した。この政府の措置に対して訴えが提起されたが、1992年、最高裁は、その合憲性を認めた（マンダル判決）。この判決の判旨は多岐にわたるが、多数意見の要点は、①第16条第４項は、同条第１項の例外ではなく、第１項に内在する分類の１つである、②後進性認定基準の１つとしてカーストを用いることができる、③経済的基準のみで後進性を判断することはできない、④留保の最大割合は50％である、⑤優遇措置の対象として、一定の層（例えば富裕層）に該当するものは除かれる、⑥昇進における留保は認められない、などにまとめられる。この判決後、最高裁はカーストに基づく留保措置を合憲と認めてきた。また、マンダル判決の内容をさらに変更する憲法改正もおこなわれている（例えば、ＳＣ／ＳＴの昇進における留保をも認める第16条第４Ａ項の新設など）。

III 統治の仕組みの特徴
――人権の実効的保障のための司法積極主義と人権委員会の設置

1 「国家政策の指導原則」の明記

インド憲法は、その第3編で「基本権」を保障しているが、さらにその第4編で「国家政策の指導原則」を明記している。同様の規定形式は、バングラデシュ憲法第2編「国家政策の基本原則」、ブータン憲法第9条「国家政策の原則」、パキスタン憲法第2編第2章「政策の原則」、ネパール暫定憲法第4編「国家の責任、指導原則および政策」、スリランカ2000年憲法案第6章「国家政策の指導原則および基本義務」などにもみられる。

「国家政策の指導原則」が基本権と区別して明記されたのは、たんなる基本権の宣言・保障だけでは、すべての人に自由と平等を確保し、国民の社会的・経済的生存を確保、向上せしめ、さらにはその国の社会・経済構造を変革できないと制憲者たちが強く意識したことの結果だといわれている。この指導原則は、その実現のために「裁判所に訴えて実現できないもの (unenforceable)」ではあるが、国の統治において基本的なものであり、立法にあたってこれらの原則を適用することが国の義務とされた（インド憲法第37条）。

2 〔基本権を重視する最高裁〕vs.〔指導原則を実現するために立法する国会〕

インドでは、憲法制定から約30年間の国会・内閣と最高裁との関係は、基本権と指導原則との関係をめぐる見解の相違に端的に示されている。換言すれば、この両者の争いは、ほとんどの場合、〔指導原則に基づいて積極的な立法を試みる国会〕と〔基本権を手がかりに当該法律の違憲性を判断する最高裁〕という構図をとってきたのである。基本権と指導原則との関係について、初期の最高裁判決は、指導原則に対する基本権の優位、すなわち両者が対立したときには、基本権が優位することを明言していた。さらに、最高裁は、いかなる基本権を剝奪または侵害する立法をおこなう権限をも国会は有

しないと判示し（1967年）、基本権の不可侵性、優位性を強調した。最高裁の見解がはっきりと変わったのは1970年代である。1973年、最高裁は次のように判示した。「指導原則と基本権との間に不調和は存在しない。なぜなら、それらは憲法が謳う社会革命の実現と福祉国家の樹立という同一の目標をめざしているという点で、互いに補い合うものだからである」。この判断は、1980年代にも引き継がれ、「憲法は、第3編と第4編とのバランスの上に築かれている。一方に対して他方への絶対的優位を与えることは、憲法の調和を破壊することにつながる。基本権と指導原則とのこの調和とバランスは、インド憲法の基本構造の本質的特徴の1つである」との考えが示された。

最高裁は、争いとなった法令の合憲・違憲の判断にとどまらず、憲法前文、基本権、そして指導原則に示された憲法理念をインド社会においてどのように実現していくべきかについて果たすべき役割を自覚してきた。この最高裁の姿勢が、今日世界各国で注目されている「公益訴訟（社会活動訴訟）」の展開を生み出した。

3　社会活動訴訟と司法積極主義

インド最高裁は、指導原則に基づく国会の積極的な立法に対して、基本権を援用してその違憲性を判断するのではなく、具体的にどのような形で人々に基本的人権を保障し、人権侵害に対する救済措置を命じていくのかを模索し始めた。最高裁の出した回答の1つが公益訴訟（ＰＩＬ：Public Interest Litigation）である。しかし、その多くが政府の政策形成にかかわる国民の参加に関するものであるアメリカ合衆国の類似名称の訴訟（Public Law Litigationなど）に対して、インドでは、国家の不法行為からの救済や基本的人権の重大な侵害行為を問題とするものであることから、いわゆるクラス・アクションや公共訴訟と区別するために「社会活動訴訟（ＳＡＬ：Social Action Litigation)」と呼ばれることが多い。

ＳＡＬは、人権侵害を受けている個人、グループに代わって社会活動グループなどが最高裁へ書簡を出し、それを最高裁が「虐げられた人々、途方に暮れている人々の最後の頼みの綱」として令状請求訴訟とみなし、審理を開始するものである。このＳＡＬを展開していくためには、伝統的な訴訟法理

論の幾つかを克服しなければならなかった。まず、原告適格の問題について、最高裁は、憲法第32条は本人が基本権侵害を争うことのできない場合、例えば、貧困または社会的に著しく不利な立場にいるために自ら裁判所に訴えることができないときに、善意をもって行動する社会の一員、換言すれば、社会正義の実現を求めて善意で行動する者が、それらの人々に代わって裁判所に権利の実現・救済を求めて訴えることを認める規定であると解釈した。また、裁判所は、対審構造をとらないかぎり、公正と正義は達成されないという考えに対して、とりわけ当事者間に著しい不均衡・不平等が生じているところでは、逆に不正義を正当化する論理になりかねないと判断した。そして、基本権実現のための独自の新しい手続きを採用し、基本権をたんなる幻想に終わらせないよう内容を工夫する必要があるとしたのである。つまり、最高裁は客観的な第三者として審理を進めるのではなく、調査特別委員会を任命したり、その報告書を証拠として採用することなどによる事実認定、さらには法律扶助組織の援用をとりつけたり、法廷助言者として弁護士を任命するなどの措置をも採ってきた。バグワティは、「インドの民主主義が参加型の民主主義であることを望むなら、法は正義を語るだけではなく、正義を与えることが必要である」と述べ、「裁判所に対して申し立てられた不正義につき、…法的というよりはむしろ道義的・説得的にその是正を要請するプロセス」としてＳＡＬがあるという立場を明らかにしてきた。

　しかし、最近では、ＳＡＬの当初の目的・内容とは異なった訴訟も増えてきており、その意味と意義を改めて検討する必要性が指摘されている。

4　国内人権委員会の設置

　1991年、パリで開催された「人権の伸長と保護のための国内人権機関に関する国際ワークショップ」は、国内人権機関のあり方についての勧告を採択した。ここで示された「パリ原則」に基づき、南アジアにおいても国内人権機関が設置されてきた。人権保障のために既存の国家機関（とりわけ「司法裁判所」）などとは別個の機関であり、政府などからの干渉を認めない「独立」性を有し、憲法または法律を根拠として設置される国内人権機関をここでは、「人権委員会」と呼ぶこととする。

インドなどにおける人権保障にかかわる司法積極主義の展開も、そこでめざされている「人権」保障は、たんなる「基本権」保障にとどまらない、人間の尊厳にかかわるものである。したがって、この人権委員会の活動との良い意味での「競争」と役割分担を意識して進められており、南アジアにおける人権保障、人権状況の改善（「市民社会」の形成の重要性）に人権委員会の果たす役割は大きい。

　インドの人権委員会は、1993年人権保護法によって設置された。委員は、最高裁長官経験者など、司法府のトップクラスの人材と人権問題の専門家によって構成される。委員会の権限は、人権分野の研究、人権侵害の調査、訴訟参加、保護措置の検討、是正措置の勧告などである。なお、いくつかの州に州人権委員会が設置されている。

　スリランカの人権委員会は、1997年の法律によって設置された。違法な拘禁、拷問、行方不明、殺人を扱う権限をも有する。また、インドなどと同様の権限に加えて、国民一般および軍隊に人権教育を提供し、必要な国内法などの改正を助言する責務を有する。

　これに対して、ネパールやモルディブなどでは、憲法上、人権委員会が明記されている。ネパール暫定憲法は、その第15編に国家人権委員会に関する規定を設けている。委員となる資格はインドと同様である（第131条第1項）。委員会の役割、責務および権限は第132条で定められているが、軍に関する事項は管轄権から除かれている（第132条第4項）。委員会は、年次報告書を作成し、内閣総理大臣に提出する（第133条）。また、政府に対して人権保護に関する勧告をおこなうことができる。

　モルディブ憲法は、第189条から第198条に人権委員会に関する規定を設けている。委員の任命と委員会の構成については第190条が定め、第192条は、その職責と権限について定める。調査・報告、人権侵害への適切な救済措置の確保、および国民教育の権限を明記するとともに、その他法律の定める権限をも行使するものとする。

IV 国際化と地域統合
──「国民国家」の枠組みを容易には超えられない南アジア

1 国際関係と憲法

インド憲法（1950年）は、その第4編「国家政策の指導原則」の第51条において「国際平和および安全の促進」について定める。「諸国民との正当にして名誉ある関係を維持すること」などに努め、「国際関係の処理にあたっては、国際法および条約上の義務を尊重する精神」を涵養すべきことを謳う。また、連邦の執行権の範囲に「条約又は協定に基づいてインド政府が行使することのできる権利、権限又は管轄権の行使」が含まれることを明記するが（第73条）、「条約」そのものの締結・承認手続きについて憲法上で特に明記してはいない。ただ、条約・協定の実施のための法律制定については、「国会は、外国との条約、協定もしくは協約又は国際会議、国際機構その他の国際機関が採択した決議を実施するためインド領の全部又は一部に対し法律を制定する権限を有する」旨明記する（第253条）。このことは、第7附則第1表「連邦管轄事項」の中に、国際関係にかかわる事項が列記されていることとも対応している（10号～15号）。他の南アジア諸国の憲法も、インド憲法のこのような規定形式をとっているものが多い。

バングラデシュ憲法（1972年）は、その前文で「国際平和と国際協力に十分に協力すること」をその「神聖な義務であることを確認」している。そして第2編「国家政策の基本原則」の中で、国際平和、安全および国際協力についてその具体的内容を定めている（第25条）。条約についての明文規定はない。

1990年ネパール王国憲法は、その第4編「国家の指導原理と政策」の中で、外交政策の指針（第26条15号）、平和と友好関係の政策（同16号）などを明記していた。そして、条約又は協定の批准、同意又は承認については、法律で定めるものとしていた（第126条）。2007年暫定憲法では、第4編「国家の責任、指導原則および政策」で、ネパールが「当事者となっている国際条約、協定を効果的に実施する責任を負う」こと（第33条m号）、国連憲章の諸原則

などに基づく外交政策をとること（第35条第21項、同第22項）を明記する。また、条約又は協定の批准、同意、又は承認については、1990年憲法同様、法律で定めるものとし、平和友好条約、国境についての条約などについては、立法院での3分の2の特別多数決を必要とする（第156条）

　パキスタン憲法（1973年）は、前文に明記する理念と原則の実現によって「国際社会の平和と発展および人類の幸福に十分に寄与できる」ことを謳う（前文）。そして第2編「政策の原則」の中で、「ムスリム世界との盟約の強化および世界平和の促進」を明記する（第40条）。条約、協定などの実施についての外交関係事項を「連邦立法管轄事項」とし（第4附則第1編3号）、第70条の立法手続きによるものとする（第70条第4項）。

　2000年スリランカ憲法案は、第6章「国家政策の指導原則および基本義務」の中で、国際平和、安全、および国際協力の促進、ならびに国際法および条約の尊重を謳っている（第52条8号）。また、「国会がその議員総数の3分の2以上の賛成で可決した決議により」、一定の条約などが国内法的効力を有する場合には、他の法令に優位することを認めている（第227条）。

　ブータン憲法は、第9条「国家政策の原則」の第24節で国際平和と安全の促進のために国際法や条約を尊重し、国際紛争の平和的解決に努めることを謳っている。また、第10条「国会」の中で、政府が締結する条約などの効力について、憲法に抵触せず、かつ、国会が批准した場合にのみブータンの法律としての効力を有するとする（第25節）。

　モルディブ憲法第93条は、外国又は国際機関と国の名において締結された条約は、国民議会の承認を得なければならず、承認を得たときにのみ、その決定に従い効力を有する旨明記する。

2　南アジア地域協力連合

　ＳＡＡＲＣ（南アジア地域協力連合）は、1977年、バングラデシュのムジブル・ラフマン大統領の提唱を受けて準備が進められ、1985年ダッカで開催された第1回首脳会議でのＳＡＡＲＣ憲章採択によって誕生した。この憲章によれば、協力活動の分野は経済、社会、文化、および科学技術に限られ、第10条で議決はすべて満場一致によるものとされると同時に、加盟国同士の

２国間問題および紛争問題が除外されていることから、地域内の重要な政治経済問題を扱い、解決をはかるという機能を果たすことは出来ていない。しかし、経済分野における特恵貿易協定や自由貿易協定の取り組みなどの分野においては、積極的な活動がおこなわれ、一定の実績をあげてきた。

　南アジアにおける開発の立ち後れと域内協力の難しさの現状と特徴は、一般的に、次の３点にまとめられる。まず第１に、社会経済発展の水準が世界の開発途上６地域（世銀分類）のなかで、最低のサハラ以南アフリカに次ぐ低い水準にあることである。第２は、きわめて多様な国々からなることである。そして、第３に、地理的、政治的、経済的などあらゆる面におけるインドの圧倒的優位という非対称的な構図が存在していることである。すなわち、政治的・文化的・民族的多様性は、地域協力の必要性と取り組みを促進する契機ともなりうるが、南アジアでは、この非対称的な構図が国内あるいは国家間の対立・紛争の解決を難しくし、地域協力の促進を阻害してきたのである。

　南アジアにおけるインドの圧倒的優位という構図は、南アジア諸国の憲政運営にしばしば大きな影響力を行使してきた。例えば、ネパールでは、「サウス・ブロック（インド外務省）に嫌われた政府は長続きしない」といわれてきたが、2008年４月にネパールの歴史上初めておこなわれた制憲議会選挙で圧勝したマオイスト中心のダハル内閣もその例にもれず、2009年５月に崩壊した。

　しかし、一方で、ブータンのようにインドとの二国間友好関係を保ちつつ（インド・ブータン友好条約）、国連や世界銀行、ＯＥＣＤなどの国際的な組織と連携を進め「小さな国際国家」への試みを始めた国があることも忘れてはならないだろう。

V　憲法変動および憲法改正
──「立憲主義」の確立に向けて

１　インド──90回を超える憲法改正

　インド憲法第368条によれば、憲法改正には各議院で総議員の過半数が賛

成し、かつ出席し投票した議員の3分の2以上の多数で可決し、さらには大統領の裁可（assent）が必要である。他の憲法と比較して改正手続きが特に「軟性」だともいえないのに、制定後頻繁な改正がおこなわれてきた理由としては、比較的細部にわたる事項まで憲法が定めていることに加え、最高裁の違憲判決に対する国会の憲法改正権の行使などが挙げられよう。適宜の改正によって「しなやかに」立憲主義を維持、運用してきたと評価することもできる。

　憲法の制定の翌年に施行された第1次改正法（1951年）は、最高裁の違憲判決を受けて、第15条に第4項を新設したほか、不在地主制度を廃止する法律の合憲性を明記するために第31A条を設けるなどの内容をもっていた。また、国会は、次のように憲法改正の目的および理由を述べて第24次改正（1971年）をおこなった。「最高裁は、周知のゴーラク・ナート事件判決（1967年）において、基本権に関する第3編を含むすべての改正権を国会が有することを認めていた従来の判決を覆した。この判決の結果、国会は、国家政策の指導原則あるいは憲法前文が示す目的達成のために必要な場合でも、憲法第3編の保障するいかなる基本権をも剥奪または制限する権限を有しないと考えられるにいたった。それゆえ、憲法第3編の規定の改正も国会の憲法改正権の範囲内にあることを明記する憲法改正が必要であると考えられる」。

　数多くの憲法改正のなかでも、憲法の基本構造にもかかわりうる重要な改正は、インドが政治的にも経済的にも大きな転換に立ったときにおこなわれてきた。とりわけ1975年から1976年にかけておこなわれた改正は、インド憲法の基本的特質にかかわる改正を含んでいる。すなわち、第38次改正（1975年）は、大統領権限の強化（内閣の権限強化を意味する）、裁判所の権限の制限、非常事態における基本権の制約をめざしていた。この方向は、第42次改正（1976年）によっていっそう強化され、国会の憲法改正権には限界のないことが明記される。一方で、この第42次改正では、子どもの保護（第39条6号）、無料法律扶助（第39A条）、環境の保護（第48A条）などが新設された。なお、裁判所の権能の制限など立憲主義の後退と評価された第42次改正のかなりの部分は、第43次改正（1978年）、および第44次改正（1979年）において

「修復」された。

　その他の主要な改正としては、憲法のヒンディー語訳に関する規定（第22編）を設けた第58次改正（1987年）、パンチャーヤト（地方自治）および都市自治体の拡充をはかる第73次改正と第74次改正（1993年）、さらには、アファーマティブ・アクションの拡充をはかる一連の改正などがある。

　このように頻繁な改正がおこなわれてきたが、憲法の基本理念、基本的特質を変更することは、憲法改正権の限界を超えると考えられている。1998年、憲法の基本理念（とりわけ政教分離主義）に批判的な政策を公言していたＢＪＰが政権につき、その公約に明言していた憲法改革検討委員会を設置したことから、その背後には隠された意図、すなわち、「憲法の基本理念の変更」があるのではないかとの憶測をよんだ。しかし、この委員会への付託事項（2000年）は、次のようにその性格を明確にしていた。「インド憲法50年の経験を踏まえ、議会制民主主義の枠内で、どのようにすれば有効かつ効率的な統治システムと社会的・経済的発展への要請に憲法が応えうるのか、また、憲法の諸条項の改正が必要だとすれば、そのことを勧告することを任務とする」。2002年３月、この委員会の最終報告書が政府に提出された。

2　インド以外の国における憲法変動および憲法改正

　インド憲法が90回を超える頻繁な改正にもかかわらず、その基本的特質を維持してきた（一時の例外を除いて立憲主義を堅持してきた）のに対して、その他の南アジア諸国の憲法には、「立憲主義」そのものの未確立、未成熟さを示す例もみられ、したがって、その内容を大きく変えてきたものが多い。

　［バングラデシュ］　　バングラデシュは、1971年３月26日に独立を宣言し、同年12月16日に主権を持つ独立国家として誕生した。憲法は、1972年11月４日に採択され、同年12月16日から施行された。1975年の憲法改正では、議院内閣制から大統領制への移行などがおこなわれた。1982年３月のクーデタにより一時停止されたものの、1986年の憲法改正でその間の法令を承認するかたちがとられた。また、1988年の改正では、イスラームが国教と宣言される。その後、1996年の改正で、再び議院内閣制への復帰がおこなわれるにいたっている。

［ネパール］　ネパールは、古来インド・アーリア系の王を戴く君主国であったが、近代的な意味での成文憲法典が制定されたのは、1948年のことである。その後、主権者たる国王が制定する欽定憲法としての形をとり、インド憲法をモデルとした憲法（暫定統治法）が制定された（1951年）。これを手がかりに国王は、自ら設置した憲法委員会に憲法案を作成させ、これを「ネパール王国憲法」として公布・施行した。この1959年憲法が形式的には最初の公式のネパール王国憲法である。その後、1962年新たに「ネパール憲法」が制定され、この憲法は、幾度かの改正を経て、約30年間、「1990年ネパール王国憲法」が制定されるまで効力を有していた。2006年4月、国王専制が打倒され、新たな憲法制定作業が始まった。そして2007年1月、「ネパール暫定憲法」が公布された。この暫定憲法の下で連邦制などの基本的な統治システムをめぐる論議が続いており（2008年5月28日、カトマンズで開かれた制憲議会の最初の議会で、王制を廃止し、連邦共和制を導入する動議が圧倒的多数で可決された）、2009年3月に出されたマオイストの憲法案は大統領制を提案するなど、なお安定的な状況にない。

［パキスタン］　1947年8月14日、印パ分離とともにイギリスから独立したパキスタンでは、1956年憲法制定まで、1935年インド統治法の修正条項に基づいて国政運営がおこなわれた。1956年憲法は、連邦制、一院制の国会を採用し、イスラーム関係の条項も多かった。1962年憲法は、国名を「パキスタン共和国」とし、強力な大統領制をとった。ただし、国名は1963年に「パキスタン・イスラーム共和国」に戻された。バングラデシュの独立後、1972年4月、暫定憲法が採択され、翌1973年、現行の「パキスタン・イスラーム共和国憲法」が制定された。その後、2003年12月までに17回の改正がおこなわれている（第11編に基づく改正）。ただ、これら憲法改正以外に憲法の内容を変更する大統領命令も頻繁に出されている。

　パキスタンは、それぞれの憲法制定前には憲法の停止（あるいは廃止）、戒厳令の布告などによって立憲主義的な国政運営が何度も途絶えるという歴史が繰り返されており、安定した立憲主義国家とはいいがたい。

［スリランカ］　1948年2月、セイロンは、イギリスの自治領として独立し、セイロン憲法が制定された。1972年5月、国名をスリランカと変更し、

「単一の共和国」とする憲法が制定された。この憲法は、前述のようにシンハラ語と仏教に優越的な地位を認めていること、大統領を象徴的元首とする一院制の議院内閣制を採用するなどの特徴をもっていた。1978年、憲法が全面的に改正され、国名を「スリランカ民主社会主義共和国」とする1978年憲法が成立した。この憲法は、国家元首であるとともに行政府、政府の長であり、国民の直接選挙によって選ばれる大統領制をとった。その後、シンハラ語優位の是正、一定の分権化などの改正がおこなわれたが、「紛争」を解決する決定的な方策とはなりえず、新憲法の制定に向けた努力が続けられている。

［ブータン］　ブータン王国は、世襲君主制をとり、成文憲法典を有しない国として有名であったが、2001年から成文憲法典の制定作業を開始し、2005年最終的な草案を公表した。この草案は、前国王と現国王が推進してきた、国王大権の分散、地方分権の促進、国民の政治参加の拡大という国政改革の成果と評価されている。この憲法は、当初の予定より若干遅れ、2008年7月18日に制定・施行された。

［モルディブ］　モルディブは、1968年共和国となり、2008年8月7日、「モルディブ共和国憲法」が制定された。この憲法は、全14章301ヶ条と3つの附則からなる立憲主義憲法である。国家元首として行政権を行使する大統領は、国民から直接選挙で選ばれる（第6条、第106条以下）。立法権は人民議会（People's Majlis）が有する（第3章）。また、第2章「基本的権利および自由」では、表現の自由、集会・結社の自由、さらにはストライキ権なども保障されている。

参考文献

浅野宜之「南アジア」（インド、パキスタン、バングラデシュ）鮎京正訓編『アジア法ガイドブック』名古屋大学出版会、2009年。

稲正樹『アジアの人権と平和（第二版）』信山社、2006年。

孝忠延夫『インド憲法とマイノリティ』法律文化社、2005年。

孝忠延夫、浅野宜之『インドの憲法――21世紀国民国家の将来像』関西大学出版部、2006年。

内藤雅雄、中村平治（編）『南アジアの歴史　複合的社会の歴史と文化』有斐閣、2006年。

萩野芳夫、畑博行、畑中和夫（編）『アジアの憲法集（第2版）』明石書店、2007年。

ペマ・ギャルポ、金田有司「ブータン王国憲法草案」桐蔭法学第13巻1号1頁（2006年）。

　各国憲法については、Constitutional Finder（http://confinder.richmond.edu/confinder.html）参照。

　ブータン憲法については、http://www.constitution.bt/、モルディヴ憲法については、http://www.maldivesinfo.gov.mv/home/参照。

第8章
南アジア編　人権

佐藤　創

I　憲法典における人権保障の特色

　南アジア諸国の法体系においては、イギリス法の影響が強く、同時に、イギリスからの独立運動の痕跡を、とりわけインドとパキスタンは憲法に刻み込んでいる。人権に限ってみても、次のような五つの興味深い共通する特徴がある。

　［成文憲法による人権保障］　第1に、よく知られているように、イギリスには成文憲法はなく、人権の保障を大権令状体系に依拠しているのに対し、南アジア諸国は立憲主義を採用している。このこと自体は、アメリカをはじめ他地域の英米法系の国々にもみられる。南アジアの場合、植民地支配を退ける過程で、いわば新国家建設の理念として人権の保障が重要視され、憲法に盛り込まれたという経緯が特徴的である。具体的には、南アジア諸国の憲法が大きな影響を受けている1935年インド統治法（イギリスによる立法）においては、人権については財産権のみ（しかも実質的にイギリス側資本の保全を目的）が同法に成文化され、その他の人権は盛り込まれなかった。これに対抗する形で人権保障に関する議論が展開し、独立を勝ち取ったあかつきには人権の保障を憲法に規定することが、新国家建設の理念の一つとして重要

となっていったのである。実際に、南アジアのいずれの国においても「基本権」と呼ばれる章（編）が設けられ、その中におかれた規定が人権保障の核心となっている。

　[国民国家形成という課題を含む人権保障]　第2に、総論（第7章）で論じられているように、南アジア地域に生活する様々な部族や階級をそれぞれの新国家の「国民」として統合することも重要な課題であった。今なお混迷するカシミール問題に代表されるように、インド・パキスタン分離独立の過程で、宗教問題や少数民族問題、国内反対派への対応に追われるなど、両国は独立と同時に「国民国家」の形成と国家運営の安定を図るという課題を抱え込むことになったからである。それゆえ、一方で、個人の尊厳や法の前の平等、諸々の自由権の規定に加えて、階級間の平等やマイノリティへの優遇ないし留保措置など実質的な平等を実現し、「国民」を形成することをねらいとする規定もまた、基本権の保障の枠組みに組み込んでいる。他方で、基本権の保障を設けながらも、それを制限する予防拘禁や非常事態の規定も憲法に定めている。このような、国民国家の形成と新国家の安定的運営という課題が基本権の保障に影響を与えているという特徴は、パキスタンから独立したバングラデシュ、民族紛争を抱えるスリランカやブータン、国王派と反国王派との厳しい対立が続くネパール、国家構成員の資格をムスリムに限ることとしたモルディブにおいても同様に観察できる。

　[人権保障における近代法理念の確立と経済開発の促進のせめぎ合い]　第3に、南アジア諸国においては、表現の自由や財産権の保障、法の前の平等などの普遍的な近代法理念の確立が課題であったと同時に、経済開発もまた重要な課題であった。問題は、これらの課題が相互に矛盾しうることである。たとえば、自由権の保障が特権階級（旧藩王などの地主階級）の基盤を保障しかつ強化してしまう方向に働いてしまう可能性がある。経済の後進性を克服することは重要であり、また、当時、西側先進国の「福祉国家」、東側の「計画経済」といった国家理念は、いずれも政府による経済への強い介入、とりわけ経済的自由の保障に一定の制限を課すことを要請するものであった。そこで、政治的独立のみならず経済的独立をも目指す南アジアの新独立国家は、自由権の保障に対する制限も相対的に詳しく明文にて憲法に盛り

込んでいるという特徴を持つ。

　［「基本権」と「原則」の区別］　第4に、南アジア諸国の憲法における人権保障では、イギリス法からの強い影響を受けているがゆえに裁判に訴えて実現しうるか否かが「権利」であるか否かを判別する重要なメルクマールとなり、「権利」と「司法救済」の関係をロジカルに貫徹しようとする傾向がみられる。つまり、憲法において、司法的強行になじまないものは権利ではないという考え方を採用している。それゆえ、教育や労働、環境に関する「権利」など、個別具体的な立法を待ってはじめて司法的強行が可能となることの多い社会権的規定の大半は、自由権的規定を核心とする「基本権」の章とは別に、「国家政策の指導原則」（インド）、「政策の原則」（パキスタン）など、「原則（principles）」という言葉の入った章（編）の中におかれている。国家の経済社会への積極的な介入を要請する社会権的規定については、裁判に訴えて実現しうる「権利」ではないものの、立法や行政活動を通じて実現すべき重要な課題として憲法に盛り込み、この「原則」に沿って国家は立法や行政活動を展開せねばならない、という定め方をしているのである。ただし、後述するように、こうした章におかれた「権利ならざる権利」を基本権に読み込んで実質的に保障していく、という司法のイニシアティブがみられる。

　［上位裁判所による人権保障の重視］　第5に、基本権のカタログには、国家からの自由である自由権的規定を盛り込むと同時に、基本権侵害に関して裁判に訴える権利をも基本権として規定し、あるいは少なくとも憲法上の司法救済を憲法に盛り込んでおり、かつ、基本権の保障を、上位裁判所の管轄としていることも南アジア諸国に特徴的である。さらに、この基本権を上位裁判所が保障する仕組みを梃子に公益訴訟と呼ばれる訴訟が展開して、世界にもまれにみる司法積極主義による基本権の保障という展開が後に生じたことも、南アジアに顕著な特徴である。

II　人権保障の体系

　南アジア諸国において、人権保障の中心は基本権に関する規定である。こ

こで、「基本権（fundamental rights）」は「人権（human rights）」であるが、「人権」は必ずしも「基本権」ではない、と理解されている。たとえば、このことは、インド人権委員会法が人権の定義について、「憲法により保障され、または国際規約により規定されかつインドの裁判所で裁判に訴えて実現しうる生命、自由および平等に関する権利ならびに尊厳」（第2条）と、基本権（憲法）よりも広く定義していることからも窺える。このような人権の保障について三点の特徴をまとめ、あわせて人権委員会および国際条約に触れておこう。

　［基本権に抵触する法令は無効］　第1に、すでに述べたように、南アジア諸国では、憲法が人権（基本権）を保障する、という仕組みをとっている点で、宗主国であったイギリスと異なる。インド、パキスタン、バングラデシュでは、憲法に定められた基本権と抵触し、または基本権を侵害する法令はその限りにおいて無効であると憲法に明示的に定めている（インド第13条、パキスタン第8条、バングラデシュ第26条）。ネパール（2007年暫定憲法（以下同じ））は憲法に抵触するすべての法律はその抵触の範囲内において無効とする（第1条）。スリランカ（1978年憲法（以下同じ））では、憲法において規定されている方法や範囲での制限を除いて、基本権は尊重され保障されねばならないと定めるに留めている（第4条）

　［司法部による違憲立法審査］　第2に、第1の点と密接に関連して、南アジア諸国においては、裁判所による違憲立法審査が人権保障において重要な役割を果たしている。アメリカをモデルとしたこの仕組みは、立法部および行政部から独立した司法部が、憲法が保障する基本権をめぐる争訟にかかわり、独立した立場で審査することにより、基本権を保障する。南アジア諸国でも、ある法令や行政活動が憲法によって保障されている基本権に抵触しあるいは侵害するものであるかの判断は、立法部および行政部から独立した司法部が行う（インド第32条、第226条、パキスタン第184条、第199条、バングラデシュ第102条、ネパール第107条）。なお、スリランカでは、違憲立法審査制度はないものの基本権の侵害に関する排他的管轄権を最高裁に与えている（第126条）。また、上述したように、南アジア諸国では、このような憲法の保障する基本権に関する争訟につき、上位裁判所の管轄としている例が多い

という特徴がある。すなわち、基本権にかかわる争訟である場合には、直接に上位裁判所に訴えることができるという点で、イギリスやアメリカ、さらには日本と異なる。そして、上位裁判所が基本権を保障する手段としては、イギリスで発展してきた人身保護令状などの大権令状体系を基本とする救済手段を憲法に定めている。

　［基本権に制限を加える憲法改正権の有無］　第3に、法令による基本権の侵害ではなく、憲法による基本権の制限をどう考えるかという問題がある。憲法自体に規定されている基本権の制限については後述することにし、立法部が基本権を剥奪しあるいは侵害する方向での憲法改正権を持つかという問題に触れておこう。この点、インドで生じた1960年代後半からの司法部と立法部・行政部の対立は特筆に値する。1967年に、最高裁は国会の憲法改正権には限界がないとの従前の解釈を覆し、基本権を剥奪しあるいは侵害するような憲法改正権を国会は持たないと判示した。これによって、経済開発や近代化を推し進める過程で財産権などの基本権を制限しようとした立法部・行政部と所有権絶対などの近代法理念の擁護を重視する最高裁との対立が先鋭化し、立法部・行政部は憲法改正（24次1971年、25次1972年）により、基本権を制限する立法の合憲性を確保し、またそのような法律に対する司法審査の排除を定めた。このような動きに対して、最高裁は1973年の著名な「基本権事件」にて、基本権に関する規定を含む憲法のどの規定をも改正する権限を国会は持つと譲歩しつつ、ただし憲法の「基本構造」はたとえ国会であっても改正できないと判示した。これに対して、立法部・行政部は非常事態布告中に第42次改正（1976年）を敢行し、国会の憲法改正権にはいかなる制限もないと憲法に明記した（第368条）。その後、1980年の判決にて、最高裁は、憲法改正権には憲法を破壊する権限は含まれないとし、再び基本構造の理論を援用して国会の憲法改正権には制限があるとの判断を下している。

　この基本構造の内容については、裁判官や論者によって異なり、議論のあるところだが、民主制や法の支配、違憲立法審査制度、基本権と国家政策の指導原則の核心部分、などがあげられている。そして、立法部の持つ憲法改正権に一定の制限をかける司法解釈は、インドの判決を参照しつつパキスタンやバングラデシュの上位裁判所の判例においても議論されている。

［人権委員会および国際条約］　そのほか、憲法の枠組み以外で人権保障に重要な制度として、人権委員会と国際条約がある。南アジア諸国では、インド（1994年）、スリランカ（1996年）、ネパール（1997年）、モルディブ（2006年）、バングラデシュ（2007年）ですでに人権委員会法などの名称を持つ議会立法により人権委員会が設置されている。なお、人権委員会が保護促進すべき「人権」は、「基本権」に限られない（ただしスリランカは「基本権」のみ）。「基本権」については国家による制限や侵害が基本的に問題となるが、「人権」の場合には私人間の問題も広く扱う。ただし、インドがそうであるように、人権委員会の権限は、個々の事件に対する調査や、立法部および行政部に対する支援や報告、勧告のみであり、司法的権限はない場合が多い。

　また、人権保障に関わる様々な国際条約に各国とも加盟している。ただし、基本的には、国内で立法化されない限り、そのような条約に基づく人権は裁判に訴えて実現可能な権利ではない。それでも、たとえば、インド最高裁は、国内立法がなくてもインドが加盟しているすべての国際条約は憲法の規定に反しない限り有効であると判示するなど、人権保障に関わる国際条約の実効性確保に司法部が努めている国もある。

III　基本権

　次に、「基本権」の章（編）に規定されている権利が、どのような内容を持つのか見てみよう。

　インド憲法は、第3編「基本権」（第12条〜第35条）に、総則、平等権、自由権、搾取に対する権利、宗教に対する権利、文化および教育に関する権利、財産に対する権利、一定の法律の適用除外、憲法上の救済についての権利という九つのサブカテゴリーを設けて規定している。そのほかの国々では、インドのようなサブカテゴリーは設けておらず、単に列挙しているだけである。パキスタン憲法の基本権は第2編第1章にあり第8条から第28条まで、バングラデシュ憲法の基本権は第3編にあり第26条から第47A条まで、スリランカ憲法においては、第3章にあり第10条から第17条、ネパール憲法では第3編第12条から第32条である。

これら基本権をどのように分類するか自体一つの問題であるが、以下、①包括的人権、②平等、③自由権およびその他の権利、に三分類してみていこう。

1　包括的人権

南アジア諸国の憲法においては、日本国憲法の幸福追求権（第13条）のような包括的な人権に関する規定をおいていない。しかし、変化し発展する社会の変容を見越して、すべての人権を網羅的にあらかじめ列挙しておくことは不可能であり、南アジア諸国でも、司法部が新しい基本権を憲法解釈により引き出してきた。

その際に主役となった規定は、後述する自由権の一つとして規定されている「生命の自由」である。インドでは、「何人も、法律の定める手続きによらなければ、その生命または人身の自由を奪われない」と規定する第21条から、「生きる権利（right to life）」を導き出している。同様に、パキスタンでは「個人の安全」（第9条）を「人間の尊厳の不可侵」（第14条）と併せて読むことにより、バングラデシュでは「法の保護への権利」（第31条）と「生命及び身体の自由に対する権利の保護」（第32条）から、「生きる権利」を引き出している。

この新しい基本権の根拠規定としての「生きる権利」に含まれるとされた権利の代表例は、環境や労働に関わる権利である。たとえば、インドでは、「生きる権利」は、「汚染されていない空気および水への権利」、「バランスのとれた生態系への権利」、「健康への権利」、「労働者の健康と医療への権利」などの権利を含むと判示されている。

こうした新しい権利群は、環境に関係する判例を例にとると、ダム建設など環境破壊からの自由を求める自由権的側面、より良い環境を享受しあるいは公害を阻止する積極的措置を求める社会権的側面、あるいは環境保全に関する社会的意志決定過程に参加することを求める参政権的側面というように、ケースバイケースで、権利としての性格が異なる。つまり、自由権の一つとして規定されている「生命の自由」に関する条項が、社会権的あるいは参政権的側面も含む包括的な人権規定の根拠として複合的な性格を持つ形で拡張

されてきていると考えられる。

2 平等

　個人の平等は、個人の自由とともに、近代法理念の基本である。それゆえ、南アジア諸国の憲法でも、法の前の平等あるいは法の平等保護を基本権の章（編）において定めている。ただし、法の前の平等に関する規定にも南アジア諸国特有の問題がある。宗教と国家体制との関わりの違いが平等原則の規定に影響しているという点やマイノリティへの優遇・留保措置に関する論点は、総論（第7章）にて広い視点からすでに論じられているので、ここでは簡単に基本権の章に定められた平等の規定について補足的に概観しておこう。

　第1に、南アジア社会では、女性の地位やいわゆるカーストの問題など、社会的な差別の問題が相対的に顕著である。そこで、これらについては、公共の場所へのアクセスなどやや詳細に立ち入って、市民間の差別についても明文で禁止している。

　第2に、同時に、こうした社会的弱者層を特別に扱うことを認める規定を基本権の中で定めている。つまり、法の前の平等は、憲法によって基本権として保障されると同時に、実質的な平等を担保するという観点から一定の制限を受けることを基本権規定のなかで予定されている。また、こうした優遇措置あるいは留保措置は、「基本権」の章（編）におかれた平等に関する規定の他にも、たとえば国会や州議会における留保措置という形で、憲法の中に定められている。

　具体的な規定を概観しておこう。インドでは、「平等権」に関する節は、法の前の平等・法の平等保護を謳う包括的規定第14条のほかに、宗教やカーストを理由とする差別の禁止（第15条）、公務に関する雇用機会の均等（第16条）、不可触民制度の禁止（第17条）、称号の廃止（第18条）も含まれている。同時に、女性や児童、指定カーストなどについて国が特別な規定を設けることを妨げないとする第15条第3、第4項、公務任用におけるマイノリティへの優遇・留保を認める第16条第3～第5項、などの規定を設けている。

　他の国においても、法の前の平等を確立すると同時に、実質的な平等を確保するための優遇・留保措置などの策定を認めるという二つの側面を持つ、

おおむね同じ内容の規定が基本権としての平等に関する条項に盛り込まれている（パキスタン第25条～第27条、バングラデシュ第27条～第29条、スリランカ第12条、ネパール第13条）。

このように、南アジア社会の歴史と多様性を反映して、平等権について、法の前の平等や差別禁止をこえて、弱者層に対する優遇ないし留保措置を基本権規定のなかで認めていることに、国民統合という課題を抱える南アジア諸国の特徴がある。そうであるがゆえに、なにを基準にマイノリティを定義するのか、どの程度の優遇ないし留保措置を認めるのか、定められた優遇や留保は「基本権」なのか、といった論点が、たとえば最高裁に持ち込まれるという形で、たびたび社会問題を反映し、あるいはそれらの規定自体、折にふれて社会問題化してきたのである。

3　自由権およびその他の基本権

次に、残りの基本権として定められている権利を概観しよう。まず、インドについて憲法の定めるサブカテゴリーに沿って整理する。他の南アジア諸国においても、インドのような分類を憲法の中ではしていないものの、ほぼ同様の自由権が網羅されている。もちろん、網羅される権利の範囲や、その権利に課された制限について多少の違いがある。そこで、さらにパキスタン、バングラデシュ、スリランカについて整理しておこう。

［インド］　①「自由権」として規定されている条項は第19条から第22条である。第19条では、表現の自由、集会の自由、結社の自由、移動の自由、居住の自由、財産権、職業選択の自由、営業の自由が定められている（第1項）。ただし、財産権については（財産を取得し、保有しかつ処分すること）、後述するが現在では削除されている。第20条には、罪刑法定主義および一事不再理、自己負罪の免除、第21条には生命および身体の自由、第21A条では教育への権利、第22条に逮捕拘禁からの保護がおかれている。注意すべき点は、第20条は制限のない権利であるのに対し、第19条第1項の自由権は、インドの主権と統合、公の秩序などを理由とする「合理的な制限」に服する（同条第2～第6項）。第21条は、「法律の定める手続きによらなければ」という文言を通して制限に服している。第22条については、国会による制限は認

められていないものの、同条に予防拘禁の規定がおかれている（後述）。

②「搾取に対する権利」として設けられている規定は第23条、第24条である。第23条は人身売買および強制労働の禁止を定め、第24条は工場等での児童雇用の禁止を定める。これらの規定も、南アジア社会に顕著な社会的な差別の是正を目指しており、私人間の搾取をターゲットにしている点で、特徴的である。

③「宗教の自由に関する権利」として、第25条から第28条が定められている。良心の自由と信仰の告白、祭祀および布教の自由を定める第25条、宗教活動上の自由を認める第26条、特定宗教布教に関する課税の禁止を定める第27条、一定の教育施設における宗教および礼拝に参加することの自由に関する第28条である。これらの規定は、他地域より詳細であり、とりわけセキュラリズムを原則とするインドの宗教問題への配慮が反映されている。第25条、第26条については、「公の秩序、道徳、衛生およびこの編のその他の規定の制限内」という制限がある。

④「文化および教育に関する権利」として、マイノリティの利益保護に関する第29条、教育施設を設立し管理するマイノリティの権利を定める第30条がおかれている。これらはアファーマティブ・アクションを定める規定であり、インド社会の政治的・経済的・社会的な多様性を反映している。

⑤「財産に対する権利」第31条は1979年の第44次憲法改正によって財産権を保護する第19条に含まれていた規定とともに、削除されている。もともと第31条は、1935年のインド統治法をほぼ踏襲したものであり、私有財産の政府による収用を認める一方で補償を強く規定していた。そのため、すでに触れたように、社会立法や開発を進めようとする行政部および立法部と、近代法の原則（所有権絶対や平等原則）を重視する司法部が、土地など財産の収用問題をめぐって対立し、憲法改正権の限界についての攻防に発展したという経緯がある。現在では、財産に関する権利は、第12編「財政、財産、契約および訴訟」に移され（第300A条）、基本権のカタログからは外されている。

⑥「一定の法律の適用除外」では、基本権に抵触しあるいはこれを制限するという理由によっては無効としてはならない法律群を定めている（第31A条から第31C条）。たとえば資産の収用に関わる法律や国家政策の指導原則を

具体化する法律である。この節は上述した社会改革立法をめぐる立法部・行政部と司法部との対立の歴史を反映しており、非常事態布告中の1976年の第42次改正によって挿入されたものである。

⑦「憲法上の救済についての権利」では、基本権に関わる訴訟を最高裁に訴える権利と最高裁の令状管轄権を定める第32条がここでは重要である。とりわけ基本権の実現につき司法救済を求める権利は、憲法制定時には、この規定こそが憲法の心であり魂なのであるとの考えもあった。1970年代半ばまでは、この規定は保守的な地主階級により行政部や立法部の社会改革立法に対抗する武器として使われることもしばしばだったのに対し、1970年代後半以降は、逆に、この規定を使って、弱者層に正義を届けることを目的とする公益訴訟が展開している。そのほか、軍隊など基本権の適用を制限する必要がある組織に関する国会の変更権を定める第33条、戒厳令施行地域における基本権の制限を定める第34条、本編を施行する立法権に関する第35条が定められている。

　［パキスタン］　　パキスタンでは、自由権では、生命および自由の保護をまず定め（第9条）、逮捕と拘禁に関する保護（第10条）、遡及的処罰の禁止（第12条）、二重処罰などの禁止（第13条）、人間の尊厳の不可侵・拷問に対する保護（第14条）、移動の自由（第15条）、集会の自由（第16条）、結社の自由（第17条）、取引や職業選択の自由（第18条）、表現の自由（第19条）を定めている。搾取に対する保護として、奴隷、強制労働の禁止（第11条）をおき、宗教については、信仰の告白、祭祀、布教の権利と宗教的機関を設立する権利（第20条）、特定宗教を保護促進するための課税を強制されることからの保護（第21条）、教育的機関において特定の宗教教育を要求されることからの保護（第22条）を定める。財産については、財産（第23条）、財産権に関する保護（第24条）、文化について、言語や彫像、文化の保護（第28条）を設けている。これらの基本権に対する制限も定められている。第10条には予防拘禁に関する定めがおかれている。第15条には公益の観点から法によって課された合理的な制限、第16条には公の秩序の観点から法によって課された合理的な制限、第19条には、イスラームの栄光、パキスタンの統合、安全あるいは防衛、他国との友好関係、公の秩序、倫理、法廷侮辱などのために法によ

って課された合理的な制限、第23条は、憲法および公益の観点から法によって課された合理的な制限、第24条は補償を伴う強制収用を妨げない、といった制限がある。

　［バングラデシュ］　バングラデシュでは、自由権としては、法の保護への権利（第31条）、生命と個人の自由の保護（第32条）、恣意的な逮捕拘禁からの自由（第33条）、審理や刑罰に関する保護（第35条）、移動の自由（第36条）、集会の自由（第37条）、結社の自由（第38条）、思想、良心、表現の自由（第39条）、職業の自由（第40条）、さらに家庭の保護（第43条）をおく。搾取については、強制労働の禁止（第34条）をおく。宗教については、宗教の自由（第41条）、財産については、財産権（第42条）がある。インドと同様に、基本権侵害につき最高裁に訴える権利（第44条）を基本権として定める。第45条、第46条、第47条、第47A条は、軍隊など特定の領域について基本権違反を理由とする訴訟の対象から外している。このうち、憲法自体に規定がある場合を除き、国会が制限できない規定は、第33条、第34条、第35条、第44条である。憲法自体による制限が第33条については重要である（予防拘禁）。合理的な制限を法によって課すことができるとする権利は、第36条〜第41条および第43条である。合理的な制限を課す根拠は、それぞれの条項に規定されているが、たとえば第36条は公益、第37条は公の秩序あるいは公共衛生、第38条は公の秩序あるいは倫理、第39条は国家の安全、他国との友好関係、公の秩序、法廷侮辱など、第41条は公の秩序および倫理、第43条は国家の安全、公の秩序、公の倫理、あるいは公共衛生、となっている。

　［スリランカ］　スリランカでは、思想、良心、信教の自由（第10条）、拷問からの自由（第11条）、恣意的な逮捕、拘禁および刑罰からの自由、遡及的な刑事処罰の禁止（第13条）、表現、集会、結社、職業、移動の自由（第14条）、基本権の制限（第15条）、既存の法律の有効性（第16条）、基本権侵害に関して最高裁へ訴える権利（第17条）を定める。このうち、第10条の自由と第11条の自由は絶対であり、制限されてはならず、他の権利は第15条に定められた制限に服しうる。第15条には、国家の安全（遡及的刑罰の禁止および無罪推定を制限）、宗教的調和（表現の自由を制限）、人種的宗教的調和（集会の自由を制限）、国民経済など（結社の自由、職業選択の自由、移動の自由を

制限）といった制限を正当化する事由が列挙されており、また、第12条（平等）、第13条（逮捕に関わる保護）、第14条（諸々の自由権）は、いわゆる公共の福祉という一般的な制限にも服す。これらの制限につき、憲法の規定には「合理的な」という文言はないが、最高裁は第15条に基づく基本権の制限につき、合理性の要件を判例で課している。

　これら南アジア諸国の自由権を中心とする基本権の定めに関連した特徴を三点指摘しておこう。

　［基本権の制限根拠］　第１に、すでに述べたように基本権に対する制限が明文で設けられている。そして、その制限根拠が権利ごとに規定されている。その内容は、必ずしも明確ではないこともあるが、公共の福祉のほか、宗教的調和、国民経済、統合など、南アジア社会の多様性を反映した理由が掲げられている。また、制限は合理的であることが憲法上求められている権利が多い、という特徴もある。

　［予防拘禁］　第２に、逮捕拘禁からの自由を規定する一方で、予防拘禁制度が存在する。インド憲法第22条、パキスタン憲法第10条、バングラデシュ憲法第33条が、予防拘禁制度を規定しており、逮捕拘禁からの保護に制限を加えている。予防拘禁は、裁判なく行政が行うもので、目的は懲罰ではなく危険回避および公共の安全確保である。19世紀にイギリスが英領インドに持ち込んだ制度であり、現在では、初期拘束期間はインドでは２ヶ月、パキスタンでは３ヶ月、バングラデシュでは６ヶ月、最長で、インドは２年、パキスタンは８ヶ月、バングラは定めなし、という制度になっている。予防拘禁は非常事態宣言下でのみ可能であるとするのがアメリカだが、これら南アジア諸国では平時においても予防拘禁が可能である。

　［基本権に含まれていない人権］　第３に、人権カタログと照らしあわせてみると、いくつか基本権として欠落しているものがある。たとえば、選挙権などの政治的権利は基本権とはされておらず、憲法の別な章におかれている。さらに、労働者の権利に関する規定は基本権ではなく、次節でふれる「原則」を定める編にある。

IV 「原則」に関する規定

　次に、裁判に訴えて実現できる基本権のカテゴリーとは別に設けられた「原則」という章に盛り込まれた規定を、とくに、社会権的な規定を中心に検討する。具体的には、経済的社会的弱者を保護し、実質的な平等を実現し、人として最低限の生活を営むことを保障しようとする規定である。代表的な社会権的な規定とは、生存権、教育を受ける権利、労働に関する権利である。すでに触れたように、南アジアの諸国家では、国家の積極的な作為を要求する社会権的規定は、「基本権」の章ではなく、主に「原則」の名を持つ章に盛り込まれた。具体的には、インド憲法では、第4編国家政策の指導原則（Directive Principles of State Policy、第36条～第51条）、パキスタンでは第2編第2章政策の原則（Principles of Policy、第29条～第40条）、バングラデシュでは第2編国家政策の基本原則（Fundamental Principles of State Policy、第8条～第25条）、スリランカでは第4章国家政策の原則および基本義務（Directive Principles of State Policy and Fundamental Duties、第27条～第29条）、ネパールでは第4編国家の責任、指導原則および政策（Responsibilities, Directive Principles and Policies of the State、第33条～第36条）である。これらの章ないし編の規定の特徴は、第1に国家がこれらの規定に反しても裁判に訴えて実現しうるものではないこと、第2に、基本的に「国家は……しなければならない」という国家の義務を明記しており、これらの原則を国家は立法において指針とする義務を負うことである。

1 「原則」の具体的内容

　［インド］　まずインドについて瞥見しよう。実のところ、国家政策の指導原則には雑多な規定が盛り込まれ、社会権的なものに限らず、統治機構などに関する規定も含まれている。たとえば、村パンチャーヤト組織（第40条）、統一民法典の策定（第44条）、農業および牧畜業の技術向上や組織化（第48条）、重要史跡などの保護（第49条）、行政からの司法の分離（第50条）、国際平和および安全の促進（第51条）といった統治制度や国際関係に関する

規定も含まれている。

　社会権的な規定としては、国民の生活水準、教育、労働、平等などに関わる規定が盛り込まれている。国民の福祉増進（第38条）、国家がとくに遵守すべき一定の政策原則として、十分な生活手段に対する権利、資源配分における公共の利益の重視、富と生産手段の集中による弊害の予防除去、賃金の公平性、労働者・幼児の労働力・健康の酷使を防ぐこと、児童の発育機会の保障と搾取からの保護、を列挙する（第39条）。そのほか、平等な裁判と無料法律扶助（第39A条）、労働や教育の権利、失業や疾病などに関する公的扶助に対する権利の保障（第41条）、労働条件の保障と母性保護の規定策定（第42条）、労働者の生活賃金の保障（第43条）、工場運営への労働者の参加（第43A条）、乳幼児の保育と教育（第45条）、指定カースト等弱者層に対する教育・経済的利益の促進（第46条）、栄養水準・生活水準の向上と公衆衛生の改善（第47条）、環境保護と森林・野生動物の保護（第48A条）が、主なところである。

　［パキスタン］　パキスタンの「政策の原則」では、行政制度改革や国際関係に関わる規定をおいているほか、軍隊への人々の参加（第39条）、ムスリム社会の連帯強化（第40条）、イスラーム的人生の促進（第31条）など特徴的な規定もある。社会的経済的理想に関わる社会権的な規定としては、偏見の削減（第33条）、女性の地位向上（第34条）、家族の保護（第35条）、マイノリティの保護（第36条）、社会正義の促進と社会悪の撲滅（第37条）、人々の社会的および経済的な幸福の促進（第38条）といった規定が、「政策の原則」の章におかれている。

　［バングラデシュ］　バングラデシュでは「国家政策の基本原則」に関する章を基本権の章よりも前におき、第47条第１項において、国家政策の基本原則を実現するための規定であるとの宣言を含む一定の法律群について、基本権の侵害を根拠に無効とはみなされないと規定している。同章では、まず、ナショナリズム、民主制、経済的社会的正義を意味する社会主義の三原則が国家政策の基本原則であると定める（第８条）。その上で、文化の保全や法・行政制度の改革に関わる規定、国際関係に関わる原則など、様々な規定を本章においている。社会的経済的な理想に関わる規定として主なものは、

女性の地位の向上（第10条）、農民および労働者を啓蒙すること（第14条）、基本的な必需品の提供（第15条）、農村の発展と農業革命（第16条）、無償の義務教育（第17条）、公共の健康とモラル向上（第18条）、機会の平等（第19条）、権利かつ義務としての労働（第20条）、といった規定である。

　［スリランカ］　スリランカでは、第27条において、基本権を完全に実現する社会を国家は確立すること、国民の福祉を促進すること、十分な生活水準を実現すること、などの国家政策の指導原則を規定している。

2　「原則」の基本権化について

　さて、これら社会権的な規定について重要な動きは、「原則」の基本権化である。具体的には、社会正義、人間の尊厳、基本権の実質的保障といった観点から、公益訴訟などによる「基本権」と「原則」との二分論の相対化がみられる。そして、このことは、すでに触れたように、とりわけ「生命および身体の自由」という自由権的規定に、「生きる権利」といった社会権的な性格をも併せ持つ権利を読み込む手法に表れている。この傾向は、インドでは第三次非常事態が終了した1970年代後半から顕著にみられ、このようなインドの動きを参照しつつ、パキスタンやバングラデシュでも1980年代後半から散見される。そこで、インドを例としてその動きに簡単に触れておこう。

　基本権と国家政策の指導原則の関係はインド憲法史の中で重要な論点である。1970年代半ばまでは、最高裁は国家政策の指導原則に基づく農地改革などの社会立法を、基本権侵害を根拠にたびたび違憲と判断してきた。このため国会は第25次改正（1972年）にて第31Ｃ条を挿入して国家政策の指導原則第39条(b)および(c)を実現するための法律は第14条、第19条、第31条を根拠に無効とみなされないとした。さらに、国家政策の指導原則を実現するとの宣言を含む法律は法廷において争い得ないとした。後段については、前述した1973年の「基本権事件」判決で違憲とされた。さらに1976年の第42次改正において第39条(b)および(c)だけでなく国家政策指導原則のどの規定でもそれを実現するための法律は、基本権を根拠に無効とはみなされないとした。この改正については1980年の判決にて、最高裁は憲法の基本構造の理論に依拠して無効であるとした。このように、基本権と国家政策の指導原則の緊張関係

が、前者を擁護しようとする司法部と後者を実現しようとする立法部・行政部の対立として表れていた。

これに対して、1970年代後半からは、司法部は社会的弱者層の基本権の侵害状況を改善するために国家政策の指導原則を実現する方向での司法積極主義を展開しはじめた。公益訴訟である。現在では、基本権が国家政策の指導原則に優越するという見解を最高裁は退けており、基本権は、国家政策の指導原則の観点から解釈されねばならず、後者は前者に読み込まれねばならないとする「調和的構成」アプローチや、両者には矛盾はなく相補的なものであるとする「相補的あるいは補足的」アプローチが最高裁ではとられている。このようなアプローチにより、同一労働同一賃金、無料法律扶助、迅速な裁判を受ける権利、教育を受ける権利、環境に関する権利などが、基本権として認められてきている。またこのようにして判例で基本権として認められた権利を基本権のカタログに挿入するなどの憲法改正も行われている。たとえば、2002年第86次改正において、教育への権利が基本権の章に挿入された（第21A条）。

V　国家緊急権による人権の制限

基本権の制限については、基本権の章の中に盛り込まれている基本権の制限だけでなく、非常事態における基本権の制限も重要な論点である。非常事態という仕組みは、1935年インド統治法（第102条）に起源があり、本国イギリスにはない制度である。インド憲法には第18編に非常事態規定がおかれている（第352条〜第360条）。基本権に関わる規定は第358条と第359条である。非常事態が布告された際には、表現の自由や結社の自由など、いわゆる国家からの自由を列挙している第19条に国は制限されない（第358条）。また、罪刑法定主義に関する第20条および人身の自由に関する第21条を例外として、他の基本権に関して、大統領は、大統領令により、裁判請求権および現に係属中の訴訟を停止することができる（第359条）。

他の南アジア諸国においても、インドと同様に非常事態に関する章がおかれている（パキスタン第10編第232条〜第237条、バングラデシュ第9A編第141A

〜第141C条、スリランカ第18章第155条、ネパール第19編第143条)。仕組みはおおむね同じである。ただし、パキスタンやバングラデシュの場合には、非常事態に加えて、超憲法的な戒厳令によることも多かった。戒厳令においては、基本的に、憲法は全面的に停止され、戒厳令司令官にすべての権限が集中する点、あくまでも憲法の枠内にある「非常事態」とは性格を異にする。

　[インド]　　インドにおいては、これまで3度非常事態が宣言されている。中国との国境紛争に端を発する1962年10月の非常事態宣言の際には、第359条第1項に基づく大統領令は、第21条、第22条、第14条に関して順次公布され、それらの基本権に関する裁判請求権は全国民について停止された。第三次インド・パキスタン戦争に際して宣言された1971年12月からの非常事態では、第14条、第21条、第22条について、国内治安維持法によって拘禁された密輸業者についてのみ裁判請求権を停止した。インディラ・ガンジー首相の当選無効の判決が直接の引き金となった、インド憲法史上もっとも重要な1975年からの非常事態では、裁判請求権の停止は、第14条、第21条、第22条に次いで第19条にもおよび、厳格な検閲体制が敷かれ、政党や結社を非合法化し、国内治安維持法の改正で逮捕を容易にした。このように、1970年代に極度に強まった基本権を制限し執行部の権限を強化する流れは、インディラ・ガンジーの失脚とともに断ち切られ、1979年の憲法第44次改正にて、人身の自由(第20条、第21条)については、非常事態の布告中であっても政府は制限できないと改正された。ただし、すでに述べたように、予防拘禁制度による人身の自由の制限は残っている。

　[パキスタン]　　パキスタンでは、第233条において、非常事態の布告中は、第15条〜第19条および第24条に国は制限されないとし、同時に大統領令により基本権に基づく裁判請求権および基本権に関する係属中の裁判を停止することができる、と定める。パキスタンにおける基本権の保障は、度重なる非常事態あるいは戒厳令に制限されていた期間が長い。1956年に憲法が公布されたものの、1958年、戒厳令がしかれ憲法は破棄された。次に1962年に新憲法が公布されたものの、基本権は1964年になってようやく認められるに至った。しかし印パ戦争の勃発に伴い非常事態が宣言された1965-69年には基本権は停止されており、1969年には戒厳令がしかれ、憲法は破棄された。

1973年に第三次憲法が公布されたものの、1973-77年には、基本権は非常事態により停止されている状況にあった。1977年から85年には再び戒厳令下におかれ、基本権は停止された。さらに、ここ10年を振り返ってみても、1998年に非常事態、1999年に「非常事態」（憲法上の非常事態ではない）、2008年に「非常事態」（憲法上の非常事態ではない）が宣言されている。

　ただし、基本権が停止されている期間にも、基本権に関わる訴訟が様々な形でパキスタンの上位裁判所で争われており、集会や結社の自由を認める判決（1965年）や、憲法の基本的性質はかえることができないと基本権を制限する方向での憲法改正権に歯止めをかける判決（1977年）などが存在する。さらには、イスラーム的人権といった解釈を展開して、基本権の保護を試みた裁判例もある。

　［バングラデシュ］　1972年に制定されたバングラデシュ憲法は、パキスタンからの独立過程の苦い経験を反映して、当初は非常事態宣言や基本権の停止、あるいは政府による予防拘禁を認めていなかった。しかし、独立後の政争により、はやくも憲法公布後まもない1973年の第二次憲法改正にて、非常事態に関する章と（第９編Ａ）、予防拘禁や基本権の停止を可能にする条項（第26条、第33条など）を挿入した。第141Ｂ条は、非常事態布告中は第36条〜第40条および第42条に国は制限されないこと、第141Ｃ条は、大統領は大統領令により、基本権に基づく裁判請求権および係属中の訴訟を停止できることを定める。ただし、基本権の制限は、バングラデシュにおいてもまた、非常事態に関する規定のみならず、戒厳令にも依拠して行われてきた。たとえば、1975年から79年に戒厳令（憲法は停止されず）、1982年から86年の戒厳令（憲法は停止）である。非常事態はこれまで５回（1974年、1981年、1987年、1990年、2007年）布告され、そのたびに基本的に基本権は停止されている。

　［スリランカ］　スリランカは、公共安全（Public Security）という章（ⅩⅧ）を設けており、第155条のみからなる。そこでは、憲法施行以前からある公安令（Public Security Ordinance）が議会法とみなされることを定め、同令に基づき定められる緊急規則（Emergence Regulation）は、憲法を除くすべての法に優越する、と規定する。司法救済の停止は公安令に定められている。

以上、非常事態法制における人権保障について比較してみると、インドでは、人身の自由については、その司法的な保障につき、非常事態布告中であっても制限できないとする改正を行ったのに対し、パキスタンやバングラデシュではそのような規定を設けておらず、非常事態時における人権保障という点ではインドのほうが相対的に基本権をより保護している。政治的に不安定な国の多い南アジア諸国では、非常事態ないし戒厳令による人権制限の潜在的可能性は、現実にも、また憲法規定という観点からも、依然として低くないと思われる。

参考文献

日本語文献およびネパール暫定憲法、ブータン王国憲法、モルディブ憲法については「南アジア総論」の参考文献に掲げられたものを参照。

Cooray, J. A. L. (1995). *Constitutional and Administrative Law of Sri Lanka : A Commentary on the Constitution and the Law of Public Administration of Sri Lanka*. Colombo: Sumathi Publishers.

Halim, M. A. (2003). *Constitution, Constitutional Law and Policies: Bangladesh Perspective*. Dhaka: Md. Yousul Ali Khan B. Sc. Engineer.

Nirmal, C. J. (Ed.) (2000). *Human Rights in India: Historical, Social and Political Perspectives*. New Delhi: Oxford University Press.

Rizvi, S. S. R. (2002). *Constitutional Law of Pakistan: Text, Case Law and Analytical Commentary*. Lahore: Vanguard.

第9章
南アジア編　統治機構

浅野宜之

はじめに

　南アジア諸国は、その政治体制が大きく変わりつつある。そしてもちろん、それは各国憲法にも影響を及ぼしている。総論にもあるとおり、ネパールでは、王制が瓦解し共和制へと移行しつつあり、新憲法の制定作業が進められている。また、ブータンでは、立憲君主制にもとづく政治体制に変化し、モルディブでは、長年の独裁的政治体制から大統領制の下での民主的政治体制に移っている。こうしたいわゆる小国ばかりでなく、インドやパキスタンといった、南アジア地域におけるいわゆる大国においても、統治機構について様々な変化がみられる。本章では、南アジア地域において「大国」といえるインドを中心に、各国憲法における統治機構に関わる規定について概観する。まず、各国の統治機構に関する規定をみるにあたり、いくつかの比較のための視点を確認しておきたい。

I　統治機構規定をみるにあたって

1　議会と内閣

　暫定憲法下におけるネパールと、立憲君主制をとるブータンを除いた南アジアの諸国では、いずれも大統領をおき、これが行政権をもつことを憲法上規定している。しかし、現実に大統領がその権限をいかなる形で執行することができるか、実質的な統治権限は誰によって担われているかは国によって異なる。そしてそのあり方が、一般的にいう「議院内閣制」と「大統領制」との分類の違いになって表れているということができよう。

　「議院内閣制」の本質的要素は、議会と政府との分立、政府（内閣）が議会に対して連帯して責任を負うことの二点にあるとされる。この二点については、インドに限らず、パキスタン、バングラデシュなどの憲法でも定められている。たとえばインドとパキスタンとを比べてみても、その規定は類似する部分が多い。両国いずれにおいても執行権（行政権）は大統領に属するとされ、首相を長とする大臣会議（内閣）は大統領を補佐し、助言する。大統領は基本的にその権能の行使に際しては、助言に従わなければならない。大統領は議会（下院）の解散権をもち、非常事態宣言を発する権限をもつ。また、大臣会議は議会に対し連帯責任を負う。

　しかし現実には、パキスタンでは大統領が政権運営に直接的に関わっており、名目的なものにとどまるインドとでは大きく異なっている。両国の違いが明らかなのは、パキスタン憲法には、大統領がその裁量により憲法上付与された権能を行使することができるという規定がある点である。とくにこれは、大統領の議会解散権に関わる点が重要である。したがって、議院内閣制をとっているように見えても、インドの場合と異なり、パキスタンの場合は大統領の権限がより強いものになっている。

　パキスタンと同様に、スリランカ（1978年憲法）や、モルディブ（2008年憲法）もまた、大統領が強い権限を有する国として存在している。しかしこれらの国は大統領を直接選挙により選出するという点でパキスタンよりも明確な形で大統領制を敷く国と位置づけることができるであろう。

安田（1987）は、南アジアにおける国家と法の体制の中で、インドを除く国々の多く（パキスタン、スリランカ、バングラデシュなど：ただしバングラデシュは後に議院内閣制に復帰した）が「大統領内閣制」を採用したことに着目している。これは大統領が執行権を掌握しながら、その具体的な行使についてはこれが任命する首相を中心とする内閣（大臣会議）が議会に対して責任を負うというものである。いわば南アジア地域においても周縁に置かれた国々が、大統領に強い権限を集中させる制度を設けたということができる。

各国憲法の中で行政権に関わる規定は、当該国の政治状況をもっとも色濃く反映するものであり、歴史的な経過も含めて、その内容を把握することが必要である。

2　裁判所

裁判所の機能については、総論及び人権編にて詳述されているところのものであるので、本章では主に制度的側面に焦点を当てる。

南アジア諸国の中には、憲法裁判所を設置している国はなく、いずれの憲法でも各国最高裁判所が憲法問題に関する終審裁判所であることを規定している。また、組織面でも、これらの国々は概ね類似している。すなわち、一つの最高裁判所に、複数の高等裁判所、そしてその下に各種の下位裁判所を置くというものである。

「司法の独立」という重要な原則について憲法の規定からみるとすれば、裁判官の任命の問題を取り上げなければならない。最高裁裁判官についてみると、インドの場合は大統領が、最高裁長官などと協議の上で任命している。なお、最高裁長官の任命については、憲法上規定がなく、これまで多くの場合には最先任の最高裁判事が長官に任じられている。非行あるいは不適任を理由とする解任については、議会において提案が3分の2以上の多数で可決されないかぎり、大統領はこれを解任できないと定めている。これに対し、パキスタンでは大統領が最高裁長官を任命することを明示している点で異なる。また、非行や不適任による解任については、最高司法評議会という組織に調査を命じ、その報告に基づいて大統領が解任すると定めている。こうした規定は、最高裁裁判官の人事について、議会による統制をかける可能性を

設けているのか否かの違いとしてみることができよう。もっとも、パキスタンの最高司法評議会は最高裁長官、最高裁裁判官などから組織される司法府のもとにある組織であり、一定程度「司法の独立」に配慮した規定だとも考えられる。いずれにしても2007年のパキスタンにおける最高裁長官職務停止ケースをみれば分かるように、裁判官人事もまた南アジア諸国では政治的な問題と関係してくる場合がある。司法府における人の動きは政治家の動向に比べ把握しづらいが、この事項からも、当該国における政治状況の一端を理解することができよう。

以上をふまえ、次節以降では各国別に憲法の統治機構規定について概観する。

II　インド

「世界最大の民主主義国家」と呼ばれるインド。こう呼ばれる理由の一つは、1947年の独立から約60年経過した今まで、一度もクーデターなどが起こらず、すべての政権交代が選挙をもとに行われてきたことにある。本稿では、インドにおける民主政を支える統治機構について、その概要を憲法の規定に基づきみていきたい。

1　連邦制

インドは、連邦制をとっており、28の州と7の連邦直轄領（デリー首都圏を含む）から構成されている。その領域はイギリスによる植民地統治を経て1947年に独立した、旧英領インドからパキスタン（及びバングラデシュ）を除いた地域ということになる。イギリスによる統治が行われていた時期において、すべての領域がイギリスによる直接支配を受けていたわけではなく、多数の藩王国が存在していた。その多くはインド独立に際して併合を決めたが、中には武力行使を通じて併合が進められた藩王国もあった。また、併合先としてインドあるいはパキスタンを選択する必要に迫られる中で、藩王による決定が後にインドとパキスタンとの間で紛争が起きる契機にもなった、

カシュミールのような事例もある。28の州は憲法第1附則においてその領域が定められている。現在の州境は、北東部の諸州を除いて1956年州再編法をはじめとする法令により定められたものが多い。ただし、近年でも州の再編は続いており、2000年にはジャールカンドなどの新州が誕生している。

アッサム州などの北東部の諸州の中には、「部族地域」として憲法第6附則において定められている特別な地域が存在する。部族地域は、自治県とされ、県協議会または地域協議会という名称の組織が設置されており、これらには行政権が付与され、また、土地、森林、焼畑農業、長老の継承、婚姻などについての立法権限も認められている。このほか、地税の評価・徴収、金貸し業及び非部族による取引の規制なども権限の中に含まれている。第6附則が適用されない州であっても、指定部族が多く居住する地域について、大統領は憲法第5附則にもとづき、「指定地域」と宣言することができる。指定地域は部族地域と異なり、自治県としての存在ではないが、中央または州の制定法についてこれを適用しない、または修正に基づいて適用するように知事が命令することができ、また、土地の譲渡や分配、金貸し業などについて知事は規制することができるとされている。このように、地域によって行政面で異なる取り扱いを設けていることは、インドが多民族国家であることを明らかに示している。

中央と州の立法管轄権は憲法第7附則に規定されている。これによれば、防衛、外交、通貨、金融、国勢調査、会計検査、最高裁判所および高等裁判所の設置及び構成などの100項目が中央の、治安、地方政府、公衆衛生、水、土地などの61項目が州の管轄事項とされている。また、刑事法、刑事手続、婚姻及び離婚、森林、社会保障など52項目は中央および州の共通管轄事項とされている。中央が立法管轄権をもつ範囲が広いこと、また、後述するように大統領が州知事の任命権をもつこと、さらには憲法第356条にもとづいて、州政府による統治を停止することができることなどから、中央の権限が強い連邦制というように評されている。

2　行政

先述の通り、連邦の行政権及び軍の最高指揮権は、大統領に属する（第53

条)。大統領は上下両院の議員及び州下院議員により構成される選挙会で選出される。2009年現在の大統領は2007年に選出されたプラティバ・パティル氏で、初めての女性大統領である（女性首相は、インディラ・ガンディー元首相の例がある）。大統領の任期は5年で再選は認められている。

　行政権について規定をみれば、一見大統領の役割が大きく見える。しかし実際には議院内閣制のもとでの統治がなされていて、大統領自体は名目的な存在であるという点については、冒頭で述べたとおりである。また、副大統領については、連邦上院の議長職に就くほか、大統領に事故あるときにこれに代わって行動することが定められている（第64条～第65条）。

　大臣会議（内閣）が、大統領の権能を補佐し、助言するために総理大臣を長として構成される。大臣会議が、下院に対して連帯して責任を負う（第75条第3項）という点も、インドにおいて議院内閣制をとりいれていることを示している。総理大臣は、下院における与党の長たる地位にある者が大統領からの任命を受けることが一般的であるが、1996年には、総選挙で第一党となったインド人民党から、A．B．ヴァジペーイーが大統領からの任命を受けて組閣したものの、下院で信任を得られず、わずか2週間で辞職した例がある。また、2004年の総選挙の後には、勝利した国民会議派の総裁であるソニア・ガンディーが総理大臣となるのではなく、元財務大臣で経済改革を進めたマンモハン・シンが総理大臣に就任している。なお、大臣会議の構成については、憲法に詳細な規定はないが、閣議に参加しない閣外大臣も多く任命されている。

3　議会

　連邦の上院（ラージャ・サバー：Rajya Sabha）は、大統領が指名する議員と州及び連邦の代表議員から構成される（第80条）。指名議員は文学、科学、芸術または社会事業について特別の知識や経験を持つ者とされており、2009年現在のこのカテゴリーの議員には、著名な映画監督や学者、社会事業家などが充てられている。州の代表議員については、州議会（下院）の被選出議員が選挙して選ぶ。上院は解散されることはないが、議員の約3分の1は、法律に従い、2年ごとに退職することとされている（第83条第1項）。

下院（ローク・サバー：Lok Sabha）は選挙区からの選出議員が543名で、アングロ・インディアンからの代表2名を大統領が指名することもできる。選挙区は小選挙区制をとっており、州内での選挙区ごとの人口の調整については、2001年の国勢調査の結果をもとになされている。

　下院議員の任期は5年だが、解散もありうる。2004年の選挙から、EVM（電子投票機）の導入がなされた。それまでは、投票用紙に記された各候補者（所属政党）のシンボルマークを選んでいた。これを、機械を用いて投票できるようにしたものである。

　現在は、国民会議派とインド人民党が二大政党という形になっているが、いずれかの党のみで政権を握ることは困難で、他の政党との協力をもとに政権を担当するようになってきている。なお、1960年代から70年代にかけて大きな問題であった、議員の党籍離脱について、これを禁止することが憲法改正を通じて定められた（第102条、第191条、第10附則）。これは、議員が自発的に所属する政党（立候補をなした政党）の党員としての地位を放棄したり、党議拘束に反して投票や棄権したりした場合、議員としての資格を失うと定めているものである（脱党防止規定）。

　総論でも示されたとおり、下院議員選挙において、指定カーストや指定部族には議席の留保が定められている。独立前、いわゆる不可触民やムスリムなどの宗教マイノリティについて分離選挙を要求する意見もみられたが、最終的に分離選挙は導入されず、時限的に議席の留保を行うこととなった。これが、現行憲法の第330条（州下院については第332条）に定めるものである。すなわち、下院においては指定カースト、指定部族について、州または連邦直轄領に割り当てられる議席数に対して留保される議席数の比率は、その州または連邦直轄領における指定カーストあるいは指定部族の人口と総人口との比率にできるだけ近いように設定されることが定められている。2009年に実施された下院議員選挙の場合、全543議席のうち指定カーストに留保されていた議席が84議席、指定部族には47議席がそれぞれ留保されていた。なお、指定カーストや指定部族の者が一般選挙区から立候補することも認められている。

　立法手続における、上院と下院との関係についていくつかの規定が設けら

れている。まず、金銭法案や財政法案については下院に先議権がある。金銭法案とは、租税の賦課、廃止、軽減や、インド政府の財政負担に関する改正、インド統合基金の管理や同基金からの支出の承認などを取り扱う規定のみを含む（第110条）ものである。これに対し、財政法案とは金銭法案において取り扱われる事項について定める法案、またはその修正案とされており、上記の事項のみを含む法案としての金銭法案に対して、上記の事項以外のものも含まれている法案としての財政法案という区別がなされている。これらの法案以外については、いずれの議院も先議できるとされている（第107条）。法案がいずれかの議院に提出され、これを可決したものの、別の議院が否決した場合などは、大統領が両議院に対して、当該法案を審議し、表決するための合同会議を設置することを通告しなければならない（第108条）。法案が両議院で可決されたとき、これは大統領のもとに送付され、大統領の認証を得なければならない（第111条）。

　憲法改正については、いずれかの議院における改正法案の提出によってのみ発案できるとされ、その法案が両議院において、その議院の総議員の過半数であり、かつ出席して投票した議員の3分の2以上の多数で可決されることが求められている。ただし、その憲法改正が行政権の範囲や司法制度、第7附則の表、議会における州の代表に関わる規定などを変更することを目的としている場合は、2分の1以上の州議会の承認決議を必要としている。なお、憲法改正については、憲法の基本構造（Basic Structure）を変更するような改正は認められないとする考えが最高裁の判決で提示され、現在に至るまで影響を及ぼしている。近年では、2008年に出されたタークル判決（A.K. Thakur v. Union of India）が、この問題を取り上げている。

4　州における統治

　州における統治機構は、基本的には連邦と変わらない。州の行政権は、大統領によって任命される州知事及びその下にある官吏により行使される（第154条）。しかし実際には州の政権は、選挙の結果構成される州議会が選出する州首相を首班とする大臣会議が中心となって運営することになる。

　州が立法管轄権を持つ事項については、州議会のもとで州法が制定される

ことになる。たとえば、後述するように地方政府については各州でその組織や機能について規定する法律が制定されているほか、酒類の生産や販売等についても州の管轄事項になっていることから、一部の州では法律に基づき原則として禁酒となっていることなどがその例である。州議会については、人口の多い一部の州（ビハール州、マハーラーシュトラ州、ウッタル・プラデーシュ州など）には上院も設けられている。

5　司法

インドにおける司法制度は、植民地宗主国であるイギリスからの継受により構築されたものである。憲法で定めがあるのは、最高裁判所、高等裁判所、及び下級裁判所である。下級裁判所については、州によってその機構が異なっている。

最高裁判所はデリーにあり、長官を含め現在は裁判官が25名任命されている。管轄権については、インド政府と州との間の紛争や州間紛争（第131条）、民事、刑事訴訟における高等裁判所からの上訴裁判権（第132条〜第134A条）、特別許可による上告審（第136条）などとなっている。また、第32条に基づく権利保護のための令状発給権もまた、重要な権限である。条文によると、権利保障のために適切な指令、命令、又は人身保護令状等を発する権限を有することが定められている。この令状請求訴訟の形式を活用し、インドにおいて発展したのがいわゆる「公益訴訟」である。また、最高裁判所は裁判所侮辱罪の処罰権を含む記録裁判所としての権限を有している（第129条）。

最高裁判所裁判官の任命は大統領が行う。その際に最高裁判所長官との協議がなされなければならないことは、前述の通りである。最高裁判所裁判官に任命されるには、高等裁判所での5年以上の裁判官経験、高等裁判所での10年以上の弁護士経験などが必要とされる。2005年の段階で、当時の最高裁裁判官のうち、1名を除いてすべてが高等裁判所長官（代理を含む）を経験している。

高等裁判所については、現在インド全土で21か所に設置されている。州の数と比べて少ないのは、たとえばガウハティ高裁がアッサム州のみならず、

ナガランド州、メガーラーヤ州など北東部諸州を管轄していたり、パンジャーブ州とハリヤナ州を管轄する高等裁判所がチャンディーガルに置かれていたりするように、複数の州（または連邦直轄領）を管轄する高等裁判所が存在するからである（第231条でこれを認めている）。なお、逆にアラーハーバード（ウッタル・プラデーシュ州）、ボンベイ（マハーラーシュトラ州）等の高等裁判所は、支部を設けている。

　高等裁判所の裁判官については、大統領が最高裁長官及びその州の知事と協議した後、かつ、高裁長官以外の裁判官を任命する場合には当該高裁長官と協議した後、任命することになっている（第217条）。高等裁判所の管轄権は、独立前からのものを継承している（第225条）。また、最高裁判所と同様、令状発給権が賦与されている（第226条）。

　インドにおいては、司法の判断が国民の権利保護や種々の政策の推進、さらには汚職などの問題の解明など、様々な場面で重要な役割を果たしている。高等裁判所や最高裁判所に対しては国家機関の中でも信頼に足る組織との認識があると言われているが、ときに政府の行為や政策に対して、毅然として違憲判決を出す司法の姿勢が、そうした信頼感を高めているとみることもできよう。

　なお、憲法には行政審判所という組織についても規定が設けられている。これは、公務に就く者などの雇用及び服務条件について、争訟又は不服申し立てに関連して行政審判所における宣告又は裁判のための規定を、議会は設けることができるというものである（第323A条）。

6　地方自治

　インドでは、地方政府については州の立法管轄事項とされている。1993年制定の憲法第73次及び第74次改正により、憲法に地方政府に関する規定が詳細に盛り込まれ、各州はこれに合わせて州法の改正を行った。地方政府に関連して、二つの憲法改正が行われたのは、インドにおいては農村部の地方自治と都市部の地方自治とが分けられているからで、憲法第73次改正が農村部の地方自治制度であるパンチャーヤトについて、第74次改正が都市部の地方自治について規定を新たに設けたものである。

憲法第40条には、「国家政策の指導原則」のうちの一つとして、「村パンチャーヤトの組織」が規定されていた。1950年代以降、農村開発事業の推進のために、各州でパンチャーヤトに関する法令が制定され、組織化されてきたが、1970年代から80年代はその活動も下火となり、停滞した期間が長く続いた。しかし、経済改革と軌を一にして、地方分権化の必要性が語られるようになり、そのためには定期的な選挙の実施、権限の付与が必要であるため、憲法改正の道が探られたのである。

　農村部の制度であるパンチャーヤトについてみると、まず一部の州を除いて県＝中間＝村の三層構造のパンチャーヤト制度を設けることが定められ（第243B条）、また、村レベルのグラム・サバ（村民総会）の設置が明示された（第243A条）。さらに、各レベルのパンチャーヤト議員は直接選挙により選出されることが定められ、議長（村パンチャーヤトの議長は一般に村長と呼ばれている）については各州で法律により選出方法を定めることが規定された（第243C条）。これは、州によっては村長が中間レベルのパンチャーヤト議員になるという形式をとっていた州があったためで、住民の政治的参加が各レベルにおいて行われるよう、議員の直接選挙に関わる規定が明記されたものである。なお、議席については指定カースト及び指定部族に対して、それぞれ人口比にもとづいて留保が行われる。このほか、特徴的なことの一つとして、議席の3分の1が女性に留保されていることが挙げられる。すなわち、全議員のうち必ず3分の1は女性議員が占めることになる。女性にインタビューをしても周囲にいる男性たちが代わりに回答してしまうようなことがよく体験されるインド農村においては、女性に留保された選挙区から立候補し、当選した女性議員が、実は地域の有力者の親族で、実際の活動は周囲の男性が進めてしまうというような事例も目にする。しかし、女性への留保を足がかりに女性が地域開発への意見提示を行うというようなケースもまったくないわけではない。劇的に女性の政治参加が拡大するようなものではないが、着実な変化をもたらす可能性はあるといえよう。

　このように議員が直接選挙で選出されることが規定されているが、同時に任期についても5年と明示されている。このように任期を明確にすることで、定期選挙の実施を確実なものとすることにつながっている（第243E条）。

パンチャーヤトの権限については、経済的発展及び社会正義のための計画の策定、そして憲法第11附則に列記された事項を含め、パンチャーヤトに委ねられた計画の実施が、その対象となっている。憲法第11附則はパンチャーヤトの管轄権を列挙しており、その内容としては、農業などの第一次産業、道路、橋梁などのインフラ、初等教育、公衆衛生及び社会福祉（女性、児童、障害者及び社会的弱者を対象とする）などが挙げられている。

重要な権限として、さらに課税権が付与されている。しかし、実際にはパンチャーヤトの財政的基盤は弱く、中央や州政府からの補助金をもとに事業を進める例が多くみられる。

都市部についての規定は、その多くがパンチャーヤトに関する規定と似ている。ただし、権限の及ぶ事項について列挙した第12附則の内容は、第11附則のそれとは若干異なり、都市計画や消防、スラム改良、公園等の設置なども挙げられている。

7　非常事態

大統領は、戦争、外患又は反乱により、インド又はその領域のいずれかの部分の安全が脅かされる重大な非常事態が存在すると認めるとき、布告によってその旨の宣言をすることができる。なお、そのような事実が発生する緊急の危険があると見なした場合、事実が現実に発生するより前に、布告を発することも可能である（第352条第1項及び原注）。もっとも、大統領が自由にそのような布告を発することができるわけではなく、当該布告を発することができるという大臣会議の決定が文書で大統領に伝えられない限り、布告を発するなどの行為はできなくなっている。さらに、すべての布告は両議院の決議で承認されなければならず、1ヶ月の経過前に両議院の決議により承認されない限り、当該布告は1ヶ月の経過終了時に効果を失うことが定められている（同第3項、第4項）。

非常事態の布告が施行されている間は、連邦の行政権は州の行政権の行使方法について州に対して指令を与える権限が付与され、また、連邦議会は中央の立法管轄事項にない事項についても連邦や連邦の官吏等に権限を付与したり任務を課したりすることが可能になる（第353条）。なお、非常事態宣言

にもとづく基本権の制限については、人権の章を参照いただきたい。

インディラ・ガンディー政権下での非常事態宣言は上述の憲法第352条にもとづくものであったが、より多く見受けられてきたのが、第356条に定められた、州における憲法機構運用不能の場合である。これは、州知事からの報告等により、大統領が、当該州の統治が憲法に従って運営することができない事態が発生していると認めたとき、布告によって、州政府の権能の一部又は全部や、州の知事や機関が有する権限の一部又は全部を、接収したり、州議会の権限は連邦議会がこれを行使するなどの宣言をなしたり、大統領が当該布告の目的を達成するために必要と考える付随的、結果的規定を制定したりするといった措置が認められるようになる。たとえば1992年には、ウッタル・プラデーシュ州アヨーディヤーにおけるバーブリー・マスジッド破壊事件に端を発したヒンドゥーとイスラームの原理主義者による抗争から同州の議会が解散され、大統領の直接統治下に置かれた例がある。

このように州政府による統治を停止し、大統領による直接統治を可能とする規定が設けられていることが、インドの連邦制が完全なものではないことの一因とされている。

III　パキスタン及びバングラデシュ

1　パキスタン

パキスタンが独立後最初の憲法を制定したのは、1956年のことである。当時は西パキスタン（現在のパキスタン）と東パキスタン（現在のバングラデシュ）との、間にインドを挟む形での領域をもつ国家であった。その後、いく度かの戒厳令布告などを経て制定されたのが、現行の1973年憲法である。

1973年憲法では当初、国家元首は大統領とされるものの議院内閣制が導入され、実質的な行政権限は首相のもとにあった。しかし、1977年にクーデターが起き、1985年まで戒厳令が敷かれ憲法が停止された。そして、憲法の効力が回復した後に発せられた憲法令により、大統領の裁量による議会解散権など大統領の強大な権限が認められる状態が続いた（ただし、後に大統領の議会解散権については制限されることとなった）。1999年のクーデターにより、

ムシャラフ陸軍参謀長は行政長官として実権を握り、非常事態宣言によって憲法を停止した。このクーデターは後に最高裁により合法とされ、ムシャラフ行政長官はその後大統領に就任している。2008年に彼は大統領を辞任したが、2002年法的枠組令（Legal Framework Order, 2002）の発布や憲法第17次改正によって、大統領の権限が強化されたシステムを確立するなど、現行の統治機構に影響を及ぼしている。

　パキスタンにおいては隣国インドと異なり、戒厳令が布告されたり、長期間にわたって憲法が停止されたりする状況が何回か起き、その度に統治機構規定にも改変がもたらされてきた。また、イスラームを国教としているところから、それがさまざまな規定に影響を及ぼしている。1973年憲法での統治機構規定は次の通りである。

　大統領は国家元首であり、イスラーム教徒でなければならない。大統領は、上下両院及び州議会の議員から構成される選挙人団により選出される（第41条）。行政権は大統領に属し（第90条）、内閣又は首相の助言にもとづいて職務を行う。また、下院解散権や国民投票付託権を有する（第48条）。大統領を補佐し、助言する内閣については、これを構成する大臣が議員の中から任命されること（第92条）、これが下院に対して連帯して責任を負うことが定められている（第91条）。

　議会は上下両院からなる。下院は非ムスリムに留保された議席を除き、各州（連邦直轄民族地域およびイスラマバード首都地域を含む）に議席が割り当てられている。なお、そのうち一定数は女性に留保されている（第51条）。下院は任期5年で、解散もなされうる（第52条、第58条）。とくに第58条2項b号に基づく、大統領の裁量による議会の解散は、これまで度々なされ、大きな政治的問題を引き起こしてきた。上院は州議会議員によって選出される議員のほか、任命議員なども含まれている（第59条）。議員資格の一つとして、イスラームの禁止命令を犯した者として知られていないことが挙げられている（第62条）。また、第63A条では、脱党防止規定が設けられている。法案の提出は上下いずれの議院からでも可能であるが、財政法案については下院に先議権がある（第70条、第73条）。

　パキスタンは連邦国家であるため、州の統治機構に関する規定も設けられ

ている。大統領により任命される州知事、州議会及び州における行政権に関わる諸規定である。なお、州において憲法に基づく統治が行い得なくなったとき、大統領は自ら、又は州知事に命じて州政府の機能を執行することができる（第234条）。なお、それよりも下位の地方自治制度については、州が制度を整備することなどを定めた条文があるのみである（第140A条）。

　最高裁判所、各州一つの高等裁判所及びその他の裁判所が司法権を担う（第175条）。最高裁判所は首都イスラマバードに置かれ、その裁判官は大統領が任命する（第177条）。最高裁判所は固有の裁判管轄権をもつほか、高等裁判所からの上訴を管轄し、また、大統領からの要請に応じて法律上の問題について勧告する勧告的管轄権をもつ（第184条〜第186条）。第184条第2項に規定されているように、基本権行使に関して公共のために重要な問題が含まれているとき、秩序構築に関わる管轄権を有するとしている。また、高裁も令状発給権をもつ（第199条）。これらが、パキスタンにおける公益訴訟提起の根拠として多く用いられる規定である。

　なお、連邦シャリーア裁判所が置かれている。これは、法律がクルアーン及びスンナに規定されるイスラームの命令に反しているか否かを審理し、決定する権限をもつ（第203D条）。その決定に異議がある者は、最高裁判所に上訴することとなる（第203F条）。

　なお、地方自治に関しては各州が地方政府について法を定め、分権化を行うという規定が設けられているのみ（第140A条）で、この規定は2002年法的枠組み令で追加されたものである。また、非常事態宣言についてはインドと類似した規定が設けられている（第232条〜第237条）。

2　バングラデシュ

　東パキスタンが分離し、バングラデシュとして独立した後、1972年12月には憲法が制定された。現在に至るまで、幾度かの改正はなされつつも基本的にこの憲法が施行され続けている。ただし、これらの改正により、とくに統治機構に関しては大きな変化が見られる。

　制定当初の憲法によれば、国家元首としての大統領が置かれるものの、一院制の議会に対して連帯して責任を負う内閣が置かれ、そしてその長である

首相が行政権を持つこととされていた。しかし、国内情勢の不安定さから議院内閣制は長くは続かず、1975年1月の第4次改正により、大統領制が導入された。同時に、多党制が一時期廃止された。1975年8月、陸軍将校らによるクーデターが起き、戒厳令が敷かれた。

その後、大統領の強大な権限は残しつつも、多党制を復活させ、また最高裁の独立を回復させるなどの政策が実施された。ただし、1978年の戒厳令布告では大統領の権限を制限する方向もみられる。たとえば、大臣会議のメンバーのうち5分の4は議員から任命されること、大統領には法案への拒否権が与えられないことなどが挙げられる。

その後、1996年3月には、第13次憲法改正がなされ、議院内閣制への回帰が実現した。また、この改正における重要な条項の一つは、任期満了による議会閉会後、暫定政府の首席顧問がその職に就いた日から、新議会構成後、新首相がその職につく日まで、無党派の暫定政府（選挙管理内閣）が存続するというものである。これは、選挙の際に引き起こされる、さまざまな選挙妨害を避けるためのものである。たとえば、2006年に議会が任期満了となった後でも、選挙実施をめぐって社会的混乱が起きたため非常事態が宣言され、選挙実施が延期されたことがある。

このように、議院内閣制から大統領制への変遷、汚職などの社会的問題とこれを防ぐための暫定政府（選挙管理内閣）規定の導入など、統治機構に関わる規定の動きから、バングラデシュ政治ひいてはバングラデシュ社会の動態と課題とが垣間見える。

現行バングラデシュ憲法における、統治機構関連規定の概要は次の通りである。

国家元首たる大統領が置かれ、議会により選出される（第48条）。大統領の任期は5年で、恩赦権およびいくつかの免責特権を有する（第49条〜第51条）。行政権は首相に属し、これが長となる内閣は議会に対して連帯して責任を負う（第55条）。なお、首相は議会の過半数の支持を失ったとき、辞職するか、または議会の解散を大統領に助言しなければならない（第57条第2項）。

議会が解散又は任期満了により終了した後に暫定政府が置かれるが、大統

領は原則として最高裁長官をもっとも直近に退職した者を、その首席顧問に任命する（第58Ｂ条、第58Ｃ条）。

立法権は一院制の議会にあり、現在その定員は小選挙区制の選挙による被選出議員300名と女性に留保されている議席45名とを合わせたものである（第65条）。なお、インドと同様、脱党防止規定を設けている（第70条）。また、大臣、公務員、公共機関の行う処分について調査するなどの権限を有するオンブズマンを置くことができる（第77条）。議会で可決された法案は、大統領の下に裁可を受けるため提出される。前述の通り大統領は拒否権を持たない（第80条）。

司法については、まず上訴部および高等裁判部からなる最高裁判所が設置されることが定められている（第94条）。バングラデシュにおいても、隣国インドと同様公益訴訟は存在している。その根拠となりうるのが、高等裁判部の命令、指令その他の権限について定めた、憲法第102条の規定である。これは、基本的権利の実現に必要と判断される場合に、権利侵害を受けたという申し立てをもとに、公務員や公的機関に対して命令、指令を発することができることなどを定めたものである。上訴部は、高等裁判部の判決、命令などに関する上告を審理し、決定する権限を有する（第103条）。下級裁判所については、法律に基づいて設置される。

Ⅳ　その他の南アジア諸国

1　スリランカ

スリランカが「セイロン」という国名で、1947年制定の通称ソウルバリー憲法の下、独立したのが1948年のことである。この憲法では、内閣制と両院制が導入された。また、司法の独立や違憲審査制も定められていた。これに続いて制定されたのが、1972年（第一次共和国）憲法である。これもやはり憲政上大きな変化をもたらした憲法であった。まず、この憲法ではスリランカを社会主義国と宣言し、議会は一院制になった。ただし、議院内閣制や小選挙区制は維持されていた。司法については、その独立が変わらず維持されていたが、違憲審査制は廃止され、その代わりとして立法前の諮問制度が導

入された。
　現行の1978年（第二次共和国）憲法における最大の変化は、議院内閣制から大統領制への変更である。初代の大統領には、Ｊ．Ｒ．ジャヤワルダナが就任した。大統領は国家元首であるとともに行政府の長であり、選挙によって選出される（第30条）。大統領はその権限、職務等の行使及び遂行に関して、議会に対して責任を負う（第42条）とともに、大統領がその一員である内閣も、議会に対して連帯して責任を負う（第43条）。また、大統領は議会の解散権を有するなど、広い権限が付与されている（第70条）。大統領が大きな権限を有していることに対しては、議院内閣制に戻すべきであるとの批判もみられる。
　その他の重要な事項としては、レファレンダムの導入（第85条～第87条）や議会行政コミッショナー（オンブズマン）の設置（第156条）などがある。レファレンダムの結果によっては、議会が否決した法案であっても法律となり得ることが定められている。オンブズマンは、公務員等の行為による基本権の侵害等に対して、不服を申し立てることができる機関である。また、議員選挙が小選挙区制から比例代表制に変更されたことも大きな違いである。司法については、最高裁判所、控訴院（Court of Appeals）、および高等裁判所をはじめとするその他の裁判所が設けられる（第105条）。最高裁は、違憲立法審査権をもち、人権問題に対する管轄権を有する。上訴管轄権とともに勧告的管轄権ももち、また、選挙争訟についても管轄権を有する（第118条）。控訴院は、上訴管轄権とともに令状発給権を有する（第138条～第141条）。これらの裁判所の裁判官、長官は、大統領により任命される（第107条）。
　スリランカにおける現在最大の問題は、タミル人ゲリラとの紛争である。1972年憲法及び現行の憲法に規定されているような、スリランカを「単一の国家である」という文言は、タミル人の連邦主義者からは相容れない考え方として捉えられてきた。現行憲法の改正を通じて、紛争解決を図ろうとするにあたって、視野に入れられたのが地方分権化に関わる規定であった。1987年の憲法第13次改正では、州評議会等の州レベルでの統治機構に関する規定が設けられた（第154A条～第154T条）。

なお、さまざまな機関での検討を経て、2000年には新憲法草案が議会に提出された。この憲法草案では、執行権限をもつものは大統領ではなくなり、大臣会議（内閣）になっているところがもっとも大きな変更点である。また、州評議会に関する規定の拡充がなされており、地方分権に配慮したものとなっている。これは、連邦主義をとることはできないものの、国内に存在する多様性を統治の仕組みに生かすためにとられた方策であるとみることができる。多元的国家であるスリランカの政治的課題を解決することを目的に作成された憲法草案であるが、国内における政党間対立などを背景に、最終的に憲法となることはなかった。現在でも、スリランカ政府は憲法問題省を設置し、新憲法の制定を実現させるための調査研究などを行っている。

2　ネパール

ネパールにおいて近代的な憲法が制定されたのは1948年である。その後欽定憲法たる1951年憲法、立憲君主制を大幅に取り入れた1959年憲法を経て、1962年にはパンチャーヤト制を基本とする1962年憲法が制定された。このパンチャーヤト制は、政党の活動が禁止されているなかで、村などの基礎レベルのパンチャーヤト議員を直接選挙により選出し、それより上位の郡パンチャーヤト議員は村などのパンチャーヤト議員が選出し、さらに上位の国家パンチャーヤト議員は郡パンチャーヤト議員が選出するというように、国王への権力集中を容易にするために複雑な間接民主制を具現化したものである。制定後この憲法は3度の改正を経ながらも施行されてきたが、1990年の「民主化運動」により1990年ネパール王国憲法が制定された。

1990年憲法においてもネパールは立憲君主制的王国とされていた（第4条）。この憲法での国王の権限は強大なもので、行政権は国王及び大臣会議に属していた（第35条）ほか、国軍の最高指揮権限も国王のもとにあった。立法部は、国王と両議院から構成されていた。議院のうち代議院は被選出議員により構成され、参議院は任命議員などによって構成されていた（第44条〜第46条）。大臣会議の議長となる首相は、代議院で多数を占める政党の指導者が任命された（第36条）。また、政党の組織、活動の権利を認め、その登録についての規定も設けられていた（第112条〜第113条）。そして、代議院

選挙では、政党等からの立候補者の5％以上は女性でなければならないことも定められていた（第114条）。

1990年代以降も政治状況の不安定さは続き、結局マオイスト（共産党毛沢東主義派）による反政府運動を契機に、2006年には一時期導入された国王親政が倒され、議会の復活の後、2007年に暫定憲法が公布された。1990年憲法と暫定憲法との統治機構規定の違いは大きい。立憲君主制から共和制へと移行した上で、立法権は一院制の議会のみがもち（第45条）、行政権は大臣会議のみに属する（第37条第1項）こととなった。総理大臣と各国務大臣は、議会に対して連帯して責任を負う（第38条第6項）。つまり議院内閣制の導入を明示しており、大統領はおかれていない。なお、総理大臣および大臣の選任については、政党間の政治的合意にもとづくとされている（第38条第1項）。また、地方自治についての規定が設けられたほか（第17編）、軍の指揮権や政令の発布もまた内閣に属することになるなどの変化が目を引く（第37条第2項、第144条第3項）。司法については、最高裁判所、上訴裁判所および郡裁判所の三階層になっていることが定められ（第101条）、最高裁判所は、違憲審査権や人権保障のための令状発給権を有している（第107条）。最高裁長官は、総理大臣が憲法評議会の助言をもとに任命し、最高裁裁判官は、長官が司法評議会の助言をもとに任命する（第103条）。

これらの暫定憲法の規定は新憲法制定のためのものである。今後明らかとなる新憲法の内容が注目される。

3　モルディブ

1968年にイスラームのスルタンによる統治から共和制へと移行したモルディブは、1978年に大統領に就任したM．A．ガユームの長期政権が続いた。しかし、その独裁的な体制に国内外から批判がなされ、2004年以降複数政党制をはじめとする民主化が進められた。この間、2007年には統治形態を大統領制にするか、議院内閣制にするかの国民投票を実施し、大統領制が選ばれている。2008年8月に新憲法が制定され、後に大統領選挙が実施された。その結果、30年ぶりに政権が交代している。

新憲法によれば、立法権は議会に、行政権は大統領に属する（第5条、第

6条)。議会は一院制で各行政区を選挙区とする被選出議員から構成される（第71条)。任期は5年で、憲法改正、立法、予算案承認などの権限（第70条）のほか、法律問題について最高裁判所に諮問する権限を有する（第95条)。大統領は国家元首であり、軍の最高司令官である（第106条)。大統領は直接選挙により選出され（第108条)、内閣構成メンバーや最高裁長官の任命をはじめ、広い権限を有する（第115条)。最高裁判所をはじめとする裁判所が司法権を有する。最高裁及び高裁は違憲審査権を有する（第143条)。なお、憲法及び法律に定めがない場合、裁判官はシャリーアを考慮に入れなければならない（第142条)。このような規定はあるものの、モルディブはイスラームの原則にもとづく共和国と規定されている（第2条）中で、パキスタンほどには国制にイスラームの影響はみられない。

4　ブータン

　立憲君主制のブータンは、前国王が近代化および民主化を発展させた中で統治機構についても変化がもたらされた。まず2007年から2008年にかけて上下両院の議員選挙が行われ、その後、新憲法の審議がなされ、2008年7月に憲法が採択されている。

　憲法では、国民主権が明示され、ブータンは民主的立憲君主国家とされている（第1条第1、第2節)。国王は国家元首であり、王国と国民統合の象徴であるとされる（第2条第1節)。また、国王の65歳定年制（第2条第6節）及び国王に対する信任投票制度も設けられている（第2条第20〜第25節)。

　立法権は国王と上下両院からなる議会に属する（第10条第1節)。上下両院とも任期は5年であるが、上院議員は各県から選出される議員と任命議員からなり、政党に属することはできない（第11条第1、第3節)。これに対し下院議員はすべて直接選挙により選出される（第12条第1節)。下院議員については脱党防止が規定されている（第15条第10節)。金銭法案及び財政法案については、下院に先議権がある（第13条第1節)。

　行政権は首相を長とする大臣会議に属し、大臣会議は国王と議会に対して連帯して責任を負う（第20条第2、第7節)。下院は大臣会議不信任案を決議することができ、大臣会議は国王に下院の解散を助言できる。

最高裁判所、高等裁判所、県裁判所、郡裁判所などからなる裁判所が司法権をもつ（第21条第2節）。最高裁は憲法解釈の終審裁判所である（第1条第11節）ほか、令状訴訟の管轄権や国王からの法律問題に関する諮問管轄権を有する（第21条第8、第10節）。

このほか、政党に関する規定や地方政府に関する規定などが置かれている（第15条、第22条）。

まとめ

インドを除く南アジア諸国では、国制の変化が様々になされ、また、新しい憲法を制定する動きもみられる。大統領制と議院内閣制との間での揺らぎや、国家元首の権限を制限する試み、さらには政治体制の変化に対する司法の関与など、各国の政治情勢に現れた動きは、それらの国々の憲法における統治機構規定に影響を及ぼしている。逆に言えば、統治機構規定の内容や変遷は、各国の政治情勢を見る視点を提供している。

たとえばパキスタンにおけるイスラームの影響のように、各国の文化や社会を反映している規定もあれば、インドを始め複数の国で採用されている脱党防止規定や司法に関する規定のように、共通あるいは類似しているものもある。そのいずれもが、南アジア諸国憲法における統治機構規定を見ていくに当たっては興味深いものであり、そうした類似点や差異を検討することが、南アジアにおける憲法のあり方を明らかにすることにつながる。その中でインド憲法については、周辺各国の憲法を検討していくための、比較の軸として据えることができよう。

参考文献
（日本語文献）
稲正樹『インド憲法の研究』信山社、1993年。
大内穂（編）『インド憲法の基本問題』アジア経済研究所、1978年。
近藤則夫（編）『インド民主主義体制のゆくえ：挑戦と変容』アジア経済研究所、2009年。

安田信之『アジアの法と社会』三省堂、1987年。

(外国語文献)

Mahendra P. Singh *V.N.Shukla's Constitution of India*, Eastern Book Company, Lucknow, 2008.

M. Mamood, *The Constitution of Islamic Republic of Pakistan, 1973*, Pakistan Law Times Publications, 2008.

その他、各国の最高裁判所ウェブサイト、憲法テキストのウェブサイトを参照。

第4編
中央アジア編

カザフスタン
ウズベキスタン
トルクメニスタン
キルギスタン
タジキスタン

第10章

中央アジア編　人権

桑原尚子

I　はじめに

　1991年にソ連邦崩壊に伴って独立した中央アジア5カ国（ウズベキスタン、カザフスタン、キルギスタン、タジキスタン、トルクメニスタン）は、独立後に制定した憲法においてはじめて、人権概念を受容した。ソ連崩壊前の1977年ソビエト社会主義共和国連邦憲法（以下、「1977年ソ連憲法」と称す）に倣って制定した各共和国の憲法（1978年ウズベク・ソビエト社会主義共和国憲法、1978年カザフ・ソビエト社会主義共和国憲法、1978年キルギス・ソビエト社会主義共和国憲法、1978年トルクメン・ソビエト社会主義共和国憲法）では「人権」とは対置された「市民の基本的権利・義務」が定められていた。その主たる特徴を要約すると次の通りである。
　①　自然法的人権の否定
　国家の存在に先立つ自然法的人権を虚偽であると否定して、個人の有する権利を国家から与えられる権利にほかならないとみなす。そこにおいては、「市民の基本的権利」は国家に対抗する権利ではなく、国家によって保障される権利である。
　②　市民の基本的権利のカタログ

市民の基本的権利のカタログは、社会・経済的権利（労働権等）、政治的権利（国家的・社会的事項の管理に参加する権利、国家機関・社会団体に対する提案権・批判権、言論・出版・集会の自由等）および個人的権利（良心の自由、人身の自由等）からなるものとして把握され、社会・経済的権利がその中核に位置づけられていた。

③ 権利と義務の不可分

権利の行使は、義務の履行と不可分のものであるとして把握され、社会主義体制に反する権利の行使は禁止されていた。例えば、1978年カザフ・ソビエト社会主義共和国憲法第48条は、言論、出版、集会といった表現の自由を保障する一方、かかる自由に「人民の利益にしたがい、社会主義体制を強固にし発展させる目的で」行使する義務を課していたのである。また、結社の自由に関して、市民は「共産主義の建設の目的にしたがって」社会団体を結成する権利を有するとされていた（第49条）。これらの規定はそれぞれ1977年ソ連憲法の第50条、第51条と同じである。「権利と義務の不可分」の根底には個人の利益と社会の利益が統一されているという認識があり、そこにおいては、権利の行使および義務の履行とも個人および社会の利益に資すると捉えられていた。

さて、憲法において人権概念が受容されたとはいえ、中央アジア諸国の法制度はソ連時代の遺制を少なからず引き継いでおり、その経路依存ないし過去との連続性を無視してこれら諸国の憲法が保障する人権を把握することは難しい。そこで、本章ではソ連における人権についても、必要な限りにおいて、言及することとする。中央アジア諸国の憲法においては、極めて抽象的な概念に基づく人権の限界が定められたり、とりわけ自由権に関する条文に法律の留保が散見される例がみられる。また包括的な法律の委任が、行政による人権を侵害する命令制定を可能としているというソ連時代の問題は依然として解決されていない。さらに違憲審査制度が導入されたとはいえそれが人権を保障する程度に十分に機能しているとはいい難い。それゆえ、これら諸国の人権に関する法的構造は、憲法からだけでは到底把握し切れるものではない。とはいえ、憲法には各国の人権に関する法的構造のエッセンスが、

中央アジア各国の人権カタログ

	ウズベキスタン憲法 (1992年12月8日制定)	カザフスタン憲法 (1995年8月30日制定)	キルギスタン憲法 (2007年10月21日制定)	タジキスタン憲法 (1994年11月6日制定)	トルクメニスタン憲法 (1992年5月18日制定)
平等	法の前の平等 (第18条);男女平等 (第46条)	法の前の平等 (第14条)	法の前の平等 (第13条第3項);男女平等 (第13条第4項;特権の禁止 (第21条第6項)	法の前の平等 (第17条第3項);男女平等 (第17条第3項)	法の前の平等 (第19条);男女平等 (第20条)
自由権 人身の自由	生命の権利と安全 (第24条);身体の自由 (第25条第1項);勾留・拘禁の要件 (第25条第2項);公開裁判の原則 (第26条第1項);拷問および残虐な取扱いの禁止 (第26条第1項);強制労働の禁止 (第26条第1項);無罪の推定 (第26条第2項);同意のない医学的実験および科学的実験の禁止 (第26条第2項);住居および通信の不可侵 (第27条);移動の自由 (第28条);強制収容の禁止 (第115条);専門家による司法的な援助を受ける権利 (第116条第2項)	生命の権利と死刑 (第15条);勾留拘禁の要件 (第16条第2項);拷問および残虐な取扱いの禁止 (第16条第2項);人依頼権の要件 (第16条第2項);強制労働の禁止 (第24条第1項);無罪の推定 (第77条第3項第1号);自己に不利益な証言を取らない権利 (第77条第3項第7号);同一の行為により重ねて刑事責任または行政責任を負わない原則 (第77条第3項第2号);裁判所による控訴審の適用 (第77条第3項第5号);疑わしいときは被告人に有利となるように解釈する原則 (第77条第3項第7号);遡及処罰の禁止 (第77条第3項第5号);違法に収集された証拠の司法上の無効力の禁止 (自白のみに基づいて有罪とすることの禁止、第77条第3項第9号;刑罰法規の類推適用の禁止 (第77条第3項第10号)	生命の権利 (第14条第1,2項);注居の不可侵 (第14条第3項);公開の強制の要件 (第15条第1項);疑わしいときは被告人に有利となる推定 (第15条第1号);弁護依頼権 (第15条第1項);裁判を受ける権利 (第15条第5項);被害者の立証の不採用 (第15条第5項);刑事上の不利益な証言を拒否する権利 (第15条第6項);自己に不利益な証言を拒否する権利 (第15条第11項);責任を軽減する法の遡及適用 (第15条第13項);被害者の立証の立法 (第15条第14項);拷問および非人道的な処罰の禁止 (第19条第3項);児童労働の禁止 (第28条第3項);司法による援助を受ける権利 (第40条第1項);公開裁判の原則 (第88条第1項)	生命の権利;拷問および残虐な取扱いの禁止、医学的・科学的実験の禁止 (第18条);逮捕・勾留の要件、弁護依頼権 (第19条);無罪推定、時効・遡及効の否定、証人喚問による刑事責任の不採用 (第20条);被害者の立法 (第21条);住居の不可侵 (第22条);強制労働の禁止 (第35条第3項);公開裁判の原則 (第88条)	生命の権利・死刑廃止 (第22条);拷問および残虐な扱いの禁止、医学的・科学的実験を受けない権利 (第23条);注居の不可侵 (第24条);遡及効の否定 (第25条);逮捕の不採用 (第20条);罪の不可侵 (第21条);注居の不可侵の原則 (第105条);公開裁判の原則 (第106条)
精神的自由 宗教の自由	良心・宗教の自由 (第31条);政教の禁止 (第57条);宗教団体と国家の分離 (第61条)	宗教の自由 (第22条);良心の自由 (第22条);世俗国家 (第1条第1項);宗教政党の禁止 (第5条第4項)	宗教の自由 (第14条第5項);世俗国家 (第1条第1項);国教の禁止 (第14条第3項);宗教政党の禁止 (第8条第5項)	宗教の自由 (第26条);世俗国家 (第1条第1項);宗教政党結成の禁止 (第28条)	宗教の自由 (第12条);世俗国家 (第1条第1項)
表現の自由	思想・言論、信仰の自由、情報の自由 (第29条);権利・利益に影響する情報について市民が知る権利が保障される機会 (第30条);公務員の義務 (第30条);学術的創造活動の自由 (第42条);マスメディアの自由 (第67条第1項);情報の自由を制限する法律制定および検閲の禁止 (第67条第2項)	通信の自由、情報の自由 (第18条第2項);権利・利益に影響する情報について市民が知る情報について国家機関・公務員が保障する機会 (第18条第3項);言論・出版の自由 (第20条第1項);言論および検閲の自由 (第20条第2項);マスメディアの自由 (第20条第1項)	通信の秘密 (第23条第1項);権利・利益に影響する情報について市民が知る機会を国家機関・公務員が保障する機会 (第14条第3項);言論・出版の自由 (第14条第6項);言論および検閲の自由 (第25条);創造活動の自由 (第28条第3項);マスメディアの自由 (第36条第1項);情報の自由を制限する法律制定および検閲の禁止 (第65条第1項)	宗教の自由 (第26条);世俗国家 (第1条第1項);宗教政党結成の禁止 (第28条)	通信の秘密 (第25条);信念・表現の自由、情報アクセス権 (第28条);創作活動の自由 (第39条)

第10章　中央アジア編　人権　237

集会の自由	集会の自由(第33条)	集会の自由(第32条)	集会の自由(第25条)	集会の自由(第29条)	集会の自由(第29条)
結社の自由	結社の自由(第34条)、社会団体(第56, 53, 54条)	結社の自由の限界(第5条第3項);結社の自由(第23条)	結社の自由(第21条第1-3項)	結社の自由の限界(第8条);結社の自由(第28条)	結社の自由(第30条)
経済的自由	国内における居住・移住の自由、出入国の自由(第36,53,54条);所有権(第28条);職業選択の自由(第37条第1項);	国内における居住・移住・営業の自由(第21条第1項);出入業の自由(第21条第2項);営業の自由(第28条第1項);私的所有権(第26条第1項);損失補償(第26条第3項);営業の自由(第26条第4項)	国内における居住・移住・営業の自由;私的所有権の自由(第14条第3項);居住・移転の自由(第14条第3項);所有権(第14条第3項);出入国の自由(第26条)	私的所有権(第9条第1項);国内における居住・移転・移住の自由(第12条第2項);居住・移転の自由(第26条);所有権・損失補償(第24条第1項);職業選択の自由(第35条第1項)	私的所有権(第9条第1項);国内における居住・移転の自由(第26条);職業選択の自由(第33条)
社会権	労働の権利(第37条第1項);休息権(第38条);社会保障(第39条);医療の権利(第40条);教育を受ける権利(第41条)	労働の権利(第24条第2項);浄議権(第24条第3項);休息の権利(第25条第2項);住宅の権利(第25条第2項);社会保障(第28条第1項);保健と医療の権利(第29条第1項);環境の権利(第30条)	社会保障(第27条);労働の権利(第28条第1項);浄議の権利(第30条);教育を受ける権利(第32条);住宅の権利(第33条第1項);保健と医療の権利(第34条);環境の権利(第35条);文化財享受の権利(第36条第3項)	労働の権利(第24条);休息の権利(第33条);住宅の権利(第35条);住宅の権利(第36条);保健と医療の権利(第37条);医療の権利(第38条);社会保障を受ける権利(第39条);教育を受ける権利(第41条)	住宅の権利(第35条);労働の権利(第33条);休息の権利(第34条);保健と医療の権利(第35条);医療の権利(第36条);社会保障を受ける権利(第36条);教育の権利(第37条);環境の権利(第38条)
参政権	国務管理参加権(第32条);国家機関・人民代表に対する申請・提案・不服申立ての権利(第35条)	国務管理参加権(第33条);国家機関・地方自治機関に対する訴願の権利(第33条第1項)	国家機関・地方自治機関・公務員に対する訴願の権利;国家賠償(第14条第1項);国務管理参加権(第23条第1項);国家および地方予算策定への参加権(第29条)	国務管理参加権(第27条);国家機関に対する訴願の権利(第31条);国家賠償権等(第32条第3項)	国務管理参加権(第31条);選挙・被選挙権(第32条);国家賠償(第44条)
プライバシー	私生活の不可侵・名誉と権威に対する侵害からの保護(第27条第1項)	私生活の不可侵(第18条第1項)	個人・家族のプライバシー保護;私生活の不可侵・名誉の保護(第14条第3項);情報プライバシー権(第29条)	情報プライバシー権(第23条第2項)	私生活の不可侵(第25条)
その他		民族・政党・宗教を知らせるまたは知らせない自由(第19条第1項);母語使用権・固有の文化を享有する権利等(第19条第2項)			
非常事態				非常事態下の権利と自由の制限(第47条)	非常事態下の権利と自由の制限(第47条)

程度の差こそあれ、凝縮されていることも事実である。本章では、このような限界を自覚的に踏まえつつ、ソ連において抑制されてきた自由権については、紙幅の許す限り、ウズベキスタンを例として下位の法令についても言及することで、その法的構造の一側面を示すこととしたい。

II 憲法の特徴と人権の一般的制約原理

　中央アジア各国の人権カタログは、表のようなものである。もはや、憲法の規定順序に象徴されるような社会権の優越はみられない。ソ連において否定されていた自然法的人権は、カザフスタン憲法第12条第2項およびキルギスタン憲法第13条第1項において明言されている。脱社会主義の当然の帰結として、「社会主義体制を強固にし発展させる目的で」や「共産主義の建設の目的にしたがって」といった社会主義イデオロギーを目的とする権利行使を定めた条文は姿を消した。

　とはいうものの、近代立憲主義に立脚する憲法の規範的拘束はなによりも国家機関に対して向けられるという認識は希薄である。ウズベキスタン憲法第48条、カザフスタン憲法第34条、キルギスタン憲法第17条第2項およびタジキスタン憲法第42条において憲法遵守義務を各人に課すほか、各国憲法とも、大統領を「人権の保証人」または「憲法遵守の保証人」と位置づけている（ウズベキスタン第93条第1号、カザフスタン第40条第2項、キルギスタン第42条第2項、タジキスタン第64条第2項、トルクメニスタン第50条）。そこには、人権の出発点が公権力による侵害からの保護であるという認識が希薄である。トルクメニスタン憲法にいたっては、「権利および自由の実現は、人および市民による自らの社会および国家に対する義務の履行と不可分である」（第40条）と定めている。

　さて、次に人権の限界についてみてみると、各国とも憲法において、権利と自由の行使は他人の権利と自由を侵してはならないという内在的制約を説く（ウズベキスタン第20条、カザフスタン第12条第5項、キルギスタン第17条第3項、タジキスタン第14条、トルクメニスタン第18条第3項、第21条）。

　各国憲法が掲げる内在的制約以外の人権に対する制約原理には「憲法体制

の擁護」、「公共の秩序」、「公共の安全」、「住民の健康および道徳」、「領土的統一の保護」などが挙げられているが、いかなる制約原理を憲法で定めるか、法律による制約のみ認めるかといった制約の方法は一様ではない。カザフスタンおよびキルギスタンは、一定の目的がある場合に限って、法律（キルギスタンの場合は法律および憲法）によってのみ人権の制限を認めている。「憲法体制を擁護し、ならびに公共の秩序、人間の権利および自由ならびに住民の健康および道徳を保護するのに必要な限りにおいてのみ、法律だけにより制限できる」（カザフスタン憲法第39条第1項）。「他人の権利および自由、公共の安全および秩序、領土的統一、憲法体制の擁護」を保障する目的によってのみ、人の自由および権利を、憲法および法律で制限できる（キルギスタン憲法第18条第2項）。タジキスタン憲法はキルギスタン憲法とほぼ同じ「公共の秩序」、「憲法体制の擁護」および「領土的統一の保護」という制約原理を掲げるが、かかる制約原理に基づく人権の制約が法律または憲法によってのみ可能であるとは明定していない。トルクメニスタン憲法は、「権利および自由の行使は」道徳、法律、公共の秩序、国家の安全を侵害してはならない（第21条）、と定めている。ウズベキスタン憲法第20条では「権利および自由を行使する市民は、他人、国家および社会の法益、権利および自由を侵害してはならない」と規定している。

　さらに、これら一般的な人権の制約以外に、表現の自由など一部の人権に対しては、個別に、法律の留保を付したり、民族間の憎悪を煽動する言動を禁止するというような制約を課している（個別の人権に対する制約は次節以下で論じる）。

III　自由権

1　人身の自由

　ソ連時代において人身の自由の保障体系は脆弱であった。ソ連では公判前における被疑者および被告人の身体を拘束する強制処分は裁判所の関与なしに行われ得るものであり、適法性の監督権限を付与された検察官が公判前手続の合法性を担保する役割を担っていた。すなわち、ソ連において検察官は

刑事訴追に係る権限を有するにとどまらず、その権限は、「適法性の擁護者」として、行政機関、公務員および市民などによる法律遵守・執行の監督、裁判所の審理における法律の執行の監督、捜査および取り調べ機関による法律の執行の監督にまで及ぶ強力なものであった。検察官の勾留許可権限は、まさに、この「適法性の擁護者」としての監督権限に基づくものであった。このように検察官が逮捕の合法性を事後的に監督する仕組みは、裁判所による令状主義の制約の下で逮捕が認められる日本とは異質な制度であった。中央アジア諸国では、依然として、検察官に刑事訴追だけでなく、「適法性の擁護者」としての権限を認めている。

1977年ソ連憲法は、裁判の原則公開（第157条）、被告人の防御権保障（第158条）を規定していた。とはいえ、刑事訴訟においては、糾問的性格を有する予審制度（起訴と刑事訴追の開始との間に予審手続が介在し予審官が起訴状を作成する。但し軽微な犯罪を除く。）や職権主義的審理を法定する刑事訴訟手続は、被疑者・被告人の権利を十分に保障するものとはいえなかった。

さらに、ソ連においては、人身の自由の適法な制約事由に行政罰としての行政拘留が定められていた。行政拘留の問題は、それが刑罰に近い形態でありながらも、刑事訴訟手続でなく行政的手続または非争訟手続による裁判所の決定によって科されていた点にあったと指摘される。なお、中央アジア各国では、依然として、行政拘留を保持している。

中央アジア各国の憲法は、人身の自由に関して、各人の生命に対する権利、拷問および非人道的な取扱いの禁止、勾留の要件についてそれぞれ規定している。

カザフスタンおよびキルギスタンの両憲法が、刑事訴訟上の身柄保全処分としての勾留は裁判所決定によってのみ許されると規定し（カザフスタン憲法第16条第2項、キルギスタン憲法第15条第1項）、ソ連では原則として予審終了後からしか認められなかった弁護人依頼権を逮捕のときから保障しているのは（カザフスタン憲法第16条第3項、キルギスタン憲法第15条第3項）、ソ連の刑事訴訟制度が孕んでいた被疑者・被告人の権利や人身の自由の侵害という問題の一部を克服するものと評価できよう（タジキスタン憲法はこのうち弁護人依頼権のみ定める〔第19条〕）。ウズベキスタンにおいても、2007年の刑事

訴訟法改正によって、裁判所だけが勾留許可権限を有することとなった（刑事訴訟法第18条第 2 項）。もっとも、ウズベキスタン憲法第25条第 2 項は「法律に基づかない」勾留を禁ずると規定しているため、勾留許可権限を検察官から奪うに際して憲法改正を必要としなかった。タジキスタン憲法第19条は、「法律に基づかない」逮捕および勾留を禁ずると定め、刑事訴訟法第 6 条では勾留権限を裁判所および検察官に依然として認めている。トルクメニスタンだけが、憲法で、裁判所だけでなく検察官も依然として勾留許可権限を有することを明定している（第23条）。

2 精神的自由
(1) 宗教の自由
　各国の憲法とも宗教の自由および政教分離の原則を定めている。

　カザフスタン憲法第22条は、各人が良心の自由についての権利を有すると定める一方、かかる権利の行使にあたっては普遍的および市民的権利ならびに国家に対する義務を制約してはならない、としている。ウズベキスタン憲法第31条は、各人の良心の自由を保障するとして、宗教を信仰・信仰しない権利を有すると定めている。宗教的行為の自由について、より具体的に憲法で定めるのは、タジキスタンおよびトルクメニスタンである。タジキスタン憲法第26条およびトルクメニスタン憲法第12条第 2 項は、宗教に対する自らの態度を決定し、個人または集団で宗教を信仰する、信仰しない、および宗教儀式へ参加する権利を定めている。さらに、トルクメニスタン憲法は同条で布教の権利を規定している。ただし、トルクメニスタン憲法は宗教の自由を「国家による自由」と捉えており、「国家は宗教の自由、および法の前の宗教の平等を保障する」（第12条第 1 項）と定めている。

　宗教の自由の制限に対して特別の保護を定めるのはカザフスタンであり、「いかなる場合であっても」、良心の自由についての権利を制限してはならない、としている（第39条第 3 項）。

　カザフスタン、キルギスタン、タジキスタンおよびトルクメニスタンは憲法の冒頭で、国是として世俗国家を謳い、ウズベキスタン憲法は「第13章社会団体」において、宗教組織および宗教団体の国家からの分離と国家による

不干渉を定めている（第61条）。トルクメニスタン憲法は、宗教の自由を定めた条文においても、宗教団体の国家からの分離を定め、宗教団体が国事行為および国家機能を営むことを禁止している（第12条第1項）。宗教と政治の関係につき、憲法において、宗教を基盤とする政党の禁止を明定する（ウズベキスタン第57条、カザフスタン第5条第4項、キルギスタン第8条第5項）、宗教政党を容認するもの（タジキスタン第28条）がある。

(2) 表現の自由

ソ連において表現の自由は、権利と義務の不可分、国家による物質的提供の保障の論理の下に、厳しく統制されていた。すなわち、言論、出版、集会の自由は、「人民の利益にしたがい、社会主義体制を強固にし、発展させる目的で」行使するという義務の下に認められたものであり、これら自由は、「勤労者およびその団体への公共の建物および街路の提供」や、「出版物、テレビ、ラジオを利用する可能性を与える」ことによって保障される（例えば1977年ソ連憲法第50条、1978年カザフ・ソビエト社会主義共和国憲法第48条）という極めて抑制的なものであった。

中央アジア各国憲法は表現の自由を定め、もはや「社会主義の発展」といった目的をその行使に課してはいない。さらに、ソ連においては党と国家が情報を独占するものであったが、タジキスタンを除く各国の憲法では情報への市民のアクセスを権利として定めている。とはいえ、国境なき記者団の「報道の自由ランキング（2008年）」（http://www.rsf.org/）によれば、173か国中、タジキスタンの106位を最高に、キルギスタン（111位）、カザフスタン（125位）、ウズベキスタン（162位）、トルクメニスタン（171位）であり、中央アジア諸国に対する評価は総じて低い。本節では、表現の自由に関する各国の憲法規定を概観したうえで、例として、ウズベキスタンにおける表現の自由の保障体系についてみてみることとする。

① 各国概観

［カザフスタン］　憲法第20条第1項は、言論および創造の自由を保障すると定め、検閲を禁止している。同条第2項において、法律で禁止されていない全ての手段により、情報を入手し、広める権利が認められている。ただ

し、これら自由および権利には、上述の一般的制約原理のほか、第20条第3項が規定する制約が課せられる。すなわち、「憲法体制の暴力的変更、共和国の統一性の侵害、国家の安全の損壊、戦争、社会的、人種的、民族的、宗教的、身分的および氏族的優越性ならびに残酷および暴力崇拝を宣伝し、または煽動すること」は禁じられている。さて、情報を入手する権利は情報公開制度を通じて実現されるものであるが、その際、国家機密に該当するか否かが情報公開の基準の一つとなる。憲法は「国家機密となる情報の一覧」は法律で規定するとしている（第20条第2項）。ちなみに、ソ連では、何が秘密であるかということ自体が秘密であった。

　［キルギスタン］　憲法第14条第6項は、「思想、言論および出版の自由、かかる思想および信念の自由な表現についての権利」を定め、「何人も意見および信念の表現を制限されない」としている。さらに、国会は言論および出版の自由を制限する法律を採択できない（第65条第6項）ことが定められ、他の人権よりも、手厚い保護がされている。また、第36条第1項は、マスメディアの自由についても言及している。情報権については、第14条第3項が「情報を集め、蓄積し、利用し、口頭、書面その他の方法で広める」権利を保障している。

　［タジキスタン］　憲法は、言論および出版の自由ならびにマスメディアを利用する権利を各人に保障すると定め、検閲および批判を理由とする訴追を禁止している（第30条）。ただし、これらの権利および自由に対して、上述の一般的制約原理のほか、「社会的、人種的、民族的、宗教的および言語的敵意および嫌悪を宣伝しまたは扇動することを禁止する」（同条）という制約を課している。国家機密については、カザフスタンと同じく、「国家機密となる情報の一覧」は法律で定める、としている（同条）。

　［トルクメニスタン］　憲法第28条は、トルクメニスタン市民は信念の自由および表現の自由に対する権利を有し、「国家秘密またはその他法律で保護される秘密」を除いて、情報を入手する権利を有すると定めている。

　② ウズベキスタンにおける表現の自由の法的保障

　憲法第29条第1項は、思想、信念と並んで各人の言論の自由を謳い、情報を求め、入手し、および広める権利を定めている。ただし、情報を求め、入

手し、および広める各人の権利は、「現在の憲法体制に反対する場合」および「法律で制限するその他の場合」は認められない（第29条第2項）。また、意見およびその表明の自由は、「国家機密その他の秘密の保護」を理由として、法律で制限されうる（同条同項）。

　次に、ウズベキスタンにおける表現の自由の限界、情報公開、マスメディアの自由についてみてみる（ただし、以下の記述は、ウズベキスタンにおいて法令が定める表現の自由の限界をすべて網羅するものではない）。

　ア　表現の自由の限界
　(a)　憲法体制への侵害
　刑法は、一定の反体制的な言論活動を、いかなる実力活動をともなわなくとも、それ自体を犯罪行為として処罰する。すなわち、刑法第159条は、「現行国家体制の憲法に基づかない変更、権力の奪取、合法に選出もしくは任命された者の解任またはウズベキスタン共和国の領土の統一性を非憲法的に侵害することを公然と主張する、またはこれらの主張を資料で頒布する」者を罰金または5年以下の自由剝奪刑に処すると定める。なかでも、「合法に選出もしくは任命された者の解任」を公然と主張またはそれを資料で頒布する者に対する刑罰規定が、時の権力（公人、公務員）を批判する言論を抑止する効果を生じる可能性は否定できない。

　(b)　名誉毀損罪
　名誉毀損に関する法も、その適用次第で表現の自由を抑制する役割を果たし得る。名誉は、憲法上、人格的権利として保護されているが、表現の自由との関係では、その調節が求められることとなる。ウズベキスタンにおいて名誉権は、民法では、その侵害に対して不法行為として損害賠償責任が生じるという形で保護される。他方、刑事の領域では、明白に虚偽で他人を侮辱する情報を流布した者に科せられる誹謗罪（刑法第139条）、たとえ真実であっても無礼な形で他人の名誉と尊厳を傷つけた者に科せられる侮辱罪（刑法第140条）という形で、名誉権は保護されている。名誉権と表現の自由の調節が問題となるのは、時の権力を批判する言論の取扱いである。名誉毀損に関する法が政府を批判する言論を規制する手段となり得ることは、戦前の日本も含め、他国の歴史が証明している。ウズベキスタン刑法は、大統領を公

然と批判する表現活動を規制しうる条文を有する。すなわち、「大統領に対する公開の侮辱または誹謗、および印刷物その他の大衆情報手段を利用した侮辱または誹謗」を行った者は、「3年以下の矯正労働、6ヶ月以下の拘留または5年以下の自由剝奪刑に処せられる」（刑法第158条）。

イ　知る権利／情報の自由

ウズベキスタン憲法は、第29条第1項において、すべての者は情報を求め、受け、および広める権利を有することを定めて、情報を求める権利としての「知る権利」を保障している（ただし、ウズベキスタン憲法が「知る権利」の用語を使用しているわけではない）。情報を求める権利が具体的請求権となるためには、情報公開制度の整備が必要であり、情報公開および非公開の基準、その決定を下す権限を有する者および手続、情報公開請求の方法などが具体的に定められねばならない。ウズベキスタンにおいて情報公開について定めるのは、「情報へのアクセスの保障および自由に関する法律」（1997年4月24日制定、法律第400-Ⅰ号）（以下、「情報アクセス法」と称す）、「情報の自由の原則および保障に関する法律」（2002年12月12日制定、法律第439-Ⅱ号）（以下、「情報自由法」と称す）である。ただし、知る権利としての情報の自由は、一義的には、政府の有する情報を国民が知る権利として構成されるものであるという観点からすると、これら法律は、政府または政府に準ずる機関だけでなく、社会団体や非政府・非営利団体に対しても情報公開義務を課している点で本来の趣旨とは異質なものである。ここでは、情報公開および非公開の対象となる情報、情報公開請求手続に焦点を絞って、情報公開法の整備状況についてみることとする。

(a)　情報公開および非公開の対象となる情報

情報公開に際しては、国家機密やプライバシーの保護との調整が求められるところであり、情報の自由も一定の制約に服する。情報公開に関する法が秘密保護のための法とならないためには、非公開となる情報をあらかじめ適切に限定したり、公開・非公開の判断基準を明定することが必要となる。

情報自由法第4条第2項によれば、情報公開は、同法が定める制約、ならびに人の権利および自由、憲法体制の基盤、社会の道徳価値、知的、文化的および科学的可能性および国家の安全を目的とする制約に服する。情報自由

法において情報公開原則の適用除外として認められているのは、秘密情報（第6条）、「情報開示の結果、人の権利もしくは法益または社会および国家の利益が侵害されるおそれのある情報」（第10条）、「その違法な利用が所有者、保有者、利用者その他の者に損害を及ぼすおそれのある」情報（第11条第1項）である（ただし、情報アクセス法では秘密情報のみ公開を禁じている）。さらに、情報自由法第11条から第15条は、いわゆる個人情報保護を含む情報の保護および安全を定めるものであるが、個人情報保護とは本来その趣旨を異にするはずの国家情報保護についても規定している。そこにおいては、国家秘密情報の保全手段の一つに、「憲法体制の暴力的変更、領土の統一性および共和国の主権の侵害、合法に選出または任命された公務執行者の罷免、ならびに国家体制に対するその他の侵害を公然と呼びかける情報の普及から保護すること」が掲げられており、時の権力を批判する根拠となるはずの情報が非公開となりかねず、このことは「信用性」および「客観性」義務を課せられたマスメディアの報道にとっての大きな障害となるとともに、結果として時の権力を批判する表現を抑制することにつながるであろう。

　情報公開の対象から外される秘密情報が何かということは国家秘密保護法（1993年5月7日制定、法律第848-ⅩⅡ号）その他の法令に定められることとなっている（国家秘密保護法第2条）。国家秘密保護法は、国家秘密を「国家に保護され、かつ特別に列挙される、特に重要、極秘または秘密の軍事の、政治の、経済の、科学技術その他情報」と定義し、これを「国家機密」、「軍事機密」、「職務上の秘密」の三つに分類しそれぞれ定義しているが、その射程は広く内容も判然としない。同法では、国家秘密への情報の分類、その手続および管理などを大臣会議に委ねており（第5条第1項、第6条）、大臣会議が制定する命令の内容次第では、何を秘密の対象とするかということは、その決定権限を有する大臣会議の裁量に拠るところが大きくなろう。

　国家と共産党が情報を管理していたソ連時代に比べると、市民に情報権を認めること自体が、表現の自由の保障に向けた大きな前進と評価されるとはいえ、上述のように、非公開となる基準には曖昧な概念を多分に含むうえ、非公開情報の範囲が広範に及んでおり、情報公開のための法が秘密保持のための法へと転化してしまう危険は否定できない。

(b) 情報公開請求および処理手続

　情報アクセス法および情報自由法は、申請拒否の場合の理由付記が義務づけられるなど適正手続に関する原則が定められているとはいえ、実際に市民が情報を求め、それを受け取ることができる程度に具体的な手続を定めているわけではない。

　ウ　マスメディアの自由

　現代においては、知る権利の多くは、マスメディアの報道を通じて充足されるのが常である。憲法第67条第1項はマスメディアの自由を保障する一方で、マスメディアは「所定の手続により、情報の信用性について責任を負う」と定めている。情報アクセス法および情報自由法もマスメディアに対して伝達する情報の信用性に対する責任を課しており、マスメディア法（2007年1月15日制定法律第78号）にいたっては、情報の「客観性」についても責任を課している（マスメディア法第5条第3項）。「責任を負う」ことの法的効果は、信用性に関しては上述の誹謗罪（刑法第139条）や大統領に対する誹謗に対して刑を科す刑法第158条の対象となりえようが、「客観性」についてはその構成要件も含めて曖昧である。

　マスメディア法第6条は、マスメディアの自由の限界を定めている。すなわち、憲法体制および領土的統一の暴力的変更の呼びかけ、戦争、民族主義およびテロリズムの煽動、国家機密の暴露、民族的、人種的および宗教的敵意の宣伝、ポルノグラフィ、犯罪の普及のためのマスメディアの利用を、マスメディアの濫用として禁止している。

　マスメディア法の定めるマスメディアには、定期刊行物、電子媒体（テレビ、ラジオ、映像、インターネット）が含まれ、その設立は登録制である。法令は「登録」の用語を使用しているが、実質は許可制である。設立登録を申請するに際しては、設立文書等の提出をマスメディアの国家登録を所掌する国家機関（以下、「登録機関」と称す）へ提出する（2006年10月11日付大臣会議決定214号「マスメディアの国家登録について」付録1号第5条）。申請から3日以内に同国家機関は当該申請をマスコミュニケーション・モニタリング・センターへ提出し、同センターは登録についての見解を登録機関へ示す（同付録1号第8条）。登録機関は、当該見解を考慮した上で、登録の諾否について

決定する（同付録1号第9条、第16条）。その審査基準は、メディアの目的および活動が法令を遵守したものであるか、マスメディア法にしたがってマスメディア設立の権利を有する者が登録申請をしているか、申請書記載事項と実際との間に齟齬が存しないかといったものである（マスメディア法第22条）。登録が拒否される場合において聴聞の機会は保障されていない。登録拒否の決定に対する救済手段は裁判所への訴え提起である（同法第22条）。

マスメディアの強制的な停止および閉鎖は、登録機関の申立てに基づいて裁判所が決定する（同法第24条）。裁判所は、登録機関がマスメディアに対して法令違反の警告を発してから1ヵ月が経過した後、マスメディアの停止を決定できる（同条）。編集部による度重なる法令違反があり、すでに登録機関が書面で警告を当該マスメディアの発起人または編集部へ発している場合、裁判所の当該マスメディアに対する停止決定にしたがっていない場合、6ヶ月以上マスメディア活動を停止している場合およびその他法令が定める場合には、裁判所はマスメディアの閉鎖を決定する（同条）。

(3) 集会の自由

中央アジア5カ国の憲法は集会の自由を明文で保障する一方、その限界についても規定している。ただし、憲法における集会の自由の限界の定め方は、例えばすべての集会を法律の留保の下に置くなど、公開集会と非公開集会、屋外集会と屋内集会といった集会の形態に応じて峻別された限界を設けているわけではない。集会の自由は、カザフスタン、キルギスタンおよびタジキスタン憲法においては法律の留保が、ウズベキスタンおよびトルクメニスタン憲法には「法令」の留保が付されている。したがって、国家による恣意的制限なく集会の自由がどの程度法的に保障されているかということは、法律または法令を検討しなければ、その全体像を把握することは難しい。

［ウズベキスタン］　憲法第33条は、第1項において「市民は法令に基づいて集会（собрания）、大衆集会（митинг）または示威行進（демонстрации）のかたちでその積極的な社会活動を行う権利を有する」と定め、第2項において「権力機関」に安全上の見地から集会を停止または禁止する権限を与えている。

［カザフスタン］　憲法第32条第１項によれば、その自由が保障される「集会」には、集会、大衆集会、示威行進、行進（шествия）、ピケット（пикетирование）が含まれる。カザフスタン憲法第32条は、第１項において、「カザフスタン共和国市民は、平和的にかつ武器を携帯せずに集まり、集会、大衆集会、示威行進、行進、ピケットを行う権利を有する」とし、第２項で「これらの権利の行使は、国家の安全、公共の秩序、健康の保護ならびに他人の権利および自由の擁護のため、法律により制限することができる」と定めている。

［キルギスタン］　憲法第25条は、市民が「国家権力機関または地方自治機関へ事前に届け出て、平和的にかつ武器を携帯せずに、政治集会、大衆集会、行進、示威行進およびピケットを行う権利」を保障し、集会の手続および条件は法律が規定する、としている。

［タジキスタン］　憲法第29条は、法律にしたがって、集会、大衆集会、示威行進および平和的行進に参加する権利を保障している。

［トルクメニスタン］　憲法第29条は、法令の定める手続にしたがって行う集会、大衆集会および示威行進の自由を保障している。

(4) 結社の自由

中央アジア５カ国の憲法は、結社の自由（ウズベキスタン憲法第34条、カザフスタン憲法第23条、キルギスタン憲法第21条第１項、タジキスタン憲法第28条、トルクメニスタン憲法第30条）、およびその限界について定める。結社の自由とは、非国家的団体たる「社会団体」形成の自由を意味し、社会団体には政党、労働組合、非営利団体などが含まれる。ソ連の1977年憲法第51条において結社の自由は、「共産主義建設の目的」に従う限りで保障されていたにすぎず、反体制的ないし反ソビエト的組織は違法であり、このような組織への参加に対しては刑罰が課せられていた。

各国憲法における結社の自由の限界は、次のように設けられている。

［ウズベキスタン］　「憲法体制を暴力的に変更することを目的とし、共和国の主権、統一および安全ならびに共和国市民の憲法上の権利および自由に反する行動を取り、戦争ならびに社会的、民族的、人種的および宗教的敵

意を宣伝し、ならびに人民の健康および倫理を侵す政党その他の社会団体の結成および活動ならびに武装団体、民族政党および宗教政党の結成および活動は、禁止する」（第57条）。

［カザフスタン］　「社会団体で、その目的または行為が憲法体制の暴力的変更、共和国の統一性の侵害、国家の安全の損壊ならびに社会的、人種的、民族的、宗教的、身分的および氏族的反目の煽動に向けられているものの設立および活動、ならびに法令に定められていない武装組織の創設は、禁止する」（第5条第3項）。

［キルギスタン］　武装組織の創設は禁止する（第21条第3項）。

［タジキスタン］　「人種的、民族的、社会的および宗教的憎悪を煽動する、ならびに憲法体制の暴力的変更を求める社会団体および政党の設立およびその活動、ならびに武装組織の創設は、禁止する」（第8条）。

［トルクメニスタン］　「憲法体制の暴力的変更を目的とする、暴力を認める、市民の憲法上の権利および自由に反対する、戦争、人種、民族および宗教的憎悪を煽動する、ならびに人民の健康および道徳を侵害する政党、その他社会団体および武装組織の設立および活動、ならびに民族政党および宗教政党の結成および活動は禁止する」（第30条第2項）。

カザフスタンおよびキルギスタンの憲法は、結社の自由に法律の留保を付している（カザフスタン憲法第23条第1項、キルギスタン憲法第21条第3項）。また、一定の職業に就く者に対する政治活動の制限を課す国もある。例えば、カザフスタンでは軍人、国家保安機関の職員、法秩序維持機関の職員および裁判官が政党に所属し、あるいは政党支持活動を行うことを禁じているし（憲法第23条第2項）、ウズベキスタンでは裁判官、検察官、国家保安機関の職員、軍人等が政党に所属することを禁止している（政党法［1996年12月26日制定法律337-Ⅰ号］第4条）。

結社の自由と社会団体法：ウズベキスタンの場合

ウズベキスタンでは結社の自由に関する法律には、一般法として社会団体法（1991年2月15日法律第223-ⅩⅡ号）が、特別法として政党法（1996年）、非

営利団体法（1994年4月14日763-Ⅰ号）などがある。

社会団体法によれば、社会団体とは、「政治、経済、社会の発展、科学、文化、環境その他生活領域における各人の権利、自由および法益を集団で実現するために、結合した市民の発議により自発的に形成される」団体である（社会団体法第1条）。社会団体として認められる組織は、「労働組合、政党、学者団体、女性団体、永年勤務退職者団体、青年団体、創作者団体、大衆運動体および市民のその他の団体」である（憲法第56条）。

社会団体は、国家機関にその規約を事前に登録しなければ、活動ができない（社会団体法第11条）。なお、規約の登録をもって社会団体へ法人格が付与される（同条）。

上述の憲法第57条が定める結社の自由の限界のほか、社会団体法第3条第4項は、「合法に、かつ民主的に形成された諸国家機関に対して非民主的なプレッシャーを与えることを禁止」し、「合法に国家の権限を行使する諸国家機関へ民主的プロセスを口実として影響を与えようとするのは違法である」と定めている。「非民主的なプレッシャー」や「民主的プロセスを口実とした影響」の要件次第では、社会団体による国家機関への意見表明または批判を極めて制限する根拠となろう。社会団体の違法な設立および違法な社会団体の活動へ積極的に参加した者に対しては刑罰が課せられ、罰金、6ヶ月以下の勾留または5年以下の自由剥奪の刑に処せられる（刑法第261条）。

3　経済的自由

計画経済から市場経済への移行にともない、私有財産制が、それまでの国家的（全人民的）所有とコルホーズ・協同組合的所有の形態をとる生産手段の社会主義的所有制度に取って代わることとなった。ソ連時代の計画経済においては、経済活動は国家の厳しい統制下に置かれ、私的な営業活動は、個人的勤労活動といった一部を除いて、原則として禁じられていた。

市場経済へ移行した中央アジア諸国の現行憲法においては、当然のことながら、私的所有権が保障されている（ウズベキスタン憲法第36条、第54条、カザフスタン憲法第26条第1項、キルギスタン憲法第14条第3項、タジキスタン憲法第32条、トルクメニスタン憲法第9条第1項）。カザフスタン憲法第26条第3

項およびタジキスタン憲法第32条は、国家による強制収用に対する損失補償の制度を定めている。

さて、ソ連において、はじめて職業選択の権利を憲法上明定したのは1977年憲法であり、ソ連誕生から実に50年以上が経過していた。1977年憲法第40条第１項において、職業選択の権利は、労働の権利（「労働の質と量に応じ、かつ国家の定める最低賃金を下回らない支払をともなう保証された仕事を得る権利」）の一部として位置づけられていた。

各国憲法は、労働の権利（自由）と共に、職業選択の権利（自由）を定めている（ウズベキスタン憲法第37条第１項、カザフスタン憲法第24条第１項、キルギスタン憲法第28条第１項、タジキスタン憲法第35条、トルクメニスタン憲法第31条）。

居住・移転の自由は、経済的自由にとって意味があるだけでなく、人身の自由および精神的自由を享受するにも不可欠である。しかしながら、ソ連において移動・居住の自由は、権利概念でなく国家からの規制の対象として扱われていた。ソ連の憲法において居住・移転の自由が定められたことはなく、居住・移転の自由は国内パスポート制度と居住者登録制度によって制限されるだけでなく、内務省機関（民警）による監視の下に置かれていた。これに対し、中央アジア各国の憲法は、居住・移転の自由を認めている（ウズベキスタン第28条、カザフスタン第21条、キルギスタン第14条第３項、タジキスタン第24条、トルクメニスタン第26条。ウズベキスタン、カザフスタン、キルギスタンの憲法にはそれぞれ法律の留保が付されている。）。とはいえ、ウズベキスタンにおいて依然として国内パスポート制度や居住者登録制度が存続する例が示すように、ソ連の規制・監視メカニズムが中央アジアのすべての国で完全に廃止されたわけではない。

Ⅳ　社会権

社会権については、ソ連時代に引き続き、各国憲法とも数多くの規定を置いている。

1977年ソ連憲法においては労働の権利と労働の義務は不可分のものとされ

ていたが、中央アジア各国憲法では「労働の義務」が削除され、「労働しない自由」が否定されることはなくなった。ソ連時代には、社会の利益と労働者またはその集団の利益が一致するという論理の下に、ストライキ権は存在しなかったが、カザフスタン憲法第24条第3項およびキルギスタン憲法第30条は、ストライキ権を明定している。

給与差別の禁止（カザフスタン憲法第24条第2項、タジキスタン第35条）、最低生活費の保障（キルギスタン第28条第1項、タジキスタン第35条、トルクメニスタン第33条）、安全かつ衛生的な労働条件に関する権利（カザフスタン第24条第2項、キルギスタン第28条第1項、トルクメニスタン第33条）、休息の権利（ウズベキスタン第38条、カザフスタン第24条第4項、キルギスタン第31条、タジキスタン第37条、トルクメニスタン第34条）が定められている。なお、ウズベキスタン憲法第37条第1項は「公平な労働条件を保障される権利」を定めており、最低生活費の保障等は同規定に包摂されるものと思われる。

各国憲法とも、高齢、疫病、障害、労働能力の喪失、扶養者の死亡、失業等の理由がある場合には、社会保障を受けることができる旨を定めている（ウズベキスタン第39条、カザフスタン第28条、キルギスタン第27条、タジキスタン第39条、トルクメニスタン第37条）。その他に、住宅の権利、保健と医療の権利、教育を受ける権利、環境権などが各国憲法で保障されている。

V　参政権的権利

各国憲法は選挙権・被選挙権を含む国務管理参加権を定める。例えば、カザフスタン憲法第33条は、「カザフスタン共和国市民は直接にまたはみずからの代表をとおして国家の業務の管理に参加する権利」を有すると謳い、次のように定める。

「共和国市民は、国家機関および地方自治機関を選挙し、およびこれらに選挙される権利ならびに共和国のレファレンダムに参加する権利を有する。
　裁判所により無能力と認定された市民および裁判所の判決にもとづいて自由剥奪施設に収容されている市民は、選挙し、および選挙される権利ならび

に共和国のレファレンダムに参加する権利を有しない。

　共和国市民は、公務につく平等な権利を有する。国家職員の候補者の資格要件は職務の性格によってのみ決め、かつ、法律で定める。国家職員の定年は、60歳を超えてはならない。ただし、特別な場合には、65歳まで延長することができる。」

　トルクメニスタンを除く各国の憲法においては、国家機関等へ訴願の権利が定められている（ウズベキスタン憲法第35条、カザフスタン憲法第33条第1項、キルギスタン憲法第14条第3項、タジキスタン憲法第31条）。

　国家賠償請求権を明定するのはキルギスタン憲法第14条第3項であり、そこにおいては、各人は国家機関、地方自治機関および職務従事中の公務員の違法な行為によって生じた損害の国家による賠償を求める権利を有すると定めている。タジキスタン憲法第32条およびトルクメニスタン憲法第44条では、社会団体や私人の不法行為に対する損害賠償責任と一緒に国家賠償を定めている。

参考文献
（日本語文献）
上田寛、上野達彦『未完の刑法――ソビエト刑法とは何であったか』成文堂、2008年。
大江泰一郎『ロシア・社会主義・法文化――反立憲的秩序の比較国制史的研究』日本評論社、1992年。
小森田秋夫（編）『現代ロシア法』東京大学出版会、2003年。
藤田勇（編）『社会主義と自由権』法律文化社、1984年。
藤田勇『概説ソビエト法』東京大学出版会、1986年。
藤田勇、杉浦一孝（編）『体制転換期ロシアの法改革』法律文化社、1998年。
藤田勇『自由・民主主義と社会主義――1917-1991』桜井書店、2007年。
『中央アジア諸国の裁判制度報告書』名古屋大学大学院法学研究科、2001年。
国際シンポジウム報告集『21世紀中央アジアにおける体制転換と法――法整備の現状と課題：報告集』名古屋大学法政国際教育協力研究センター（ＣＡＬＥ）、名古屋大学大学院法学研究科、2005年。

市橋克哉「ウズベキスタンにおける行政法改革」名大法政論集225号、2008年。
上田寛「検事監督制度からの離脱──ロシア連邦における公判前手続の改革」立命館法学3＝4号上巻（271＝272号）、2000年。
上田寛「ロシア刑事訴訟法における『当事者主義』原則」『鈴木茂嗣先生古希祝賀論文集』下巻、成文堂、2007年。
遠藤克己「ロシアにおける新たな国教関係の構築の動き──信教の自由法の改正をめぐって(1)(2)」名大法政論集163号、164号、1996年。
大河内美紀「キルギス共和国における違憲審査制度の動揺」『中央アジア諸国における立憲主義の「移植」とその現実態に関する研究』（平成17年度～平成19年度科学研究費補助金（基盤研究(B)）研究成果報告書、研究代表者・杉浦一孝）2008年。
大江泰一郎「中央アジアにおける立憲主義の可能性──ウズベキスタン共和国の現段階と展望」『中央アジア諸国における立憲主義の「移植」とその現実態に関する研究』（平成17年度～平成19年度科学研究費補助金（基盤研究(B)）研究成果報告書、研究代表者・杉浦一孝）2008年。
小森田秋夫「旧ソ連・東欧諸国における違憲審査制の制度設計」レファレンス2005年7月号
小森田秋夫「カザフスタン違憲審査制・再論──権威主義体制下におけるその可能性」『中央アジア諸国における立憲主義の「移植」とその現実態に関する研究』（平成17年度～平成19年度科学研究費補助金（基盤研究(B)）研究成果報告書、研究代表者・杉浦一孝）2008年。
杉浦一孝「ロシア連邦における移動の自由と憲法裁判所」名大法政論集213号、2006年。
杉浦一孝「中央アジア諸国における裁判の実態とその基本的特徴──ウズベキスタンおよびカザフスタンを例として」社会体制と法第8号、2007年6月。
杉浦一孝「ウズベキスタン共和国憲法裁判所と立憲主義」名大法政論集224号、2008年。
杉浦一孝「ウズベキスタンにおける憲法裁判所と立憲主義」『中央アジア諸国における立憲主義の「移植」とその現実態に関する研究』（平成17年度～平成19年度科学研究費補助金（基盤研究(B)）研究成果報告書、研究代表者・杉浦一孝）2008年。
関哲夫「ロシアにおけるオンブズマン制度──検事の一般的監視とその周辺」法

律時報70巻9号、1998年
竹森正孝「旧ソ連・東中欧諸国の体制転換と憲法裁判制度――その概況」法律時報69巻3号、1997年。
宮地芳範「ロシア連邦　解説」阿部照哉、畑博行（編）『世界の憲法集（第二版）』有信堂、1998年。
森下敏男「ソ連邦の人権宣言と憲法監督」神戸法学雑誌41巻3号、1991年12月。
森下敏男「現代ロシアの自由権(上)」神戸法学雑誌42巻4号、1993年。
森下敏男「ポスト社会主義社会における人権概念の受容(上)(下)」神戸法学雑誌47巻1、2号、1999年6月、9月。

(外国語文献)
Feldbrugge, F.J.M.(ed.), The Distinctiveness of Soviet Law, Dordrecht; Boston: Martinus Nijhoff, 1987.
Ludwikowski, Rett R., Constitution‐Making in the Region of Former Soviet Dominance: with Full Texts of All New Constitutions Ratified through July 1995, Durham, N.C. : Duke University Press, 1996.
Комментарий к Конституции Республики Узбекистан/ Редколл: Ш.Уразаев(руков), З. Алматов, Б.Х.Гулямов и др. Ташкент, 1997.

＊各国憲法は次のサイトから入手できる（2010年1月7日現在）。
　http://www.gov.uz/ru/constitution/　ウズベキスタン共和国政府ＨＰ。
　http://www.constcouncil.kz/rus/main/　カザフスタン共和国憲法評議会ＨＰ。
　http://www.president.kg/ru/constitution/　キルギス共和国大統領府ＨＰ。
　http://www.president.tj/rus/konstitutsiya.htm　タジキスタン共和国大統領府ＨＰ。
　http://www.turkmenistan.gov.tm/_ru/info/　トルクメニスタン共和国政府ＨＰ。

（本稿は筆者の個人的見解であり、所属する機関の見解を示すものではない）

第11章
中央アジア編　統治機構

樹神　成

I　旧ソ連の一地域としての中央アジアの多層の歴史

　中央アジアは、多くの日本人にとってなじみがない。古い歴史と文化をもち、他の文化や体制の影響を受けたこの地域の歴史を振り返ろう。
　「中国のタリム盆地からカスピ海に至る内陸乾燥地域。狭義には旧ソ連側の西トルキスタンを指し、カザフスタン・キルギス・タジキスタン・ウズベキスタン・トルクメニスタンの五つの共和国がある。イスラム教が多い」というのが辞書（広辞苑第6版）による、中央アジアの定義である。「中国のタリム盆地からカスピ海に至る内陸乾燥地域」は広義の中央アジア、「旧ソ連側の西トルキスタン」すなわち「カザフスタン・キルギス・タジキスタン・ウズベキスタン・トルクメニスタンの五つ」の国の地域は狭義の中央アジアである。ソ連の消滅後、中央アジアという言葉は一般に狭義のそれを指す。しかし、中国の漢書等の正史で西域とされ、トルキスタンとも呼ばれてきた広義の中央アジアを、まずはひとつのまとまりとしてみておこう。
　この地域は、もともとはインド・ヨーロッパ系の言語を話すコーカソイド系の人々がオアシスで農耕を営み、通商に従事していた地域であるとともに、オアシスの農耕民と草原の遊牧民が交流し、衝突する場でもあった。仏教や

ゾロアスター教、マニ教と宗教が多様であったこの地域に、8世紀になると、イスラム勢力が進出した。751年のタラス河の戦いでイスラーム勢力（アッバース朝）が唐に勝利し、この地域全体が次第にイスラーム化していった。遊牧系のトルコ系の人々が9世紀頃にはこの地域に進出しはじめ、その後、この地域全体がトルコ化した。カザフ語、キルギス語、ウズベク語およびトルクメニ語はトルコ系の言語に属する。

　13世紀から15世紀にかけて、トルキスタンの地域は歴史の大きな舞台であった。広義の中央アジアの北東に位置するモンゴル高原からモンゴル帝国が勃興し、中央ユーラシアを統一し、ヨーロッパと中国とを結び付ける役割を果たした（13世紀）。モンゴル帝国が崩壊すると、チムール帝国が起こり（14〜15世紀）、その首都サマルカンドはイスラム文化の中心として栄えた。

　しかし、ヨーロッパが大航海時代（15〜17世紀）に入ると、ユーラシアの内陸部は次第に周縁化した。広義の中央アジアの東側は清の支配を受けるようになる。清の支配は18世紀に確立し、19世紀の末にはこの地域は清の一省（新疆省）となり、中華人民共和国になると新疆ウイグル自治区が成立する（1955年）。広義の中央アジアの西側はロシアの支配を受けるようになる。16世紀末からシベリアへの進出を開始したロシア帝国は、18世紀になるとシベリアの南に位置するカザフ草原に影響力を及ぼし始め、19世紀初めには直接統治し始める。それより南では、ブハラ、ヒヴァ、コーカンドの汗国が19世紀初頭には並立していた。19世紀の半ば以降ロシア帝国はこれらの汗国を攻撃し、保護国とした。タシケントにトルキスタン総督府を置いた。

　ロシア革命が起きると、中央アジアでもソビエト政権が勝利した。1922年に、ロシア、ウクライナ、ベラルーシ、ザカフカス連邦（アゼルバイジャン、グルジアおよびアルメニア）が連邦条約を締結してソ連を結成する。しかし、中央アジアの諸民族はソ連の結成条約には参加していない。最初のソ連憲法が採択された1924年に行われた、ロシア共産党中央委員会による民族的境界の確定の承認を経て、彼らは、ソ連に加入することになる。

　トルクメニスタンとウズベキスタンは連邦構成共和国として1925年にソ連に加入した。タジキスタンはウズベキスタンの自治共和国、カザフスタンはロシア共和国の自治共和国（名称は1920年にキルギス自治共和国、1925年にカ

ザフ自治共和国に改称)、キルギスタンはロシア共和国の自治州(名称は、カラ・キルギス自治州)であった。タジキスタンは1929年に連邦構成共和国に昇格し、ソ連に加入した。キルギスタンとカザフスタンは、1936年憲法制定の時に連邦構成共和国に昇格し、ソ連に加入した。こうして1936年憲法の制定の時までに、5の連邦構成共和国が中央アジアに存在することになった。なお、ソ連の連邦構成共和国としての各国の名称は厳密には独立後のそれと異なるが、ここでは、独立後の名称を用いた。

　ソ連は、約70年でその存在を終えた。1985年から始まったペレストロイカはソ連の連邦制の見直しという課題を浮上させ、1991年8月20日にソ連の新連邦条約が締結される予定であった。その直前に、「国家非常事態委員会」がゴルバチョフを軟禁して企てたクーデター(8月政変)は失敗し、それはソ連の事実上の崩壊を意味した。ウズベキスタンは8月、タジキスタンは9月、トルクメニスタンは10月、カザフスタンおよびキルギスタンは12月に独立宣言をした。ソ連を維持しようとする試みは続けられたが、12月1日のウクライナの独立に関する国民投票で独立支持が圧倒的多数を占めると、ソ連を結成したロシア、ウクライナ、ベラルーシは、ソ連の消滅の確認と独立国家共同体の創設を12月8日に宣言した。その結果、ウズベキスタン、タジキスタン、トルクメニスタン、キルギスタン、カザフスタンは独立国家となり、独自の通貨をもち、そして、体制転換を経験することになる。

　以上に述べてきたことを法の視点からまとめると、中央アジアの法は、(1)イスラーム以前の法、(2)イスラーム法、(3)モンゴル(遊牧)やロシアの法の影響、(4)ソ連の社会主義法、(5)そして独立以後の法の五つの層からなると見ることができる。

　このなかでやはりソ連の社会主義法の影響は大きい。戦後日本を代表する評論家である加藤周一は、1958年9月にニューデリーからタシケントを旅客機で飛び、その旅が「四百年の人間の歴史を一挙にとびこえた」(加藤周一『ウズベック・クロアチア・ケララ紀行―社会主義の三つの顔―』岩波書店、1959年、20頁)ものであり、「繰り返すが、中央アジアの真中にこの都会を見たら、誰でも突然降って湧いた、『近代』におどろき、そのおどろきからさめるには、手間がかかるだろう」(同前、23頁)と述べていた。ロシア帝国の植

民地政策をソ連が引き継いだという連続性がロシア帝国とソ連のあいだにあり、また民族自決とは名ばかりでソ連は民族抑圧の体制であったと考えるとしても、それだけではなかったことが重要である。ソ連の社会主義は、中央アジアに、工業と教育と社会基盤の整備という意味での、さらに言えば、制定法、それを運用する法技術と法制度（検察と裁判所）および法曹養成（検察官や裁判官、弁護士等）の仕組をもたらしたという意味で近代法をもたらした。

しかしながら、ソ連の社会主義法それ自体に対して、さまざまな角度から批判が加えられてきた。そもそも、ソ連の社会主義における法（法律）は社会主義と秩序を維持する道具であるとして、そのような法道具主義に対する批判が加えられた。憲法論（統治原理）においては、ソ連憲法が権力分立を否定し、代表機関への権力統合原則を採用したことが批判されてきた（中国法研究では権力統合原則を民主集中制の内容と理解してきた。これは、中国法研究の用語法で、ソ連法研究では民主集中制という用語は一般に使用しない）。政治体制論としては、ソ連共産党の一党制が問題とされてきた。したがって、このような社会主義法から転換したのか、あるいはしていないのかが問題となろう。

II 体制移行と統治原理
―――大統領制の導入と権力分立の特徴

ソ連のペレストロイカはソ連の社会主義の体制内改革運動であり、そのなかで、ソ連憲法が定めた統治原理の見直しが始まった。主なものは、次のような点である。(1)行政立法にたいする法律の優位を強調する文脈での権力分立の概念の導入と代表（立法）機関の改革、(2)ソ連共産党の指導的役割の放棄（90年2月）と複数立候補制の選挙、(3)間接選挙（ソ連人民代議員大会）での大統領職の設置（大統領制への移行）（90年3月）。ただし、(3)は、ソ連の連邦制の危機への対応であり、当初からの政治改革の内容ではない。

1990年前半に連邦構成共和国の人民代議員大会または最高会議の議員の選挙が行われた。ロシア、ウクライナ、ベラルーシ、モルドヴァ、バルト三国

では人民戦線等の「下から」の運動の候補者と各国共産党の候補者が議席を争った。しかし、中央アジア諸国では、「下から」の運動は弱く、あったとしても選挙から排除され、各国の共産党が圧勝した。

　中央アジア諸国は、ソ連に倣って大統領職を設置した。カザフスタン、キルギスタン、タジキスタンおよびウズベキスタンでは、新しく選ばれた最高会議が大統領を選出した（90年）。キルギスタンのアカエフをのぞいて、カザフスタンのナザルバエフ、タジキスタンのマフカモフ、ウズベキスタンのカリモフは、それぞれの国の共産党第一書記だった。トルクメニスタン共産党第一書記のニャゾフは直接選挙（90年）で大統領に選ばれた。トルクメニスタン以外の国でも、91年に大統領選挙が実施され、タジキスタンのマフカモフをのぞいて、各国の最高会議が選出した大統領が当選した。タジキスタンでは、8月政変を支持したマフカモフに代わり、タジキスタン共産党の元第一書記であるナビエフが当選した。要するに、キルギスタンをのぞいて、各国共産党の第一書記またはその経験者が大統領となった。

　中央アジアでの民主化の度合いは小さかった。しかし、それは政治対立がないことを意味しない。例えば、タジキスタンでは内戦が起きた。憲法については、新憲法の内容をめぐり議論と対立が生じた国と、議論がないまま新憲法が採択された国とに分かれる。ひとつは、大統領と議会または反対勢力のあいだに対立が生じたカザフスタンとキルギスタンの場合である。議論と対立の焦点は大統領の地位と権限であり、議会の地位と権限であった。もうひとつは、憲法草案をめぐる議論と対立がないまま憲法が採択されたトルクメニスタンとウズベキスタンである。タジキスタン憲法は反対勢力が参加を拒否したレファレンダムで採択された。この点で後者に近い。

　興味深いことは、憲法制定過程の二つのタイプに照応して大統領の地位が異なることである。憲法をめぐり議論と対立があったカザフスタンとキルギスタンは、直接選挙で選ばれる大統領と、政府への議会の不信任の制度を認める憲法、つまり、大統領制と議院内閣制の要素をもつ混合型憲法（半大統領ともいわれる）を採択した（カザフスタン：1995年憲法、キルギスタン：1996年改正）。大統領は行政権の長ではなく、「国家元首であり、最高公務員」であり、立法権は議会、行政権は大臣会議、司法権は裁判所が担当する。議会

表1　中央アジア諸国の憲法制定および改正（丸括弧内。憲法裁判所が無効とした場合は角括弧を用いた）

カザフスタン	1993年、1995年5月30日、(1998年10月7日、2007年5月21日)
キルギスタン	1993年5月5日、(1996年2月10日、1998年10月17日、2003年2月2日)、[2006年11月9日、2007年1月15日]、2007年10月21日
タジキスタン	1994年11月6日、(1999年9月26日、2003年6月22日)
トルクメニスタン	1992年5月18日、(1995年5月18日、1999年12月29日、2003年8月15日、2006年12月24日)、2008年9月26日
ウズベキスタン	1992年12月8日、(1993年12月28日、2003年4月28日、2007年11月4日)

は、政府を不信任でき、大統領は議会の政府不信任に対抗して議会を解散することができる。なお、大統領は在任中、政党活動を停止する。

　これにたいして、ウズベキスタン憲法では、大統領は「国家元首であり、執行権力の長」であり、「同時に大臣会議議長」だった。政府への議会の不信任の制度はない。しかし、議会での「克服しがたい不一致の発生」を理由に、議会解散権を大統領に認めていた。2003年の憲法改正は、大統領を、「国家元首であり、国家権力機関の機能と相互作用の調和を確保」する者と位置づけ、大統領は、執行権力の長ではなくなり、したがって、大臣会議議長でもなくなった。しかし、議会の政府不信任の制度は採用せず、大統領の議会解散権も存続している（ただし、憲法裁判所との一致により採択された大統領の決定によることになった）。トルクメニスタンの1992年憲法は、大統領を「国家元首、執行権力の長および最高公務員」としている。大統領は大臣会議を主宰し、政府への不信任の制度はない。この憲法は、議会（medzhlis）とは別に、大統領、議会の議員、その代議員（khalk vekilleri）、最高裁判所長官、検察長官、大臣、知事・市長等を構成員とする「人民権力の常設の最高代表機関」として人民評議会（Khalk Maslakhaty）を規定しており、独特だった。2008年の新憲法は、基本は、1992年憲法と同じだが、人民評議会を廃止し、議会を、「立法権を行使する最高代表機関」とした。タジキスタンの憲法は、大統領を「国家元首であり、執行権力の長」であるとしており、政府への議会の不信任も大統領の議会解散権も規定していない。

　中央アジア諸国の憲法は直接選挙の大統領が存在するという意味で大統領制を採用しているが、同時に、すでに述べたことからも分かるように、政府

（大臣会議）についての規定を置いている。議院内閣制の要素をもつ場合は、首相は、議会との協議（カザフスタン）または同意（キルギスタン）を得て、大統領が任命する。そうでない場合は、大統領が政府の長を兼ねるか（トルクメニスタン、2003年までのウズベキスタン）、または大統領が任命する首相を置く。この首相の任命には、議会との協議またはその同意は必要でなく（タジキスタン、2003年からのウズベキスタン）、大統領は、首相（総辞職）と大臣を、「自分の意思だけ」で解任する権限をもつ。重要なことは、この点は、議院内閣制の要素をもつカザフスタンとキルギスタンの憲法でも同じであることである。つまり、中央アジア諸国の憲法は、首相を置いている場合、大統領と議会との関係にちがいがあるが、大統領と政府との関係は異ならないとみることができる。言い換えると、首相と大臣の任命方式は異なるが、中央アジア諸国の憲法は、政府の構成員の任免それ自体を大統領の固有の権限であるとする点で共通であると考えることができる。

　視野を他の旧ソ連の諸国と東欧まで広げて考えると、ソ連と東欧の社会主義の消滅の憲法の統治原理上の意味は、混合型憲法が広がったことである。大統領が直接選挙かどうか、政府が議会の信任に依存するかどうか（議会の不信任決議とそれにともなう総辞職またはそれに対抗する解散の存在）でソ連および東欧に属していた諸国の憲法を分類すると表2のようになる。

表2

		大統領	
		直接選挙	間接選挙
不信任	有	【混合型】カザフスタン、キルギスタン、ロシア、ウクライナ、ベラルーシ、アルメニア、リトアニア、ポーランド、ルーマニア、セルビア、クロアチア、モンテネグロ、マケドニア 【議院内閣制】ブルガリア、スロベニア（大統領の権限は弱く、政府の形成についての権限をもたない）	【議院内閣制】エストニア、ラトビア、ハンガリー、チェコ、スロヴァキア、アルバニア（大統領は、国を対外的に代表するという意味での国家元首） 【混合型】モルドヴァ（2000年の憲法改正で大統領選挙は直接から間接に変更）
	無	【大統領制】ウズベキスタン、タジキスタン、トルクメニスタン、グルジア、アゼルバイジャン	無

※ボスニア・ヘルツゴビナは制度が独特であるため省略する。

混合型に属する憲法は、大統領が「自分の意思だけ」で大臣までをも解任できるかどうかを基準に二つの集団に分けることができる。フランス憲法は、「首相による政府の辞表提出に基づいてその職」を免じ、「首相の提案にもとづいて政府の他の構成員を任命し、また、その職を免ずる」(第8条)と定める。大統領が首相を辞任させることはできるとされているが、個々の大臣の辞任は政府の問題だと考えられているといえる(フランス型混合憲法)。これに対して、ロシア憲法では(1993年に制定)、大統領は、首相の任命は議会の同意を得て、大臣の任命は首相の提案に基づいて行うが、大統領は「自分の意志だけ」で首相と大臣を解任することができる(ロシア型混合型憲法)。カザフスタンとキルギスタン、そして(2004年憲法改正までの)ウクライナ、ベラルーシ、アルメニアの憲法は、このロシア憲法に影響を受けたと考えられる(この部分および表2の作成にあたり以下の論文から着想を得た。Matthew Søberg Shugart, 'Executive-Legislative Relations', in Open Media Research Institute, *the OMRI Annual Survey of Eastern Europe and the Former Soviet Union*, London: M. E. Sharpe, 1996.)。なお、(2004年憲法改正以後の)ウクライナ、セルビア、クロアチア、モンテネグロ、マケドニアの憲法は、大統領に、首相提案権または組閣指示(依頼)権を認めるが、首相任命権までは付与していない。

　さらに視野を広げて、表2に挙げた国に、表2に挙げていない他の欧州評議会加盟国を加えて考えると、その国数の多さの順は議院内閣制＞混合型＞大統領制になる。議院内閣制がヨーロッパでは優勢である。しかし、混合型の憲法は大幅に増えた。フランス型とロシア型がちがうと考えるとしても、混合型憲法の拡大そのものは、フランス憲法の存在なくしては考えられない。その意味で、フランス憲法は、多くの体制移行諸国の憲法の準拠モデルとなった。なお、バルト三国を除いて考えると、旧ソ連諸国で議院内閣制を採用した国はなく、混合型かどうかは別としてすべて大統領制を採用している。

　表3は、各国の大統領の権限をまとめたものである(09年9月時点の憲法による)。共通する特徴として次のことが指摘できる。第一に、議会が法律の立法まで委任するのはトルクメニスタンとカザフスタンにとどまるが、立法に関連する大統領の権限が大きいこと。各国に共通する大統領令は、「憲

表3　大統領の権限

	カザフスタン	キルギスタン	タジキスタン	トルクメニスタン	ウズベキスタン
議会解散権	○	○	×	○*11	○*14
法律拒否権	○	○	○	○	○
立法発議権	○	○	○	○	○
法律制定委任	○*1	×*7	×	○*12	×
大統領令	○*2	○	○	○	○
憲法裁判所長官任命権	○	△*	△	／	△
憲法裁判所裁判官任命権	○*3	△	△	／	△
最高裁判所長官任命権	△	△*	△	○	△
最高裁判所裁判官任命権	△	△	△	○	△
地方裁判所裁判官任命権	○	○	○	○	○
知事・市長任免権	○*4	○*8	○*10	○	○*15
選挙管理委員会	○*5	○*9	△	○	×
レファレンダム発議	○	○	○	×*13	×
憲法改正発議権	◎*6	○	○	×*13	○
任期（期間）	5年	5年	7年	5年	6年
多選	二期	二期	二期	―	二期

※　△は提案権を示す。△*は選出された裁判官からの長官指名権を示す。

*1　大統領の発議で1年を超えない期限で議会は大統領に立法を委任できる（各院の議員定数の3分の2以上の賛成必要）。
*2　大統領は法案の審議の優先順位を決め、または緊急審議を求めることができ、議会にしたがわない場合、法律の効力をもつ大統領令を発布できる。
*3　大統領、上院および立法院がそれぞれ2名ずつ指名。
*4　州、アルマトィおよびアスタナの行政長官を当該議会の同意を得て任命。
*5　中央選挙管理委員会議長と2名の委員を任命。
*6　大統領だけに発議権。
*7　旧憲法にはカザフスタンと同旨の制度があった。
*8　首相との協議を経て、行政区画（州、地区および市）の行政長官を任免。
*9　選挙・レファレンダム実施中央委員会の議長を議会の同意を得て任命し、委員の半数を任命。
*10　大統領が任免する自治州、州、地区および市の議会を指導する議長が、大統領代理人として執行権力も行使。
*11　議会指導部が6カ月の間に決まらない場合、大統領は議会を解散できる。なお、92年憲法（99年改正以降）では、人民評議院は、その決定で議会を解散できた。
*12　刑事、行政および訴訟の法令を除き、議会は大統領に立法を委任できる。
*13　旧憲法では人民評議院の権限。
*14　03年の憲法改正により大統領が議会を解散するには憲法裁判所との一致が必要。
*15　州とタシケント市の行政長官の任免。地区および市の行政長官を解任することもできる。

法および法律にもとづいて、それを執行するために」(カザフスタン、キルギスタン、ウズベキスタン)、「その権限の範囲内で」(タジキスタン)、あるいはそのような限定なく(トルクメニスタン)、制定され、発布されている。独立命令であり、国民権利義務に影響する内容であることも多い。第二に、知事・市長(行政長官)および地方裁判所の裁判官の任免権を大統領がもつこと。

　第二の点は別として、前者は、中央アジア諸国では、一般に、立法権は議会、行政権は大統領または政府、司法権は裁判所という一応の機能分立は存在しながらも(トルクメニスタンはこの点でも怪しい)、大統領がそれを超えた存在であることの表れである。そのことが、権力分立を不明瞭にし、大統領の強い地位と大きな権限を正当化している

　この機能分立を超えた大統領の強い地位と大きな権限という点は、フランス型の混合型憲法とロシア型のそれとのちがいだと言える。しかし、このような大統領の強い地位と大きな権限を導いているのは、大統領が「国家元首であり、最高公務員」(カザフスタン、キルギスタン、トルクメニスタン)、「国家元首」(タジキスタン)あるいは「国家元首であり、国家権力機関の機能と相互作用の調和を確保」(ウズベキスタン)という規定であり、こうした規定は、「共和国大統領は、憲法の遵守を監視する。大統領は、その裁定により、公権力の規則正しい活動および国家の持続を確保する」(第5条1号)とのフランス憲法の文言に影響を受けている。中央アジア各国の憲法では、「最高公務員」という文言は別として、大統領が「国家元首」であるということに、これまでにない意味が込められている。

III　中央アジア諸国の統治機構

　さて、これまで中央アジア諸国の憲法に共通の特徴として、機能分立を超える大統領の存在と、そのことによる権力分立の不明瞭さを指摘した。中央アジア各国の憲法は、憲法理論上は代表機関への権力統合であったソ連憲法における権力統合原則(ある意味で、議院内閣制のもとでの権力融合論と似ていた)に代わり、ソ連の消滅とともに、大統領制を採用して大統領中心制とも

呼ぶべき憲法へと転換した。欧米の憲法原理に対抗するものとしての社会主義憲法の権力統合原則からの転換は、機能分立を超え民意によって正当化される大統領中心の憲法をもたらした。

これまで中央アジア各国の憲法の権力分立の特徴を明らかにするため大統領制を検討してきた。統治機構の検討は、(1)統治の原理、(2)統治の機関とその権限、および(3)統治する者を選び、責任を追及する仕組の三つに分けることができる。(1)は権力分立のような基本原理であり、(2)は、議会、大統領、政府、裁判所、行政官僚制、地方（地方自治）等の制度である。(3)は、選挙・政党、訴訟（憲法訴訟・行政訴訟）、不服申立等である。

説明責任という言葉を使って(3)を説明すると、選挙は統治者の市民にたいする「垂直の説明責任」、訴訟は市民の訴えをとおした国家機関の「水平の説明責任」、不服申立等は、市民と行政官僚制とのあいだの「斜めの説明責任」と呼ぶことができる（図1）。「垂直の説明責任」は政治的説明責任（選挙）、「水平的説明責任」は法的説明責任（訴訟）、「斜めの説明責任」は、政府の政策決定過程への参加や行政保有情報へのアクセス等をふくめて、行政的または政策的説明責任と言い換えることができる。ここでは、選挙と訴訟（憲法裁判所）を中心に検討する。

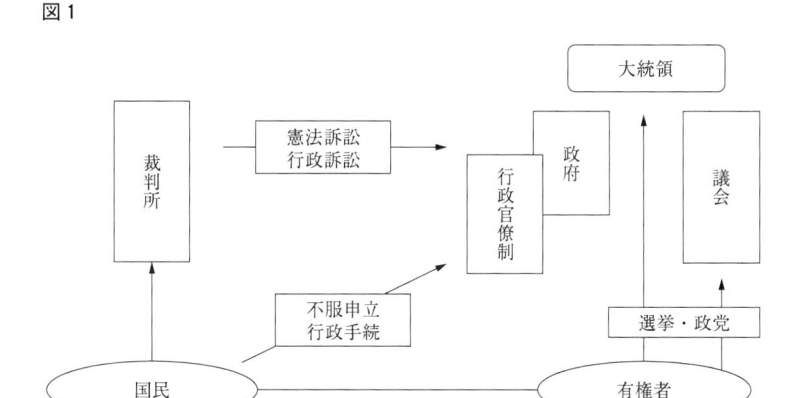

図1

* この図は以下の文献に着想を得た。John Ackermann, *State-Society Synergy for Accountability*, World Bank Working Paper, No. 30, 2004.

表4　大統領の在職期間

カザフスタン	1990年：1991年—ナザルバエフ
キルギスタン	1990年：1991年—アカエフ—2005年、2005年—バキエフ
ウズベキスタン	1990年：1991年—カリモフ
タジキスタン	1990年—マフカモフ、1991年—ナビエフ、1994年—ラフモン
トルクメニスタン	1990年—ニャゾフ—2007年、2007年—ベルディムハメドフ

　中央アジア諸国の民主化の度合いは低く、その政治体制は権威主義あるいはスルタン主義と言われている。しかし「統治する者を選ぶ」という点で考えると、中央アジアの各国には、一応、複数の政党が存在し（トルクメニスタンを除く）、選挙は定期に実施され（大統領選挙については後述）、議会も活動している。このこともあって、「選挙制権威主義」という概念も登場している。しかし、大統領中心制のもとで意外な程に行われている議会や選挙制度の変更が、政治の競争性を高めることに結びつかず、むしろ、大統領が党首である政党が議会でより多数を占める、またはより大統領中心の体制を安定化させる（翼賛化）という結果になっている。中央アジア諸国では、制度が大統領中心というだけでなく、同一の人物が大統領であり続けている。憲法に三選禁止の規定があるにもかかわらず、この規定の適用を回避する試みが、憲法裁判所の判決、あるいはレファレンダムにより正当化されてきた。大統領選挙の当選者の得票率は90％を超え、当選者への信任を誇示する機会として選挙が利用されているとの懸念を抱かせる場合も多い。そうした傾向があるとしても、中央アジア各国には、「統治する者の責任を追及」する仕組、言い換えれば「統治する者の活動を制約」する仕組として、憲法裁判所または憲法院（カザフスタン）の制度がある。

　「統治する者を選ぶ」という点を各国別にまとめ、「責任を追及する仕組」という点について問題点を簡単に指摘する。

1　大統領、議会、政党、選挙

　[カザフスタン]　　91年に直接選挙で大統領に就任したナザルバエフは、95年4月のレファレンダムで任期を00年まで延長した。98年の憲法改正で大統領の任期は7年となった。99年1月に大統領選挙が行われ、かれが当選し

た。95年憲法の定める連続二期を超えて大統領になれないとの規定について、95年憲法のもとでの選挙からその任期は計算すべきとの憲法院の判断を得て、05年の選挙に立候補し、当選した。07年の憲法改正で「最初のカザフスタン共和国大統領」つまりナザルバエフには連続して二期を超えて大統領になれないという規定は適用されないこととなった。かれは、希望すれば、次の大統領選挙以降の大統領選挙に立候補できる。なお、07年の憲法改正は、大統領任期を5年に戻した。カザフスタン大統領は、出生によりカザフスタン国籍をもつ者で、40歳以上で、国家語を自由に話し、直近で15年以上カザフスタンに居住する者から選ばれる。

　議会は二院制である。元老院（上院）は、州、アルマティ市およびアスタナ市から間接選挙で選ばれる各2名（計32名）の議員と大統領が任命する議員からなる。間接選挙は当該行政区画にある地方議会の議員が行う。大統領任命の上院議員は07年の憲法改正で7名から15名に増員された。上院議員の任期は6年で3年ごとに半分が改選される。下院（Mazhilis）議員の選挙は小選挙区比例代表並立制（小選挙区から67名、比例代表から10名）だったが、07年の憲法改正で、全国をひとつの選挙区とする比例代表制（98名）に変更された。政党の党員でないと候補者になれず、政党は7％の得票を得ないと議席を獲得できない。07年の下院議員選挙では、7％条項を突破したのは大統領が所属するヌル・オタン党だけで、ヌル・オタン党が全議席を独占するところとなった。9名の下院議員はカザフスタン民族会議で間接選挙される。カザフスタン民族会議は大統領の諮問機関で、その構成員は大統領が任命する。会議の目的は「民族問題の公正な解決としての社会の安定の強化」等である。カザフスタン共和国国籍をもつ者で、直近で10年以上カザフスタンに居住し、30歳以上で、高等教育を受け、5年以上の勤務期間があり、当該の州、共和国的意義の市（アルマティ）または首都に3年以上居住している者が下院議員の候補者となることができる。

　政党の国家登録の要件は厳しい。党員が、全国5万人以上で、すべての州、アルマティおよびアスタナに支部があり、それぞれの行政区画で党員600人以上いることが必要である。「職業、人種、民族、宗教所属を標識」とする政党の創設は禁止され、「憲法秩序の暴力的転覆、カザフスタン共和国の一

体性の侵害、国家の安全保障の転覆、社会的、人種的、民族的、宗教的、身分的または部族的憎悪を煽動」する政党の創設と活動も禁止される。国家登録されている政党は10ある。

　大統領が在任中に政党活動を停止するという規定が07年の憲法改正で削除されたことから、大統領は政党の指導者になることも可能となった。大統領の議会出席権、また両院の議長の当該の院への提案権等に加えて、大統領は政党の党首としても議会の活動（党員である議員）に影響を与えることができるようになった。

　上院は、大統領の提案にもとづく最高裁判所の長官・裁判官の選出と解任、国立銀行議長、検察長官等の任命への同意権をもつ。下院は首相任命について同意権をもち、大統領選挙の公示、議員総数の5分の1の発議での不信任決議をすることができる。両院の合同会議で大統領の提案により憲法を改正する。大統領が憲法改正を発議し、レファレンダムで行うか、議会で行うか選ぶことができる。

　［キルギスタン］　キルギスタン大統領であったアカエフは、物理学者で科学アカデミー総裁だった。90年にキルギスタン南部で起きたキルギス人とウズベキ人の流血の事件（オシ事件）の対応の失敗により当時のキルギス共産党第一書記の権威が失墜するなか、最高会議で大統領に選出され、91年の大統領選挙で当選、95年の大統領選挙で再選された。大統領は連続二期までという規定の対象となる在任期間は、憲法制定後から数えるべきという主張を憲法裁判所が認め、00年の大統領選挙にも出馬し、当選した。キルギスタンの大統領は、キルギスタン国籍をもち、「35歳以上、65歳以下で、国家語を自由に話し、立候補の直前に15年以上、共和国に居住」している者がなることができる。

　議会は、当初、「共和国住民全体の利益を代表」する立法院（zakonodatel'-noe soblanie）（下院）（60名）と「地域の利益を代表」する人民代表院（soblanie narodnykh predstavitelei）（45名）（上院）からなる二院制であった。下院は小選挙区比例代表並立制（比例代表15名、小選挙区45名）で、上院は全員が小選挙区で選挙された。議員の任期は5年だった。候補者となることのできる者は、「選挙権を有する25歳以上の者で、候補者となる直前に5年以上、

キルギスタンに居住」する者であった。しかし、03年の憲法改正で、議会は、一院制となり、議員は75名で選挙区は小選挙区となった。07年の新憲法も議会は一院制を採用した。

キルギスタンの政党法（99年）はカザフスタンのような政党の国家登録の要件をとくに定めていない。政党は10人以上のキルギスタン国民の発議によって創設することができる。ただし、「憲法秩序の転覆および暴力的変更、キルギス共和国の主権の破壊と一体性の侵害、戦争、暴力および残忍行為の宣伝、社会的、人種的、民族的または宗教的な憎悪と敵意の煽動」等を目的とし、または活動方法とする政党は、司法省が提訴して、裁判所の決定で解散される。

政党への法的規制が緩やかであることと、政党間の公正で自由な競争があることとは別である。中央アジア各国の選挙監視活動を行う欧州安全保障・協力機構（OSCE）は、キルギスタンの選挙についても問題を指摘している。05年2月、議会の議員選挙が始まると、大統領の娘の立候補が予定された選挙区で、「候補者となる直前に5年以上」という居住要件を満たしていないことを理由として外交官であった者の候補者登録が拒否される等、候補者登録の拒否をめぐる対立がいくつかの選挙区で起きた。投票が行われると、政権による不正があったと主張する抗議行動が全国に広がった。抗議行動は、アカエフ退陣を要求する運動へと発展し、アカエフはロシアに逃亡し、大統領を辞任した。いわゆる、「チューリップ革命」である。05年7月に大統領選挙が行われ、バキエフが当選した。

新憲法の制定過程では大統領と議会が対立し、06年11月および07年1月に大統領が署名した憲法改正を後に憲法裁判所が無効とすることに見られるよう、憲法改正は迷走した。新憲法は07年10月にレファレンダムで採択された。焦点である統治の部分は、03年の改正時点の旧憲法と基本内容が同じであり、「革命」は憲法に大きな変化をもたらさなかった。ただし、以下の点は変化した。(1)大統領在任中の政党活動の禁止の規定を削除。(2)行政長官の任命について地方議会の、地方裁判所裁判官の任命について議会の同意は不要。(3)大統領が国防、安全保障、内務、外務を担当する国家機関の権限行使を保障し、これらの機関の長および次官を任免することを強調。(4)議員数を90人に

増員。(5)議会の選挙を小選挙区制から比例代表制に変更。(6)首相任命について、議会で過半数を占める政党に首相候補者提案権。(7)不信任の動議および可決の要件を緩和。議員総数の過半数の議員の動議、3分の2の多数で可決から、議員総数の3分の1の議員の動議、過半数での可決に。(8)議会の大統領への立法委任の規定を削除。

　(4)、(6)、(7)および(8)は、議会を強めたことになる。しかし、大統領の首相任免権そのものは見直されていない。07年憲法では、過半数を占める政党が首相候補者を提案しない、または提案された首相候補者が組閣できない場合、大統領は、連立政権での首相候補者の提案と任命された首相による組閣を別の政党に二回まで委任する。それでも首相候補者が提案されない、または組閣できない場合は、大統領は議会を解散する。首相任命または組閣の試みを三回繰り返して、政府が形成されない場合に、大統領が議会を解散するというのは旧憲法と同じである。一回目の不信任決議の3か月以内に改めて議会が不信任決議をした時に、大統領が、政府を総辞職させるか、議会を解散するかを決めるという不信任についての規定も旧憲法と同じである。07年憲法が、むしろ大統領の権限を強化している面に注目すべきである。

　07年12月に新憲法下での比例代表制で議会選挙が行われた。候補者名簿についての条件が厳しかった。どちらかの性の候補者が70％を超えてはならず、35歳以下が15％以上、さまざまな民族を代表する者が15％以上という条件を満たさないと、政党の候補者名簿は登録されなかった。議席の配分については、全国での得票率が5％以上、および州と二つの市（ビシュケクとオシ）で0.5％以上という二つの障害が設けられた。選挙は12の政党で争われた。第二位の得票率を得た政党は0.5％条項を満たさず、議席を獲得できなかった。大統領の率いる政党が71と約8割の議席を得た。

　［タジキスタン］　タジキスタンでは独立後、当時タジキスタン共産党第一書記のマフカエフの8月政変支持への批判もあり、イスラム復興党や民主党が反対派として力をもつようになった。91年11月の大統領選挙では、元タジキスタン共産党の第一書記のナビエフに対抗する候補者を反対派は支持し、その後、かれらは連携を強めた。92年5月に国民和解政府が成立し、反対派も政権参加を果たした。しかし、内戦が地方、とくに南部で拡大し、深刻化

した。9月には反対派に対抗する「人民戦線」がロシアとウズベキスタンの支持も背景に結成された。内戦の激化の背景に、地域間対立があると言われている。

「人民戦線」は12月に首都のドゥシャンベを制圧した。それに先立つ11月に北部のフジャンドで最高会議が開かれ、大統領制を廃止し、最高会議議長にラフモンが選ばれた。93年春までにはラフモンの政権は全土を掌握し、94年春から和平交渉が開始された。同年11月の大統領選挙でラフモンが大統領に当選し、同時に行われたレファレンダムで憲法が採択された。その後も戦闘は断続して続いたが、1997年6月に最終和平合意が達成され、9月に憲法改正、11月に大統領選挙、00年に議会選挙が行われ、和平の過程は終了した。03年の憲法改正により、同一人は「連続して二期以上大統領」であることはできないという規定は、ラフモンの現在の任期が終わってから適用されることになった。06年の大統領選挙でラフモンが再選された。憲法改正に抗議して、この選挙に、イスラム復興党は選挙に参加しなかった。

議会は、99年の憲法改正で二院制となった。下院（Madzhlisi Namoyandagon）の議員は、直接選挙で選ばれ、「25歳以上のタジキスタン国籍をもつ者で、高等教育を修了した者」でなければならない。22名を比例代表制で、41名を小選挙区で選挙する小選挙区比例代表並立制である。上院（Medzhlisi Milli）の議員は、4分の3を間接選挙で選挙し、4分の1を大統領が任命する。間接選挙は、ゴルノ・バダンフシャン自治州、州、ドゥシャンベ市ならびに共和国的直轄市および地区のそれぞれで開かれる当該行政区画にある地方代表権力機関の議員の合同会議で行われる。上院の議員は「35歳以上で高等教育を受けた者」でなければならない。

上院は、大統領提案によって、憲法裁判所、最高裁判所および最高経済裁判所の長官および裁判官の選出と罷免を行い、大統領による検察長官の任免への同意を与える。行政区画の設置と廃止も上院の権限である。代表者会議は、国立銀行総裁と副総裁の任免の大統領令を承認する。選挙管理委員の設置や法案その他の重要な国家的社会的問題をレファレンダムへの提案、裁判所の設置等も代表者会議の権限である。

タジキスタンの政党は全国政党である必要があり、政党の国家登録のため

には、共和国の多数の市および地区に居住する市民1000人以上の名簿を提出し、3か月以内に多数の州、市および地区で支部をもたなければならない。6の政党が活動しており、そのひとつは、イスラム復興党というイスラム政党である。この党は00年と05年の代表者会議の選挙で同数の議席を、比例選挙区で獲得した。05年の選挙の結果は、人民民主党（大統領が党首）が52議席、タジキスタン共産党が4議席、イスラム復興党が2議席、無所属が5議席であった。この3の政党だけが比例代表区の5％条項を突破した。小選挙区では41議席中、40議席を人民民主党が獲得している。

　タジキスタンでは、(1)「憲法秩序の暴力による転覆、武装集団の組織、地方割拠主義ならびに民族的、社会的および宗教的な敵意の宣伝」を目的とする政党の創設と活動、(2)宗教組織の利用、および(3)保安、内務、検察庁、関税、税務および司法の各機関、裁判所ならびに軍隊その他の軍事機関、国家権力機関、高等中等教育機関における政党の創設と活動は禁止されている。(3)に掲げる機関のうち、国家権力機関と高等中等教育機関を除いて、これらの機関に勤務する者は政党に加入することもできない。政党が憲法、憲法的法律および法律に違反し、外国から経済的政治的支援を受けた場合、違法な活動の中止を求めて、司法省または検察長官は、警告を発することができる。政党が、この要求に従わない場合、最高裁判所の決定により政党の活動を停止することができる。また、前述の(1)に該当する活動をした場合、当該政党の活動を最高裁判所の決定で停止させることができる。

　［トルクメニスタン］　トルクメニスタン共産党第一書記であったニャゾフは、90年に対立候補のない大統領選挙で大統領に選ばれた。92年に新憲法が制定されると、この憲法の下での大統領の権限を確認するために、対立候補のない大統領選挙が実施された（92年）。94年のレファレンダムは、選挙をしないでかれが二期目の大統領に在職することを認めた。99年には、人民評議会はニャゾフが任期の制限なく、つまり終身大統領である権利を認めた。ただし、ニャゾフは、06年12月に死去した。混乱は起こらず、07年02月に大統領選挙が実施され、ベルディムハメドフが当選した。08年には新憲法が制定された。国家登録されている政党は人民民主党だけである。

　憲法論として見ると、92年憲法は、機能分立さえも不明瞭なところがあっ

た。制定の時点では(92年)、「国家は権力分立の原則」にもとづくとの規定が憲法のなかにあり、立法権、行政権、司法権の均衡と抑制が規定されていた。しかし、立法機関としての議会(Medzhlis)とは別に、大統領、議会議員、その代議員(khalk vekilleri)、最高裁判所長官、検察長官、大臣、知事・市長等を構成員とする「最高代表機関」である人民評議会(Khalk Maslakhty)が設置され、その後の憲法改正で、「国家権力は、人民評議会、立法権、行政権、司法権に区分」されると規定されるようになった。政党、青年団体、労働組合、女性団体の指導者や社会団体の指導者、長老の代表も人民評議院の構成員となっていく。人民評議会は、「人民権力の常設の最高代表機関であり、最高の国家権力および管理の権限を有する」とされた。

　人民評議会の権限は、以下のようなものであった。(1)憲法の採択とその改正、(2)選挙管理委員会の設置と委員の任免、(3)レファレンダムの実施についての問題の決定、(4)大統領、議会議員、人民評議会代議員および地方議員の選挙の公示、(5)国の基本政策の審議と承認、(6)国境と行政区画の変更、(7)大統領からの国の重要政策課題について情報の聴取、(8)議会、大臣会議、最高裁判所および検察長官からの活動報告の聴取、(9)祖国への反逆行為の認定と宣言、(10)国際条約の批准と破棄、(11)平和と安全保障の問題の審議。人民評議会は、その決定で、議会を解散することもできた。

　ニャゾフの死後、レジームは大きな変化を被ることなく、新しい大統領であるベルディムハメドフに継承された。ただし、08年憲法は、人民評議会を廃止した。人民評議会の権限のうち、(2)、(5)の承認は大統領の、(1)の改正、(3)、(4)、(5)の審議、(6)、(10)および(11)は議会の権限となった。

　大統領は「トルクメニスタンで生まれ、40歳以上で70歳以下、国家語を自由に話し、直近の15年のあいだトルクメニスタンに居住し、国家機関、社会団体、企業、施設または組織で働いているトルクメニスタン国籍をもつ者」がなることができ、5年任期である。

　議会は「立法権を行使する最高代表機関」であり、小選挙区で選ばれる125名の議員からなる。25歳以上で、直近の10年間トルクメニスタンに居住するトルクメニスタン国籍をもつ者が候補者となることができる。議会は、憲法改正、刑事法令および行政法令ならびに訴訟手続の問題をのぞいて、大

統領に立法権を委任できる。

［ウズベキスタン］　91年の大統領選挙で当選した、ウズベキスタン共産党第一書記であったカリモフは、95年のレファレンダムで任期を00年まで延長、02年のレファレンダムで大統領の任期を5年から7年に延長した。憲法は連続二期を超える大統領就任を禁じている。しかし、新憲法（92年）のもとでの大統領選挙は、00年の選挙が初めてであり、新憲法のもとでは一期しか大統領を務めていないとして、07年の大統領選挙にカリモフは立候補し、当選した。「35歳以上で、国家語を自由に話し、選挙の直近の10年間のウズベキスタンに居住」していた者が大統領の候補者となることができる。

議会は議員が小選挙区で選挙される一院制であったが、02年のレファレンダムで二院制への移行が認められ、03年に憲法改正が行われた。立法院(Zakonodatel'naya parata)（下院）は、小選挙区で選挙される120名の議員からなり、元老院（上院）は「地域代表院」で、カラカルパクスタン共和国、州およびタシケント市から間接選挙で選出される各6名の議員と大統領が任命する16名の議員からなる。間接選挙は当該行政区画の議会の議員の合同会議で行われる。08年の憲法改正で、下院は「法律にしたがって選出される150名」の議員からなるとされ、選挙区制度をふくめ下院の選挙については法律で決められることになった。議会選挙についての法律が改正され、それによると、135名の議員は小選挙区制の選挙で選ばれ、15名の議員は環境運動から選ばれる。小選挙区の選挙では、無所属の立候補を認めず、政党だけが候補者を立てることができる。環境運動からの議員の選出について、法律は「当該運動の最高機関（協議会）により選出」されると定めるのみで、立候補および選出の手続は中央選挙管理委員会が定める。中央選挙管理委員を設置し、委員を任命するのは議会（下院と上院の共同管轄）の権限である。しかし、選挙管理委員長は大統領の提案で選出される。このような中央選挙管理委員会に、環境運動からの議員の立候補と選挙の手続が委任されており、環境運動から議員を選出する制度を設けた趣旨は、上院の大統領枠の議員の制度とおなじかもしれない。

ウズベキスタンでは、政党は、カラカルパクスタン共和国とタシケント市をふくむ8以上の行政区画に居住する2万人以上の党員がいる必要がある。

政党の国家登録のさいに、この2万人以上の党員（希望者）名簿は司法省に提出される。ウズベキスタンでは、憲法秩序を暴力的に変更し、ウズベキスタンの主権、一体性および安全保障ならびに市民の憲法上の権利および自由に反対し、戦争、社会的、民族的、人種的および宗教的な敵意を宣伝し、人民の健康と倫理を侵害する政党の創設と活動は禁止されるのに加えて、民族的および宗教的特徴による政党そのものの創設と活動が禁止されている。

　下院の排他的管轄事項は少ない。憲法改正、レファレンダムの実施についての決定の採択、内外政策の基本方向と国家的戦略プログラムの決定、立法、行政および司法機関のシステムと権限の決定、関税、通貨および信用の立法規制、大臣会議の提案による予算の決定とその執行の監督、税その他の義務的納付を定めること、行政区画の問題の立法的規制、行政機関の設置と改廃についての大統領の承認、中央選挙管理委員会の設置と委員の任命等は、下院と上院の共同管轄である。憲法裁判所、最高裁判所および最高経済裁判所の長官と裁判官は大統領の提案により上院が選出し、検察長官の任免の大統領令の承認も上院が行う。

2　憲法適合性審査の導入と検察官監督の存続

　トルクメニスタンを除いて、中央アジア各国は、法律等の憲法適合性審査の仕組をもっている。アメリカ型の付随的違憲審査制ではなく、カザフスタンはフランス型の憲法院を、キルギスタン、タジキスタンおよびウズベキスタンはドイツ型の憲法裁判所を参考にした制度を取り入れた。

　カザフスタンの憲法院はフランスの憲法院を参考にした制度で、憲法院の権限は、選挙の実施の適正さについての決定、議会が採択した法律の憲法適合性の大統領の署名前の審査、議会および議院の決定の憲法適合性審査、条約の批准前の憲法適合性審査、憲法の公権解釈、大統領弾劾についての意見提出である。ウズベキスタンの憲法裁判所の権限は、法律、議会決定、大統領令、政府および地方国家権力機関の決定ならびに条約の憲法適合性の審査、カラカルパクスタン共和国の憲法のウズベキスタンの憲法への適合性およびカラカルパクスタン共和国の法律のウズベキスタンの法律への適合性についての意見、憲法と法律の公権解釈、憲法および法律が定めるその他の権限で

ある。カザフスタンとウズベキスタンは、憲法院および憲法裁判所に個別的権利救済の機能を与えてこなかったこと、そして、市民に提訴権を認めることもなかった点で共通する。

キルギスタンでは、「市民の憲法上の権利に係る法適用実務の憲法適合性についての決定の採択」が憲法裁判所の権限であった。しかし、03年改正で権限からはずれ、07年憲法でも復活しなかった。憲法裁判所の権限は、法律その他の規範的法令の憲法適合性の審査、憲法の公権解釈、大統領選挙の合憲性の審査、大統領の解任についての意見提出、憲法改正法案についての意見提出である。

タジキスタンの憲法裁判所の権限は、法律、上院および下院の共同の法的文書、上院、下院、大統領令、政府、最高裁判所、最高経済裁判所、他の国家機関および社会機関の法的文書ならびに発効していない条約の憲法適合性、国家機関の間の権限紛争の解決、憲法および法律が定めるその他の権限である。憲法裁判所法（95年）は「市民の憲法上の権利および自由の侵害にたいする申立ならびに裁判所からの照会」により「具体的な事件で適用された法律の憲法適合性について審査」すると定めている。

フランス型の憲法院およびドイツ型の憲法裁判所でも、個別的基本権保護機能の増大が指摘されている。しかし、中央アジア諸国の場合、個別的基本権保護機能については十分に取り入れられることはなかった。また、市民による申立も限られている。

トルクメニスタンを除く中央アジア各国は、限界をもつものの、憲法適合性を審査する仕組を取り入れた。しかし、ソ連における法道具主義を支えた制度も存続している。

ソ連では検察機関は刑事訴追に加えて、検察官監督の機能を果たしていた。中央アジア各国の憲法は、次のように検察官監督をソ連憲法と変わることなく規定している。すなわち、検察機関は「法律、大統領令その他の規範的法令の正確で画一の適用の最高監督」（カザフスタン）、「法律その他の規範的法令の正確で画一の執行の監督」（キルギスタン）、「法律の正確で画一の執行の監督」（タジキスタン）、「法令、大統領令、大臣会議令および議会決定の正確で画一の遵守」（トルクメニスタン）、「法律の正確で画一の執行の監督」（ウ

ズベキスタン）を行う集権組織である。一般監督といわれてきた行政機関等の「法律の正確で画一の執行」の監督に加えて、民事裁判においても、判決の法律適合性または不当を理由に、検察長官が裁判所に異議申立することによって裁判を「監督」できる。検察官監督のソ連時代からの連続性は、ロシアよりも中央アジア各国のほうが大きい。

　キルギスタン、タジキスタン、トルクメニスタン、ウズベキスタンの憲法では検察の章は、司法権の章からは独立している。カザフスタンの憲法は、検察機関を司法権の章で規定するものの、検察機関は三権（立法、司法、行政）に分類できない独立性の高い機関と考えられている。特殊な独立性をもつ検察機関が適法性（法律を正確で画一に執行すること）の確保を目的に行政機関等の活動を監視することは、統治の機関の活動を「上から」監視することを意味し、そのことは、検察機関が最高権力者（大統領）の道具となる危険を内在させている。検察官監督の存続は、「下から」の説明責任を追求する制度、言い換えれば、法の支配のため制度の発展を妨げる危険性をもつ。

参考文献
（日本語文献）
小松久男編『新版　世界各国史4　中央ユーラシア史』山川出版社、2000年
小森田秋夫『現代ロシア法』東京大学出版会、2003年
岩崎一郎・宇山智彦・小松久雄（編著）『現代中央アジア論』日本評論社、2004年
小松久雄他（編）『中央ユーラシアを知る事典』平凡社、2005年
名古屋大学法学研究科他『国際シンポジウム報告集　体制移行諸国における憲法
　適合性審査期間の役割――人間および市民の権利・自由の保護を中心として』
　名古屋大学法政国際教育協力研究センター（CALE）、2006年

（英語文献）
Guillermo O'Donnel, 'Horizontal Accountability in New Democracies', in Andreas Schedler (ed.), *The self-restraining state: power and accountability in new democracies*. Boulder: Lynne Rienner Publisher. 1999.
Matthew Søberg Shugart, 'Comparative Executive-Legislative Relations', in R.A.W Rhodes, Sarah A. Binder, Bert A. Rockman (ed.), *The Oxford*

Handbook of Political Institutions, New York; Oxford University Press, 2006.

Levent Gönenç, *Prospects for Constitutionalism in Post-Communist Countries*, Hague; Martinus Nijhoff Publishers, 2002.

Andreas Schedler (ed.), *Electoral Authoritarianism: the Dynamics of Unfree Competition*, Boulder: Lynne Rienner Publisher. 2006.

Richard Sakwa, 'Constitutionalism and Accountability in Contemporary Russia: The Problem of Displaced Sovereignty.' in Gordon Smith and Robert Sharlet (ed.), *Russia and its Constitution: Promise and Political Reality*, Leiden: Martinus Nijhoff, 2008.

http://www.legislationline.org/ （欧州安全保障協力機構（OSCE）の民主制度・人権事務所（ODIHR）の活動に関連する法令資料が豊富。ODIHR が行う選挙監視に向けた活動についての情報を得ることができる。ロシア語版もある）

（ロシア語文献）

Конституции стран СНГ и Балтии, Сост. Г. Н. Андреева, Москва: Юристь, 1999.

С. А. Авакьян. Конституционное право Росии, том 2, Москва: Юристь, 2007.

Комментарий к Конституции Российской Федерации, Под ред. В. Д. Зорькина и Л. В. Лазарева. Москва: Эксмо. 2009.

http://www.akorda.kz/ （カザフスタン大統領のサイト）
http://rus.gov.kg/ （キルギスタンの政府ポータル・サイト）
http://www.president.tj/rus/index.htm （タジキスタン大統領のサイト）
http://turkmenistan.gov.tm/ （トルクメニスタンの政府ポータル・サイト）
http://www.gov.uz/ru/ （ウズベキスタンの政府ポータル・サイト）

※以上の大統領または政府ポータル・サイトに各国の憲法が掲載されている。英語版もある。なお、中央アジア以外の旧ソ連および東欧各国の現在の憲法を知るには、各国の憲法裁判所のサイトを利用するのが有益である。

索　引

《あ行》

アジア通貨危機 …………………113
アジア的人権論 …………………112
アファーマティブ・アクション
　　　　　………………141,171,172,185,198
イギリス枢密院司法委員会 ………150,151
生きる権利（right to life）……………195
違憲審査 ……………………………20,85
　　――権………75,84,85,104,107,228,229
　　――制 ………………28,75,155,157
　　――制度………………………15,20,40
違憲立法審査 ……………………192
　　――制度 ………………………192,193
イスラーム……110,116,119,120,135,165,
　　166,167,185,186,199,222,229,258
一院制 ………5,15,28,35,94,99,102,106,
　　139,186,187,225,228,229
一党支配 ……………………………9,106,107
　　――体制 …………………112,115,121
一党制 …………………………………260
インドネシア民主党 ………………123
ウィーン人権宣言及び行動計画 ………113
ウィーン世界人権会議 ……………113,117
エドゥサ革命 ………………………140
オンブズ・パーソン
　　　　　………………143,146,147,148,152,157
オンブズマン ……………83,89,225,226

《か行》

改革開放 ………………57,59,60,63,65,70
階級闘争 ………………………………57
外見的立憲主義………………………82,159
戒厳令……83,116,186,199,206,207,208,
　　221,224
解釈法廷 …………………………158
改正 ……………………………8,9,10,26,34
開発主義 ………………………113,115,124
開発統一党 ………………………123
開発独裁 …………………………134
開発の権利 …………………………124
過剰禁止の原則……………………46
カースト ……………………………176,196
勧告的管轄権 …………………223,226
カンボジア人民党…………………99
議院内閣制……18,28,37,83,85,103,106,
　　135,136,138,185,187,210,221,224,
　　228,263,264
議会制 ………………………82,107,139
議席の留保 …………………………215
機能分立 …………………………266,274
基本権………33,43,173,174,177,178,179,
　　180,184,190,191,192,193,194,197,
　　198,199,200,204,206,207
基本構造の理論 ……………………193,204
教育を受けさせる権利 ………………127
教育を受ける権利……………………50,127
共産党の指導 ……57,59,60,61,68,70,71,
　　73,124
行政拘留 …………………………240
行政裁判所……………………89,148,151
行政審判所 ………………………218
共同首相制 ………………………100
共同体主義 ………………………112
共和制……………………15,134,209,228
居住者登録制度 ……………………252
金銭法案 ………………………106,216,229
近代化………………………4,14,15,98,229
近代法 ……………………………260
近代立憲主義 ………………………7,238
具体的規範統制 ……………………19,42
グループ代表選挙区制度 ……………106
グローバル化 ………………………162
経済開発 …………………………190,193
経済条項 …………………………10,22
経済の基本原則……………………33
権威主義 …………………………117
　　――体制 ………13,14,22,26,28,29,30,
　　39,45,48,112,115,121,123
検察官監督 ………………………278
原則（principles）……………………191
現代立憲主義 ………………………163

憲法院 …………………………100,158,269
憲法改正……9,10,11,12,31,42,75,82,83,
　　85,86,90,91,96,97,99,100,103,104,
　　105,106,107,110,156,159,165,166,
　　173,176,183,184,185,186,205,216,
　　224,273,276
　──権 ………………………185,193,198
憲法監督……………………………………75
憲法裁判 ………………………………18,19
憲法裁判所 ……18,19,33,35,40,87,89,
　　91,92,145,148,149,151,157,158
憲法修正 ……………………………………5
憲法制定 …………………………………82
　──会議 ……………………………83,85
憲法訴願制度………………………………41
憲法体制の擁護 ……………………238,239
憲法体制への侵害 ………………………244
憲法適合性審査 ……………………107,277
憲法の基本構造 ……………184,193,216
憲法変動 …………………………………183
憲法保障 ………………………75,103,155
権力統合原則 ………………………260,266
権力分立 ……………………33,98,156,260,266
公益訴訟……178,191,199,204,205,217,
　　223,225
公民………56,58,61,65,67,68,69,71,75
公務就任権 …………………………………51
公有制 ………………………………63,65
公用語 ………………………………170,172
国王大権 …………………………………109
国王を元首とする民主主義政体
　　……………………………87,145,156
国語 ………………………………170,171
国際人権規約 ……………………………126
国政監査権…………………………………35
国内人権委員会 ……………………131,179
国内パスポート制度 ……………………252
国民協議会 …………………91,137,142,155
国民国家……4,11,14,162,163,164,165,
　　166,181
　──形成 ……………3,4,11,14,163,190
国民総幸福量（GNH）…………………164
国民統合………117,118,163,164,165,166,
　　170,171,197
国民投票 ……83,84,85,86,88,108,116,
　　140,142,143,156,228,259
国民発案 ………………………………84,86

国民民主同盟 ……………………………107
国務院 …………………………65,72,74,76
国連暫定統治 ……………………………116
国連統治 …………………………………123
国会常務委員会…………95,97,98,152,153
国家緊急権 ……………15,118,128,129,205
国家元首 ………………136,138,226,229,266
国家主席 ………10,72,76,95,97,135,136,
　　137,153
国家人権委員会……………………15,131,180
国家政策の基本原則（バングラデシュ）
　　…………………………177,181,202,203
国家政策の指導原則（インド）………174,
　　177,181,184,191,193,198,202,204,
　　205,219
国家政策の指導原則および基本義務（スリ
　　ランカ）……………………177,182,202
国家政策の原則（ブータン）………177,182
国家の経済的権利義務憲章 ……………125
国家の責任、指導原則および政策（ネパー
　　ル）……………………………177,181,202
国家平和発展評議会 ………………107,138
国家法秩序回復評議会 ……………107,138
混合型憲法 …………………………261,266
混合型に属する憲法 ……………………264
五権 …………………………………………8
五権分立……………………………………16
ゴルカル …………………………………123

《さ行》

財産権 ……130,189,190,193,197,199,200
財政法案 ……………………………216,222,229
刷新 …………………………………146,159
三権分立…………………………71,73,93,106
　──制 ……………………………83,84,91
参政権 ……………………………………195,253
三農問題……………………………………66
三民主義……………………………………8,22
恣意禁止の原則……………………………47
事前抑制の禁止……………………………49
自治 …………………………………13,20,21
　──権 ……………………………………5,21
指定カースト ………………………174,175,215
指定地域 …………………………………213
指定部族 ……………………………174,175,215
司法委員会…………………………………92

索引　283

司法権の独立 ……………58,73,149,150
司法積極主義 ………178,180,191,205
司法の独立 ……149,150,151,211,212
市民の基本的権利 ……………………234
市民の基本的権利・義務 ……………234
社会改革 ……………………83,86,199
社会活動訴訟 …………………………178
社会権 ……22,103,105,118,124,125,126,
　　191,195,202,203,204,238,252
社会権規約……………………71,124,125,128
社会主義………22,56,59,61,63,64,65,66,
　　68,70,72,93,94,96,98,107,115,116,
　　134,136,139,140
　──憲法 …………………82,96,144,146
　──市場経済 ……………………64,65
　──初級段階 ……………………64,65
　──体制 …………135,142,155,158,235
　──法 ……………………159,259,260
社会正義 ………84,101,118,124,145,165,
　　179,203,204,220
社会的・経済的権利 …………………124
シャリーア ………………151,165,229
自由権……103,121,126,190,191,194,195,
　　197,199,200,235,239
自由権規約……………………71,113,124,130
私有財産権 ……………………………65
修正 ………………………………9,12
充足経済 ………………………………88
主権国家 ………………………………3,5
省籍矛盾 ………………………………12
小選挙区 …………106,141,271,275,276
小選挙区比例代表並立制 ……269,270,273
植民地支配 ……5,13,93,117,134,162,189
所有権絶対 ………………………193,198
知る権利 ……………………………37,49
知る権利／情報の自由 ………………245
新思考 ……………………………146,159
人権委員会
　　…………84,115,131,179,180,192,194
人権相対主義 …………………………112
人権白書（「中国の人権状況」）………65,70
人種集団代表選挙 ……………………120
人民 ………68,69,124,140,142,144,146
人民検察院……………………72,73,75,76,95,149
人民検察庁 ………………………97,98,149
人民公社 ………………………………65
人民行動党 ………………………106,123

人民裁判所……………………………95,97,98
人民参審制 ……………………………153
人民主権 …………………………100,101,103
人民代表大会
　　…………56,58,62,71,72,73,74,75,76
人民法院 ……………………………72,73,75,76
人民民主主義独裁 ……………………61,68
スルタン ………………109,135,139,158
政教分離 …………………………166,241
　──主義 ……165,167,168,169,176,185
政策の原則（パキスタン）
　　……………………177,182,191,202,203
政治改革…………………………………86
政治体制改革 ………………………58,71,74
政治的・市民的権利 ……112,113,115,124
政治の自由 ………………………121,123
生存権 ………………………65,70,130
政党解散…………………………16,19,41
政党の国家登録 ………269,271,273,277
政党の自由 ……………………………123
成文憲法 ………………………………189
生命権 …………………………………48
世界人権宣言 …………………101,116,121
責任内閣 ………………………………7
　──制 ………………………………5,6
セキュラリズム ………………………198
折衷型大統領制…………………………38
説明責任 ……………………………267,279
選挙管理内閣 …………………………224
選挙制権威主義 ………………………268
村民総会 ………………………………219

《た行》

大臣会議 …………………………214,224
大統領職 ……………………260,261,262
大統領制………11,18,26,28,37,39,135,137,
　　138,185,186,187,210,224,226,228
大統領中心制 ……………………28,34,266
大統領内閣制……………………………83,211
大統領令 ………………………………264
タイラックタイ党（タイ愛国者党）……86
タークル判決 …………………………216
脱党防止規定 ……………………215,225
弾劾 …………………………16,19,38,41,148
地域統合 ………………………………181
知的財産権 ……………………………128

地方自治 ……… 20, 21, 74, 85, 91, 100, 153, 154, 155, 156, 218
中央軍事委員会 ……………………… 72, 76
中華秩序 ………………………………… 3
中国人民政治協商会議 ……… 61, 62, 74, 76
中国的人権観 ………………………… 69, 71
抽象的違憲審査制 …………………… 35, 41
チュチェ思想 ………………………… 10
徴兵制 ………………………………… 23, 48
適法性 ………………………………… 279
　　――の擁護者 …………………… 240
天安門事件 …………………………… 58, 70
ドイモイ ……………………………… 115
党政分離 ……………………………… 58, 74
統治者会議 ………………………… 136, 147
土地改革 ……………………………… 56
土地使用権 …………………………… 64

《な 行》

二院制 ……… 28, 37, 84, 88, 92, 104, 108, 139
二元的な違憲審査制度 ……………… 42
二重の基準論 ………………………… 29, 49
人間の尊厳 ……………………… 87, 101, 204
任命議員制 …………………………… 106
ネオターン・ピアンペーン・マイ …… 115

《は 行》

発展権 ………………………………… 70
パリ和平協定 ………………………… 116
反右派闘争 …………………………… 56, 69
藩王国 ………………………………… 212
バンコク宣言 ……………………… 118, 124
バンコク地域準備会合 ……………… 118
半大統領制 ………………………… 10, 102
パンチャーヤト ………………… 185, 218, 227
東アジア共同体 ……………………… 22, 23
東ティモール独立革命戦線（フレティレン）………………………………… 100
非常事態 ……… 15, 104, 105, 106, 109, 110, 128, 129, 130, 184, 190, 193, 199, 201, 204, 205, 206, 207, 208, 220, 224
　　――宣言 ……… 106, 116, 139, 156, 210, 222
比例性の原則 ………………………… 46
比例代表制 …………………………… 272
平等原則 ……………………………… 118

敏感問題 ……………………………… 103
ヒンディー語 …………………… 170, 171, 185
ヒンドゥー …………………………… 170
複数政党制 ……… 58, 62, 99, 100, 144, 145, 156
複数立候補制 ………………………… 260
不信任決議 …………………………… 16, 17
腐敗 ……………………… 84, 140, 146, 148
部族地域 ……………………………… 213
仏教 ……………………………… 119, 164, 187
ブミプトラ政策 ……………………… 119
プログラム規定 ……………………… 125
文化大革命 ……………………… 56, 57, 69, 70
文化的権利 …………………………… 128
分断 ……………………… 11, 13, 22, 23, 32
　　――国家体制 …………………… 31, 45
兵役義務 ……………………………… 51, 52
平和的な統一政策 …………………… 32
北京の春 ……………………………… 60
ベトナム共産党 ……………… 94, 137, 146
ペレストロイカ ……………………… 259
包括的基本権 ………………………… 44
包括的人権 …………………………… 195
法治国家 ……………………………… 92, 93
法道具主義 ………………………… 260, 278
法の支配 ……………… 82, 101, 106, 193, 279
法の前の平等 …………………… 172, 173, 190, 196
法の下の平等 ……………… 92, 171, 172, 173
法律に代わる政令 …………………… 137
法律の委任 …………………………… 235
法律の留保 …… 43, 45, 46, 235, 239, 248, 250
母性の保護 …………………………… 121
ポスト権威主義体制 ………………… 30, 34

《ま 行》

マイノリティ ……… 20, 21, 29, 30, 168, 171, 172, 173, 174, 175, 190, 196, 197, 198, 203
マオイスト …………………………… 228
マスメディア ………………………… 122
三つの代表 ……………………… 60, 61, 65
南アジア地域協力連合 ……………… 182
民主化 …… 13, 14, 15, 20, 29, 49, 82, 83, 85, 86, 90, 91, 109, 115, 138, 140, 145, 228, 229, 261
民主共和制 …………………………… 8
民主集中制 ……………………… 94, 96, 152, 155

――の原則 ……………………73,74,75
民主主義 ………13,14,29,30,76,107,118,
　　124,140,141,145,146,156,179
民主制 ………………………………102,193
ムスリム ……………167,169,173,182,190
名誉毀損罪 ………………………………244
命令的委任 ………………………………139

《や行》

翼賛化 ……………………………………268
四つの基本原則……………59,60,61,69,74
四つの現代化 …………………………57,59
予防拘禁………104,106,190,198,199,200,
　　201,206,207

《ら行》

ラオス人民革命党……………96,137,146
ラージャ・サバー ………………………214
立憲革命……………………………………86
立憲君主制 ……98,100,104,135,136,145,
　　166,209,227,229
立憲主義……7,14,15,29,30,33,35,40,76,
　　82,94,103,107,109,162,163,184,185,
　　186,187,189
立法院解散…………………………………9,16

立法管轄権 ………………………………213
留保措置 ………171,175,176,190,196,197
領域……………………………………………11
領土 ………………………11,12,23,31,33
令状請求訴訟 ……………………………178
令状発給権 …………217,218,223,226,228
冷戦体制 …………………………………117
レファレンダム ……………226,268,276
連邦シャリーア裁判所 …………………223
連邦制 ………20,86,104,154,166,186,212
労働の権利 ………………………………126
ローク・サバー …………………………215

《0-9，A-Z》

0.5％条項…………………………………272
7％条項 …………………………………269
ＡＳＥＡＮ……………………23,113,114
　　――憲章 ………………………………114
　　――人権機構 ………………………114
　　――人権憲章 ………………………124
　　――政府間人権委員会 ……………114
ＳＡＡＲＣ ……………………………182
ＵＭＮＯ（統一マレー国民組織）……123
ＵＮＴＡＣ……………………………99,116
ＵＮＴＡＥＴ ……………………101,116

●編著者
稲　正樹（いな・まさき）　1949年生まれ
　　1977年　北海道大学大学院法学研究科博士課程中退
　　博士（法学）（北海道大学）
　　現在　国際基督教大学教養学部教授

孝忠延夫（こうちゅう・のぶお）　1949年生まれ
　　関西大学大学院法学研究科博士後期課程単位取得退学
　　法学博士（関西大学）
　　現在　関西大学政策創造学部教授

國分典子（こくぶん・のりこ）　1957年生まれ
　　1986年　慶應義塾大学大学院法学研究科博士後期課程単位取得退学
　　エアランゲン・ニュルンベルク大学法学博士
　　現在　筑波大学大学院人文社会科学研究科教授

●執筆者
岡　克彦（おか・かつひこ）　1960年生まれ
　　北海道大学大学院法学研究科博士後期課程中退
　　博士（法学）（北海道大学）
　　現在　長崎県立大学経済学部教授

石塚　迅（いしづか・じん）　1973年生まれ
　　2002年　一橋大学大学院法学研究科博士後期課程修了
　　博士（法学）（一橋大学）
　　現在　山梨大学教育人間科学部准教授

島田　弦（しまだ・ゆづる）　1970年生まれ
　　2003年　名古屋大学大学院国際開発研究科博士後期課程修了
　　博士（学術）（名古屋大学）
　　現在　名古屋大学大学院国際開発研究科准教授

四本健二（よつもと・けんじ）
　　名古屋大学大学院国際開発研究科博士後期課程修了
　　博士（学術）（名古屋大学）
　　現在　神戸大学大学院国際協力研究科教授

佐藤　創（さとう・はじめ）　1971年生まれ
　　ロンドン大学東洋アフリカ研究学院　PhD
　　現在　アジア経済研究所開発研究センター研究員

浅野宜之（あさの・のりゆき）　1967年生まれ
　　1999年　名古屋大学大学院国際開発研究科博士後期課程満期退学
　　博士（学術）（名古屋大学）
　　現在　大阪大谷大学人間社会学部准教授

桑原尚子（くわはら・なおこ）　1970年生まれ
　　2002年　名古屋大学大学院国際開発研究科博士後期課程単位取得退学
　　博士（学術）（名古屋大学）
　　現在　国際協力機構（ＪＩＣＡ）企画調査員

樹神　成（こだま・しげる）
　　名古屋大学大学院法学研究科博士課程単位取得退学
　　法学修士（名古屋大学）
　　現在　三重大学人文学部教授

アジアの憲法入門

2010年3月15日　第1版第1刷発行

編著者／稲　正樹・孝忠延夫・國分典子
発行者／黒田敏正
発行所／株式会社 日本評論社
　　　　〒170-8474　東京都豊島区南大塚3-12-4
　　　　電話　03-3987-8621（販売）　3987-8592（編集）
　　　　振替　00100-3-16
　　　　http://www.nippyo.co.jp/
印刷／株式会社 平文社　　製本／株式会社精光堂
装幀／林　健造

© INA Masaki, KOCHU Nobuo, KOKUBUN Noriko　2010
ISBN 978-4-535-51671-7　　Printed in Japan.

[JCOPY] <(社)出版者著作権管理機構　委託出版物>

本書の無断複写は著作権法上での例外を除き禁じられています。複写される場合は、そのつど事前に、(社)出版者著作権管理機構（電話03-3513-6969、FAX03-3513-6979、e-mail: info @jcopy.or.jp）の許諾を得てください。

憲法解釈方法論の再構成

大河内 美紀【著】

米国の原意主義論争につき、修正14条に対比して修正9条を検討素材として分析検討し、既存の「近代的」解釈方法論の再構成を試みる。

◇ISBN978-4-535-51730-1　A5判／4,200円（税込）

****

ケースメソッド憲法[第二版]

市川 正人【著】

新聞記事の事件を憲法から斬る。論点、学説・判例の展開、筆者の考えを示す。緻密かつ大胆な解釈。事例や審級情報を更新した第2版。

◇ISBN978-4-535-51714-1　A5判／2,520円（税込）

****

議会政治の憲法学

加藤 一彦【著】

意図的に作られた二大政党制による現実政治の失敗。その証左である逆転国会を再評価し、あるべき議会政治の姿を探る！

◇ISBN978-4-535-51692-2　A5判／5,250円（税込）

****

憲法の理論を求めて
──奥平憲法学の継承と展開

長谷部 恭男・中島 徹【編】

編者のほか、山元一、阪口正二郎、川岸令和、佐々木弘通、蟻川恒正、愛敬浩二、西原博史、石川健治各氏が奥平康弘先生の傘寿に力作を発表。

◇ISBN978-4-535-51626-7　A5判／4,725円（税込）

日本評論社